WIZARD

ファクター投資入門

The Way Smart Money Invests Today

by Andrew L. Berkin
Larry E. Swedroe

Your Complete Guide to
Factor-Based Investing

アンドリュー・L・バーキン
ラリー・E・スウェドロー[著]

長尾慎太郎[監修]　藤原玄[訳]

市場ベータ
サイズ
モメンタム
バリュー
収益性・クオリティ
ターム
キャリー

Pan Rolling

YOUR COMPLETE GUIDE TO FACTOR-BASED INVESTING :
The Way Smart Money Invests Today
by Andrew L Berkin & Larry E Swedroe

Copyright © Andrew L Berkin & Larry E Swedroe
Japanese translation rights arranged with Buckingham Strategic Wealth
through Japan UNI Agency, Inc.

監修者まえがき

　本書はブリッジウエー・キャピタル・マネジメントの調査部長であるアンドリュー・L・バーキンと、バッキンガム・ストラテジック・ウエルスおよびBAMアライアンスの調査部長であるラリー・E・スウェドローの共著である "Your Complete Guide to Factor-Based Investing : The Way Smart Money Invests Today" の邦訳である。

　ここで言うファクターとは、投資における収益の源泉となるプレミアムを持つリスク因子を指す術語であり、一般的には投資モデルにおける説明変数として理解できる。ファクターを利用した投資および分析の歴史はそれほど長いわけではないが、それは単純な線形の概念に基づいており、重回帰分析や決定木といった可読性の高いモデルで扱えることもあって、すでに機関投資家の間では標準的な手法となっている。

　さて、投資の世界においてファクターという概念の導入が画期的だったのは、それまでの分析が銘柄ごとの時系列データや財務データを用いて期待リターンを説明しようとしていたのに対し、そうした直接的な絶対リターンの推定を目標とすることを捨てて、各銘柄のファクター値によってユニバース内でのクロスセクションでの相対的な期待リターンや期待順位を説明しようとしたことにある。

　この発想の転換によって、有価証券の未来に関する説明力は飛躍的（と言っていいと思う）に高まることとなった。実際、それまでまかり通っていたほとんどの○○理論や○○分析のたぐいはオカルトかジョークにすぎず、投資の世界はルネサンス期以前の暗黒時代のようなものであった。私たちはファクターというレンズを得て、ようやく金融市場を科学的かつ実証的に理解する入口に立つことができたわけである。今ではファクター分析という共通の言語を介して、本書に紹介さ

1

れているような世界中の研究成果をだれもが簡単に利用することができることになった。

　ところで、本文中に示されているように、スマートベータをはじめとして、派手な宣伝文句で売り込みが行われている投資戦略の大半は、実は主要なファクターの合成によって説明が可能なものであり、わざわざ高い管理報酬を支払わなくとも容易に自分の手で構築することが可能である。このように、ファクターについて理解することは合理的な投資を指向する投資家にとって極めて重要な意味を持つが、驚くことに、これまでは適切な入門書が存在しなかったのである（残念ながら、既存の解説書は小難しい数式やギリシャ文字が満載で、まるで一般の人が読むことを拒否しているような代物ばかりだ）。本書は気軽に読むことができる初めてのファクター本である。類書はまったく存在しない。この分野を始めて学ぶ学生や研究者や実務家だけではなく、個人投資家にもぜひ読んでもらいたいと切に願うものである。

　翻訳にあたっては以下の方々に心から感謝の意を表したい。まず藤原玄氏には正確で読みやすい翻訳を、そして阿部達郎氏は丁寧な編集・校正を行っていただいた。また本書が発行される機会を得たのはパンローリング社社長の後藤康徳氏のおかげである。

2018年10月

長尾慎太郎

CONTENTS

| 監修者まえがき | 1 |

| 謝辞 | 7 |

| 序文 | 9 |

| まえがき | 19 |

| 第1章 | 市場ベータ | 27 |

| 第2章 | サイズファクター | 39 |

| 第3章 | バリューファクター | 53 |

| 第4章 | モメンタムファクター | 75 |

| 第5章 | 収益性・クオリティのファクター | 95 |

| 第6章 | タームファクター | 115 |

| 第7章 | キャリーファクター | 119 |

| 第8章 | プレミアムは広く知られると減少するのか | 133 |

| 第9章 | さまざまなファクターからなるポートフォリオを実践する | 157 |

| 結論 | 167 |

| 付録A | トラッキングエラーリグレット──投資家の敵 | 171 |

| 付録B | スマートベータの真実 | 179 |

| 付録C | 配当は有効なファクターたり得ない | 187 |

| 付録D | 低ボラティリティファクター | 203 |

付録E	デフォルトファクター ………………………………	223
付録F	タイムシリーズモメンタム ………………………………	239
付録G	ファクターを増やすことで得られるファンドリターンの限界効用 ………………………………	251
付録H	スポーツくじと資産評価 ………………………………	255
付録I	サイズプレミアムを再評価する ………………………	265
付録J	実践——投資信託とETF ………………………………	271

用語集 ……………………………………………………… 281

参考文献 ……………………………………………………… 299

謝辞

　スウェドローより、バッキンガム・ストラテジック・ウエルスとBAMアライアンスの皆さまのご支援と励ましに謝意を表する。特に、すべてのデータ処理を手伝ってくれた、ダン・キャンベル、シーン・グローバー、ケビン・グローガンに感謝を申し上げる。さらに、グローバーに至っては**付録I**の分析を行ってくれた。原資料を提供してくれたAQRキャピタルのマーク・マクレナンにも感謝を申し上げる。また、何年にもわたって支援してくれたディメンショナル・ファンド・アドバイザーズのリサーチスタッフにも感謝を申し上げる。特に、ジム・デービス、マリーナ・リー、ウェストン・ウェリントンに謝意をお伝えする。生涯の伴侶である妻のモナには格別の感謝を申し上げる。何週間もの週末を犠牲にすることに理解を示し、また何度も明け方までコンピューターに向かう私を励ましてくれた。彼女は常に私が必要とするいかなる支援をも与えてくれるのだ。彼女とともに歩む人生は本当に得難い経験である。

　バーキンより、本書の作成、さらには職業人生や私的生活をも支えてくれたブリッジウエー・キャピタル・マネジメントの同僚たちに感謝を申し上げる。また、家族、特に妻のジョイ、息子のエバンに感謝を申し上げる。彼らは私を励まし、また理解を示してくれた。

　編集を手伝ってくれたニック・レデンと、本書の制作を手伝ってくれたレスリー・ガリソンには2人から感謝を申し上げる。また、AQRのローネン・イスラエルとアンティ・イルマネン、エール大学のファイナンス教授であるトビアス・モスコウィッツ、デューク大学経済学教授のエド・タワー、リゾルブのアダム・バトラーは、本書を見直し、多くの有益な助言を与えてくれた。本書のいかなる誤りもすべてわれわれの責任に帰するものであることを記しておく。最後に、本書に序

文を寄せ、また有益な助言を与えてくれたクリフ・アスネスには心からの感謝を申し上げる。クリフのおかげで、市場がどのように機能しているかを理解することができた。

序文
Foreword

　最も簡単な言い方をするならば、ファクターベース投資とは、分散されたポートフォリオを構築する一連のルールを定義し、それに体系的に従うことである。私が常に明確な定義に従い、その特徴を共有する銘柄からなる、分散された株式ポートフォリオを保有し、また反対の特徴を有する分散されたポートフォリオを避け、売却し、さらには空売り（スウェドローとバーキンは、ロングと同様に空売りでもファクターに焦点を当てている）すると判断してきたことを想像してほしい。１つのファクターを定義すると、すぐにいくつかの疑問がわき起こる。それらは過去に利益をもたらしたのか。それは将来、コスト控除後でも利益をもたらすのか。なぜ利益をもたらすのか。ファクターの古典的な例として、「割安」な銘柄からなる分散の効いたポートフォリオをロングし、「割高」の銘柄をショートするというのがあるが、割安か割高かは、株価と簿価や利益や売上高など、その銘柄のファンダメンタルズを比較することで判断される。もう１つの例として、モメンタムの強い銘柄、つまり直近で比較的好調な銘柄をロングし、モメンタムの弱い銘柄をショートするというのがある。その他にもたくさんあるが、実際のところ、それぞれに多少なりとも問題を抱えている。

　ジョン・コクランが「金融の研究者や現場の者たちがファクター・

9

ズー（動物園）を生み出してきた」と述べたことは広く知られている（コクランが2011年のアメリカン・ファイナンス・アソシエーションでの会長講演で述べたこの発言は、スウェドローとバーキンも本書で引用している）。彼は賛辞としてそう述べたのではない。最近では、「データマイニング」の危険性を指摘する研究者もいる（例えば、Harvey, Lie, and Zhu［2015］）。それが称賛される分野もあるかもしれないが、ファイナンスの世界では概して軽蔑の対象とされる。ファイナンスの世界においては、賢い人物がさらに賢いコンピューターを使って、過去には有効であったが、「現実」では機能しないファクターを見つける（「動物園」に新しい動物を追加する）ことを意味するのだ。言い換えれば、それらは選択バイアスを伴ったでたらめの産物であり、それゆえ過去の成功が将来も繰り返されることはない。そう考えると、有効なファクターは存在しないことになるが、可能なかぎり多くの候補（もしくは、分散されたファクターを生み出す候補となるルール）を検証すれば、堅調なヒストリカルリターンをもたらす特徴を数多く見いだすことになるであろう。しかし、「現実的」なファクターなどないと最初に仮定したように、有効であり続けるものなどないのであるから、それらは、ファクターを見いだすべく膨大な量のランダムなリターンを調査した結果、偶然良さそうに思えるものにすぎないのだ。いわば、ビッグデータとビッグコンピューティングの力である。この事実がファクター動物園を生み出しており、重要なことに、それこそが学術論文の著者や現実世界で資金を集めるファンドマネジャーたちが過去の有効なファクターを見いだそうとする強力なインセンティブとなっているのだ。

　一方で、そうすることの悪影響は現実のものである。実際には有効でないファクターを信用することは、悪くても中立的な事象であると考えたくなるかもしれない。毒にも薬にもならない、と。だが、実際にはそうではない。過去のデータ内にランダムに現れたファクターに

だまされてお金を稼ぐことができないだけではない。さらに悪いことに、ファクターが機能しないことに加えて、それに基づいた戦略を実行するための取引コストと信託報酬とを支払うことになるのだ。そして、リスク（プラスの利益が期待できないランダムさなどろくなものではない）を負い続けることになる。そして、この偽りのファクターのリスクをとっているので、ほかのリスク、つまり報酬をもたらす本来のリスクをとれないことになるであろう。だからこそ、ファクターのデータマイニングは現実的な問題であり、富にとっては危険なものなのだ。

　では、スウェドローとバーキンに感謝しつつ、彼らの取り組みに話を移そう。彼らは本書で少なくとも2つの重要なことを行っている。1つ目は、どのファクターが有効なのかを理解するための、極めて実用的なガイドを提供している。2つ目は、それを特殊な知識を持たない読者でも利用できる形で提供していることだ。これはとても重要、かつ容易ならざる仕事であるが、彼らはそれを見事にやり遂げているのだ。

　初めにスウェドローとバーキンは、ファクター動物園は思ったほどとっぴなものではないことをわれわれに示している。彼らは、論文に書かれたファクターをすべて見て回るようなことはしない（だれもがそうすべきではない）。その代わり、一見別物に思えるファクターの多くが1つのテーマのバリュエーションであることを彼らは理解しており、テーマごとに見ていくことで動物園はかなり容易に見てまわることができるようになる。これらのテーマとは、バリュー、サイズ、モメンタム、キャリーといった（難解なクオンツの専門用語ではなく、直感的に理解できる基本的な投資用語に由来するカテゴリーである）ものである。実際に、ファクターの多くはユニークなものではなく、1つのテーマのバリュエーションにすぎないというのが彼らの主張のひとつである。彼らは、ある特定の形式でのみ有効で（いつものように、

「有効」という言葉を、一般の人々のようにあいまいな使い方ではなく、統計学者や金融界のエコノミストと同じように厳密に用いている。統計学者は、特定の事象が十分な長さの期間において、有効であることが有効でない機会を少しでも上回ると、それはランダムではなさそうだと考えるようになる。金融界のエコノミストは、そのような事象を見いだせば、たとえそれが有効でないことがしばしばあったとしても、かなり優れたポートフォリオを構築することができる）、それを説明する合理的な手段がほかにないテーマは極めて疑わしいものだと賢明にも考えている（つまり、歴史的に有効なバリューファクターがPER［株価収益率］だけであり、ほかのプライス何とかレシオは有効でないならば、バリュー効果に対するわれわれの信念は大いに揺らぐと彼らは主張しているのであり、私もそれに同意する）。

　次に、彼らは直感的に理解できる、極めて具体的なファクターの要件を提示しているが、これは研究者や実務家がそのファクターについて私たちを納得させ、さらに重要なことに、そのファクターに基づいて投資ができるために必要なことである。それは次のような具合である。持続性（そのファクターは、合理的に信頼できるリターンを歴史的にもたらしているか）、普遍性（さまざまな地域の市場やアセットクラスで検証しても、おおむね妥当なリターンをもたらしているか）、安定性（前述のとおり、特定の形式でのみ有効で、類似の形式では有効でないということはあってはならない）、直感的に理解できるか（合理的と思えるか、それともたまたま過去のパフォーマンスが良いだけなのか）、そして最後に投資可能性である。投資可能性は別として、これらすべては「過去のパフォーマンスを現実のものと考えるか、それとも単なるデータマイニングの結果と考えるか」という点に収束する。投資可能性はそれとはまったく異なり、最も重要な問題を示唆するものである。つまり、「よろしい、そのファクターが本物であるとするとして、実際に投資家はそこからコスト控除後でも利益を得ることができ

るのか」ということである。これこそが最も重要な最後の疑問であり、スウェドローとバーキンが常に考慮に入れている問題である。

　以上の5つが最も重要な要件であるが、彼らはさらに2つの要件についても議論している。たとえファクターに持続性があり、普遍的で、安定しており、直感的に理解でき、かつ投資可能だとしても、次の2つを無視することはできない。第一に、今日は過去と異なるのかどうかと彼らは問うている。ファクターが本物であり、データマイニングの結果ではなくても、それが有効である時期はとうに過ぎてしまったということが常にあり得るのだ。市場は行動に基づくファクターに反応し始め、リスクプレミアムが過去よりも低い水準で織り込まれることがあり得る（スウェドローとバーキンが本書で取り組んでいるもうひとつの重要な点が、「直感」に関するものであり、それぞれのファクターはリスクを合理的に仮定した結果——ある銘柄をロングし、ほかの銘柄をショートすることで利益を得られるのはリスクをとったことの対価だからである——なのか、それともほかの投資家の誤り——ある銘柄をロングし、ほかの銘柄をショートすることで利益を得るのは、ほかの投資家が誤りを犯し、それらの銘柄がミスプライスされているからである——の結果なのかという議論である。将来の安定したパフォーマンスを正当化し得るのは前者だけであると考える者もいるが、私も彼らも、そうは思わない）。スウェドローとバーキンが興味を持っているのは、ファクターの過去の栄光ではなく、将来の効果なのである。次に、彼らはこう問う。よろしい、仮にそれが本物だとしても、われわれが信頼しているほかのファクターがすでにカバーしているのではないか、と。このどちらも「低リスク投資」が例として挙げられるだろう。彼らは、今日の低リスク投資は過去に比べて割高となっており、歴史的に見れば、おそらくはほかのファクターのいくつか（例えば、バリューや収益性）によってすでにカバーされているのだと主張している。だが私はまったく反対の意見で、低リスク投資に対しては彼らよ

りも強気であることを覚えておいてほしい。ファクターの研究において
は完璧な合意など求めるべくもないが、信頼に足るファクター研究
者や投資家の間では互いに反対することよりも、合意することのほう
がはるかに多いであろうし、私とスウェドローとバーキンについても
そのとおりである。彼らの結論をはぐらかすことになってしまうかも
しれないが、低リスク投資の例はファクターの選び方を考えるには良
い方法であるし、問うべき疑問であると思う。読者は、彼らの導きに
従い、ファクターについて同様の疑問を持つことで大きな効果を得る
ことであろう。

　彼らの基準を満たしていないのは低リスクばかりではない。デフォ
ルトリスク（クレジットリスクと呼ばれることもしばしばある）も同
様である。だが、これにも私は同意しない。古いジョークだが、３人
の研究者を１つの部屋に入れれば、４つの意見が生まれるのだ。それ
でも、文献を無批判にまとめあげようとしない彼らの姿勢は好ましい。
むしろ、彼らは大胆な発言をしようとする。ファクターを選ぶうえで
５つの重要な要件があったとしても、すべてのファクターやそのテー
マがすべてのテストを通過してしまうようでは有効性も信頼性もない
のである。本書は素晴らしいものであるが、それ以上に重要なことに、
正直な書物である。

　ファクターとは何か、そして、その信頼性をどう判断するかが、こ
の有益なる１冊の大部分を占めている。だが、それだけではない。す
べての章において、それを公表すること自体が、将来ファクターがも
たらすリターンを台無しにしてしまうのではないか、秘密を漏らして
しまうことになるのではないか（これは、秘密を漏らすことによる複
合的な問題を検証することになる。つまり、公表することが実際に投
資の世界に影響を与え、それによって、公表した結果が「現実」のも
のではなく、単なるデータマイニングの結果にすぎなかったと判断さ
れるような状況になるかもしれないのだ）という疑問にも取り組んで

いる。彼らはその点も説明しており、重要な結果を共有してもいる。つまり、公表後、多少なりとも低下するかもしれないが、彼らが記したファクターがもたらすリターンの大部分は有効であるということだ。これには私も多いに安心した。

　さらに、付録について触れなければならない。これは何冊かの本を無料で手に入れたようなものであるから、ぜひ読んでほしい。スポーツくじが株式投資と極めて似かよっていることを彼らが記していることなどはその好例である。彼らはスポーツくじを推奨したり、読者を相手にブックメーカーとしての商売を始めようとしているわけではない（実際のところは分からないが）。むしろ彼らは、それらのファクターが実際に普遍的かどうかを理解しようとしているのである。これまで目を向けてこなかった分野でも有効なのであれば、当初見いだしたことへの自信を深めることができる。それら当初の見解が単なる運であり、本物ではなく、データマイニングの結果であって、真実ではない可能性は常に存在することを思い出してほしい。言い換えれば、バリュー投資が本物の現象ではなく、単なるデータマイニングなのだとしたら、株式について有効だからといって、スポーツくじでは有効ではない（それは本物ではなく、ランダムなのだ）ということになる。一方、「直感的」に理解できる説明（５つの要件の１つ）が株式には有効であると考え、そしてその同じ直感をスポーツくじに適用するならば、そこでも有効であると期待するであろう。それが有効であることが分かれば、たとえスポーツを観戦することもなく、ましてやそれに賭けることなどないとしても、自信を深めることにはなるであろう。つまり、同様の直感がスポーツくじでも有効であることが分かれば、その直感が、株式の、ランダムではなく、本物のリターンに繋がるとの自信を深めることになるはずなのだ。

　スウェドローとバーキンは、さまざまな優れたファクターを用いた投資計画でも、焦りは禁物であると常々強調している。彼らは、有効

であることのほうが多く、また組み合わせることでより安定して機能するファクターを示そうと努めているが、成功を保証するような安価かつ安易な間違った道を進むことはしない。むしろ、それらのファクターはデータマイニングによるものではなく、真実ではあるが、明確な信念（おそらくは、持続性、普遍性、安定性、直感、そして投資可能性が生み出すものだ）がなければ、必ず訪れる厳しい時期にその投資プロセスに忠実であり続けることはできないと強調している。素晴らしく、賢明なアドバイスである。この最後の重要な難関を乗り越えることができなければ、優れた投資プロセスが持つ利点のすべては容易に失われてしまうのだ。

　最後に、彼らの著作と、ウォーレン・バフェットのようにアクティブに銘柄を選択する方法を伝える一連の投資本（実際に、スウェドローとバーキンもそれをしているが、それは私がそうしろと彼らに言ったのである）とを比較してみたいと思う。私からすれば、それらの本は、本書よりもかなり容易に書くことができる。個別企業については常に素晴らしいストーリーが存在する。つまり、主人公たる銘柄選択の達人を巡るハッピーエンドの自慢話や苦労話である。それとは対照的に、スウェドローとバーキンはもっぱら定量的な問題を取り上げている。ファクターに関する話は、テレビドラマのようなエンディングにはならない。その成功はもっとスリルの乏しい、「そして、そのファクター効果は10年間で１標準偏差であった」といったようなセリフで評価されるのだ。対照的に、自由裁量の銘柄選択のストーリーは「そして、私が投資した企業はiPodを開発しました」となる。もちろん、自由裁量の銘柄選択の分野でのストーリーのほうが魅力的であるが、それには１つ小さな問題（本当に小さな問題である）がある。つまり、概してそれは有効ではないということだ。ここではそのような議論の分かれる問題には取り組まない（だから、主張するだけにとどめる）が、自由裁量の銘柄選択は概して（ウォーレン・バフェットのような明ら

かな例外はある）豊かになる道ではないことを経済理論と数多くの研究とが示している。それゆえ、彼らはこの安易かつ魅力的なストーリーに取り組んだり、より安易（彼らにとっても、読者にとっても）かつ、おそらくはより面白い本を書こうともしなかったのだ。その代わりに、彼らは実際に有効だと確信している問題に取り組んだのである。彼らは正しい判断をしたと私は考えている。

　要するに、本書は素晴らしい1冊である。本書は、その重要性が高まっているファクター投資を検証し、ファクター「動物園」を回る具体的な方法を示している。私は、読者のみなさんが私同様にファクター動物園の旅を楽しむことと確信している。

　　クリフ・アスネス（AQRキャピタル・マネジメント共同創業者）

まえがき
Introduction

　史上最高の投資家の名前を挙げよ、と投資家たちに問えば、多くの人たちが「ウォーレン・バフェット」と答えると言って間違いないだろう。それゆえ、バフェットの「秘伝のソース」を見つけることが世界中の投資家の主な最終目的である、と言うこともできる。それを見つけることができれば、バフェットのように投資を行うことができるのだ。つまり、多くの投資家とは異なり、市場の雑音を無視し、債券のような低いリターンに甘んじることになるパニック売りを避けることができるようになるのだ、と。本書は、学術界によるその秘伝のソース、具体的にはパフォーマンスの要因となり、また市場リターンを上回るプレミアムをもたらす株式やほかの有価証券の特徴に関する研究をまとめたものである。そのような特徴はファクターとも呼ばれるが、これは単にある有価証券の特徴を指すこともあれば、広い範囲の有価証券に共通して見られる特徴を指すこともある。つまり、ファクターとは、定性的なテーマを定量的に説明する手段でもある。例えば、第3章においてバリューファクターの議論を行うが、これはPBR（株価純資産倍率）、PCFR（株価キャッシュフロー倍率）、PER（株価収益率）、PSR（株価売上高倍率）など、多くの異なる指標で測定され得るものである。一方で本書は、現場の投資家がそれらの学術研究を用いてどのようにポートフォリオを構築しているか、そして投資家であ

る読者がその知識からどのようにすれば利益を得ることができるかを示すものでもある。

　多くの者たちがバフェットは比類なきストックピッカー（銘柄選択者）であると考えているが、彼の成功はそのような能力ゆえのものではないことを知ることになるだろう。彼の成功は、市場を上回るリターンをもたらす、ある種の特徴、つまりファクターを見いだす優れた能力ゆえのものなのだ。言い換えれば、どのような特徴を追い求めればよいのかが分かれば、それらの特徴を持つ銘柄を保有するファンドに投資することで、バフェットの銘柄選択の成功を再現することができる。これは、バフェットや彼の師匠（伝説のバリュー投資家ベンジャミン・グレアムとデビッド・L・ドッド）の業績を否定するものでも何でもないことを理解することが重要だ。結局のところ、彼らは学術界に先駆けること何十年も前にそのような特徴を発見していたのだ。実際に、学術界は市場を上回るパフォーマンスを上げた投資家の業績を研究することで、株式の重要な特徴を発見することが多い。そして、彼らは、それら投資家の成功は共通するファクターに対するイクスポージャーをとった結果なのか、それとも銘柄選択やマーケットタイミングの能力の結果なのかを判断しようとするのである。つまり、偉大なる投資家の秘伝のソースが見つかれば、もはや投資家が個別銘柄のファンダメンタルズを調査する必要などなくなるのだ。これらのファクターに対するイクスポージャーを提供する、コストの低いパッシブ運用（個別銘柄を選択したり、マーケットタイミングを計ったりする必要はないという意味である）のETF（株価指数連動型上場投資信託）や投資信託に投資することで、金融界のレジェンドと同じような成果を上げることができるのだ。

　われわれの旅路は、100を超える論文を参考に、投資で成功する秘訣を探ろうとする50年以上に及ぶ学術研究の地へと読者をいざなうものである。われわれの目的は、ファクター投資の研究における何らかの

見解やわれわれ独自の解釈を読者に押しつけようとすることではない。むしろ、読者独自の情報に基づいた投資判断を下すために必要となる情報やデータを提供することが、われわれの目的である。道中、いくつかの専門用語に出合うことになるが、それらの用語を説明する用語集を巻末に掲載しておいたので、容易に読み進めることができるであろう。

　このようなファクターを見いだすことができた者たちが手にする大きな報酬を考えれば、この探求に多大な労力が求められることも当然である。2014年の『ロングターム・キャピタル・バジェッティング（Long-Term Capital Budgeting）』という論文のなかで、著者のヤーロン・レビとイボ・ウエルチは、学者や実際の投資家が記した論文で紹介された600のファクターを検証している。また、キャンベル・R・ハーベイ（ジャーナル・オブ・ファイナンス［Journal of Finance］の元編集者）、ヤン・リュー、フーチン・シュは2015年の『アンド・ザ・クロス・セクション・オブ・エクスペクティド・リターンズ（…and the Cross-Section of Expected Returns）』という論文のなかで、2010～2012年だけで59の新しいファクターが発見されたと報告している。彼らは、一流学術誌の記事や高い評価を得ているワーキングペーパーなどで紹介された総計315のファクターを検証した。これらのファクターはあまりに数が多く、またエキゾチックであるがゆえに、2011年のアメリカン・ファイナンス・アソシエーションの会長講演でジョン・H・コクランは「ファクター動物園」なる言葉を生み出している。

ファクター──非伝統的な考え方

　伝統的に、ほとんどのポートフォリオは主に上場株式や債券で構成されてきた。そのようなポートフォリオに含まれる株式に付随するリスクは、市場ベータへのイクスポージャー、言い換えれば、資産がど

れだけ株式市場に連動するか（市場ベータについては第1章で詳述する）に影響される。そして、株式は債券よりもリスクが高い（具体的にはボラティリティが高い）ので、株式と債券を60対40で組み入れた伝統的なポートフォリオのリスクに占める市場ベータの割合は、60％をはるかに上回るものとなる。実際に、80％以上にもなることが多い。これは、株式の市場ポートフォリオの年間ボラティリティが20％ほどであり、一方で投資適格性の高い中期債からなるポートフォリオのそれはたった5％ほどであることの結果である。それゆえ、不必要なボラティリティやダウンサイドリスクに対する株式の影響度は、ポートフォリオのウエート以上に大きなものとなるのである。

　株式市場が暴落した2008年の金融危機によって、多くの投資家（機関投資家を含む）がオルタナティブ投資への分散を求めるようになった。プライベートエクイティやヘッジファンドなどがその典型である。残念ながら、これらオルタナティブ投資は株式との相関が極めて高いことを示す証拠がある。例えば、ニールス・ペダーセン、セバスチャン・ページ、フェイ・フーは2014年の『アセットアロケーション（Asset Allocation : Risk Models for Alternative Investments)』という研究において、1991年12月から2012年12月の期間におけるプライベートエクイティやヘッジファンドと、株式との相関がそれぞれ0.71と0.79であったことを発見した。このようなオルタナティブ投資のリターンの大部分は株式のリターン、つまり分散させることで低減させようとしたベータリスクそのものによって説明できる。これは、クリフォード・アスネス、ロバート・クライル、ジョン・リューによる2001年の『ドゥ・ヘッジファンズ・ヘッジ、ビー・コーシャス・イン・アナライジング・マンスリー・リターンズ（Do Hedge Funds Hedge? Be Cautious in Analyzing Monthly Returns)』という研究の結論と軌を一にする。

　さらに、適切なリスク調整済みのベンチマークを上回るリターンと定義される、本来のアウトパフォーマンスであるアルファが判然とし

ないことが示されたことで事態はさらに悪化している。プライベートエクイティやヘッジファンドのパフォーマンスに関する歴史的な証拠は、ラリー・スウェドローとジャレード・キザーによる『ジ・オンリー・ガイド・トゥ・オルタナティブ・インベストメンツ・ユーウィル・エバー・ニード（The Only Guide to Alternative Investments You'll Ever Need : The Good, the Flawed, the Bad, and the Ugly)』で示されたとおり、アルファの存在を支持していない。REIT（不動産投資信託）やインフラなど、その他の伝統的なオルタナティブ投資も、株式と比較的高い相関関係にある。伝統的なオルタナティブ投資のなかで、株式との相関がみられなかったのはコモディティと森林（不動産）の２つだけである。

　だが、非伝統的な分散の考え方がある。ポートフォリオをアセットクラスの集合体ととらえるのではなく、さまざまなファクターの集合体と考えることができるのだ。このようなファクターベース投資は、アンティ・イルマネンとジャレード・キザーによる2012年の論文『ザ・デス・オブ・ダイバーシフィケーション・ハズ・ビン・グレイトリー・イグザゼレイティド（The Death of Diversification Has Been Greatly Exaggerated)』でも支持されている。その年の最も優れた論文に贈られる名誉あるバーンスタイン・ファボッツィ、ジェイコブス・レビィ賞を受賞した彼らの研究は、ファクターに基づく分散のほうが、アセットクラスに基づくそれよりも、ポートフォリオのボラティリティと市場との連動性を低減させるうえでは効果的であることを論証している。

検討すべきファクターとは

　バッキンガム・ストラテジック・ウエルスとBAMアライアンスで調査部長を務めるラリー・スウェドローは、その役目柄、20年以上も

学術論文やその解説を研究している。3000を超える彼の記事やブログの投稿が本書を著すうえでの重要な源泉となっている。

　複雑さや不透明さから明確さを引きだすことがわれわれの目的である。読者は「ファクター動物園」のなかでも、バフェットをしてレジェンドならしめたような投資を行うために必要なファクターはほんの一握りにすぎないことを学ぶであろう。また、前述のファイナンスの達人たちのように、コストが低く、節税効果の高い方法での投資が可能であることを学ぶであろう。

　ファクター動物園のどれが投資に値するものであるかを判断するために、われわれは次のような要件を設けている。検討に値するファクターたるには、これらすべてのテストを通過しなければならない。まずは、ポートフォリオのリターンに対する説明能力を持ち、プレミアム（より高いリターン）をもたらすものでなければならない。そして、ファクターは次の要素を持たなければならない。

●**持続性**　長期間にわたり、異なる経済的レジームでも有効である。
●**普遍性**　あらゆる国、地域、セクター、さらにはアセットクラスで有効である。
●**安定性**　どのような定義でも有効である（例えば、バリュープレミアムを測るにはPBR、PER、PCFR、PSRなどがある）。
●**投資可能性**　机上のみならず、取引コストなど実践するときの検討事項を考慮したあとでも有効である。
●**合理的な説明**　そのプレミアムとそれが存続する理由を、リスクに基づき、または投資家の行動に基づいて、合理的に説明することができる。

　ファクター動物園にある600例は、それぞれ異なる分野を対象としている。マクロ経済の変数に関するものもあれば、資産の特徴に関連す

るものもある。リスクに関係して説明されるファクターもあれば、投資家の行動を検討した結果であるものもあるが、多くはその両面から説明されるものである。

　朗報としては、選択対象となるこれらすべてのファクターのなかで、われわれの要件を満たす8つにだけ焦点を絞ることができる、ということだ。その他のファクターについてはどうだろうか。時間の試練に耐えられず、発見後に消えていったものもあるが、おそらくそれはデータマイニングか、偶然の産物であったのであろう。もしくは、特定の期間、レジーム、またはごく一部の有価証券でのみ有効なファクターであったのかもしれない。そして、多くのファクターは、われわれが推奨するファクターによってカバーされている。言い換えれば、それらは共通テーマの変形（バリューに関するさまざま定義のように）なのだ。このようなほかのファクターについては付録で簡潔に議論していく。

　分散されたポートフォリオに見られるリターンの違いの大部分を説明することができる特定のファクターを求めるわれわれの探検は、まさに時空を超えた旅であり、資産評価モデルと呼ぶものの歴史でもある。この旅路は、およそ50年前に、CAPM（資本資産評価モデル）と呼ばれる最初の資産評価モデルが開発されたことに始まるのだ。

CAPM

　ハリー・マコービッツの研究を礎に、リターン源泉を説明する最初の資産評価モデルを構築した功績は、ジョン・リントナー、ウィリアム・シャープ、ジャック・トレイナーのトリオによるものとされるのが一般的だ。彼らは1960年代初頭にCAPMを構築した。

　CAPMは、リスクと期待リターンがどのようにもたらされるかを初めて正確に定義したのである。それによって、市場をアウトパフォー

ムするアクティブ運用者がどのようにアルファを生み出しているのか、またはそのアウトパフォーマンスは何らかの共通するファクターに対するイクスポージャーによって説明され得るのかを理解することができるようになった。アクティブ運用者はアルファを「約束」することで高い手数料を要求するのであるから、これは重要な問題である。言い換えれば、アクティブ運用者が市場を上回るパフォーマンスを上げているのは、共通のファクターに乗っている（ベータ）がゆえなのだとしたら、投資家は約束されたアルファに高い価格を支払い、実際にはベータを手にしているだけ、となる。そのようなイクスポージャーならば、もっと安く手にすることができるのだ。

CAPM——ワンファクターモデル

CAPMは、「ワンファクター」のレンズを通してリスクとリターンを見ている。ポートフォリオのリスクとリターンは、市場ベータに対するイクスポージャーだけで判断されるのだ。この市場ベータが、市場全体のリスクに対する株式や投資信託やポートフォリオのリスクの感応度の指標となる。これは、どれほど多くの銘柄を保有しようとも、市場ベータのリスクを回避することはできないので、システマティックリスクまたは分散不可能なリスクと呼ばれる。ファクター動物園を巡るツアーでの最初の逗留地は市場ベータとなろう。

第 **1** 章

市場ベータ
Market Beta

　市場ベータが意味することには多くの誤解がある。この問題を解決するために、まずは何が市場ベータで、何が市場ベータでないかを説明する定義付けから始めようと思う。

　第一に、市場ベータは、互いに関係はあるにしても、ボラティリティのことではない。市場ベータは、ある資産が市場全般と連動する度合いを示すものである。数学的に言えば、当該資産のリターンと市場リターンの相関（2つの変数がどれだけ連動するかを測る指標）に、市場のボラティリティ（リターンの標準偏差で測定される）に対する当該資産のボラティリティの比率を乗じたものと定義される。定義に従えば、すべての銘柄からなる市場ポートフォリオ（例えば、バンガード・トータル・ストック・マーケット・インデックス・ファンドなど）のベータは、市場全体とぴったり1となる。ベータが1を超えるということは、その資産が市場全体よりもリスクが高いということである。ベータが1よりも低いということは、その資産は市場全体よりもリスクが低いということだ。だが、ベータはポートフォリオでのアセットアロケーションにおける株式の割合のことではない。この点を説明するために、2つのポートフォリオを考えてみたい。

　投資家Aは「高値の」ハイテク株に100％投資するポートフォリオを保有している。投資家Aのポートフォリオのベータを1.5とする。仮に

27

市場が10%上昇したら、このポートフォリオは15%（10%×1.5）上昇すると期待される。また、市場が10%下落したら、このポートフォリオは15%下落することになる。投資家Bも株式に100%投資するポートフォリオを保有しているが、投資家Bのポートフォリオはかなり保守的で、経済成長の変化にさほど影響を受けない「ディフェンシブ」銘柄（公共事業株、スーパーマーケット、ドラッグストアなど）により多く投資している。このポートフォリオのベータはたった0.7であるため、市場が10%上昇（下落）すると、このポートフォリオは7％だけ上昇（下落）すると考えられる。

　また、株式へのアロケーションを70%に抑えたポートフォリオを構築することもできるが、それらの銘柄のベータを例えば1.43としたら、ポートフォリオのベータは1（70%×1.43）ということになる。ポートフォリオの市場ベータが、リスクと期待リターンの重要な決定因であることは明らかである。

　では、市場ベータをわれわれの要件に照らしてみよう。まずは、標準的なベンチマークである1カ月物のTビル（「無リスク」の投資対象）のリターンに対して市場ベータがもたらすプレミアムに目を向ける。ファイナンスの分野では、プレミアムは通常2つのファクターがもたらす年平均（年率換算でも、複利でもない）リターンの差として測定されることに注意してほしい。言い換えれば、ロング・ショートのポートフォリオということだ。つまり、市場ベータの場合、アメリカ全体の株式市場の年平均リターンを算出し、そこから1カ月物のTビルの年平均リターンを差し引くわけだ。1927～2017年までの期間で、アメリカの市場ベータのプレミアムは年率8.3％であった。これは大きなプレミアムではないけれども、持続性のあるものであった。

第1章　市場ベータ

表1.1　市場ベータがTビルをアウトパフォームする確率（%）

	1年	3年	5年	10年	20年
市場ベータ	66	76	82	90	96

持続性

　表1.1は、1927～2017年までの市場ベータのプレミアムの持続性を示したものである。およそ3分の2の年でプレミアムはプラスであり、より長い期間で見るほど、持続性が高くなっていることに注目してほしい。

　高い持続性に加えて、市場ベータのプレミアムのシャープレシオ（リスク調整済みのリターンの指標、定義は用語集を参照のこと）は0.4と、これから議論していくすべてのプレミアムのなかでも2番目に高いものであった。ちなみに、最も高いシャープレシオは0.61、最も低いそれは0.06である。

　市場ベータのプレミアムは高い持続性を示し、また期間が長くなればなるほど、その持続性も高くなるのではあるが、期間の長さにかかわらず、マイナスになる可能性があることを見落としてはならない。例えば、5年間で見た場合、マイナスとなる可能性が18%ある。10年では10%、20年でも4%の可能性が残っているのだ。確かに、これは起こりえることである。仮にそうはならないとしたら、弱気相場が去るのを待つことができれば、株式投資に伴うリスクはなくなることになる。プレミアムの存在は、まさにアンダーパフォームのリスクによって説明されるのだ。これは、これから検証していくすべてのファクターにおいても真実であるはずだ。リスクがなければ、投資家はプレミアムが消滅するまで、そのような特徴を持つ銘柄を買い上がることに

29

なる。

　重要な教訓は、ファクターから期待プレミアム（保証されてはいない）を獲得したいと思うのであれば、プレミアムが消滅するまでの長い期間にほぼ確実に存在するリスクを受け入れなければならない、ということだ。リスクをとっても報われない時期もある。アンダーパフォームのリスクが存在するからこそ、投資家は、自らの能力や意欲や必要性を上回るリスクを負わないことが重要となるのだ。また、それゆえに投資で成功するには規律が重要なのである。アンダーパフォームする長い期間を無視できるだけの忍耐力を持たなければならない。これが、ウォーレン・バフェットが「投資家にとって最も重要なのは気性であって、知性ではない」と言う理由である。彼はこうも述べている。「IQが25以上あるのなら、投資で成功することとIQの数値には相関関係はない。ごく普通の知性があるのなら、あと必要になるのは衝動を抑える気性である。その衝動ゆえにほかの人々は投資でトラブルに巻き込まれるのだ」

　残念ながら、ほとんどの投資家にとって3年や5年は長い期間であり、10年となるともはや永遠であるかのように、われわれは自身の経験から思ってしまう。しかし、ここで示したように、10年という期間は結論を導き出すには不十分である。これが理解できず、またその結果に耐えることができないから、多くの投資家がお粗末な経験をすることになる。彼らは、パフォーマンスが優れない時期（株価が低く、将来の期待リターンが高いとき）のあとに売り、パフォーマンスが優れている期間（株価が高く、将来の期待リターンが低いとき）のあとに買うことになるのである。高く買い、安く売ることが成功をもたらすことはない。しかし、ほとんどの投資家がそうするのである。

普遍性

　2011年に発表された『エクイティ・プレミアムズ・アラウンド・ザ・ワールド（Equity Premiums Around the World)』のなかで、著者のエルロイ・ディムソン、ポール・マーシュ、マイク・スタウントンは、1900年以降、世界中のほとんどすべての国や地域で市場ベータがプラスのリターンをもたらしたことを発見している。2016年のクレディ・スイス・グローバル・インベストメント・リターン・イヤーブックで、ディムソン、マーシュ、スタウントンの3人は市場ベータを改めて見直し、アメリカの投資家の視点から見た21の先進国における株式のリスクプレミアム（ERP = equity risk premium）を提示している。1900～2015年において、1カ月物のTビルと比較した年平均プレミアムは、ベルギーのおよそ3.1％から南アフリカの6.3％まで、すべてのケースでプラスとなった（**表1.2**）。アメリカ市場のプレミアムは8位タイの5.5％であった。世界全体のERPは4.2％、アメリカを除くプレミアムは3.5％、ヨーロッパのそれは3.4％であった。過去50年（1966～2015年）でも、オーストリアの1.4％からスウェーデンの6.6％まですべてのプレミアムがプラスとなった。アメリカのプレミアムは4.4％（第9位）で、世界全体では4.1％、アメリカを除く世界全体で4.5％、ヨーロッパが5.1％である。市場ベータのプレミアムに普遍性があることは明白である。また、アメリカが最も高いリターンをもたらす国ではないことが分かるであろう。

投資可能性

　市場と同等のポートフォリオは、回転率が低く、取引コストも最低限となる。さらに、アスク・ビッドのスプレッドで示される取引コストは大きく低下するが、これは手数料も同様である。そして、インデ

表1.2　世界のERP

国	ERP（%、1966〜2015年）	ERP（%、1900〜2015年）
オーストラリア	3.5	6.0
オーストリア	1.4*	5.5
ベルギー	3.4	3.1*
カナダ	2.3	4.1
デンマーク	4.8	3.4
フィンランド	6.1	5.9
フランス	4.9	6.2
ドイツ	3.9	6.1
アイルランド	4.8	3.7
イタリア	1.5	5.8
日本	4.0	6.2
オランダ	5.2	4.4
ニュージーランド	3.2	4.4
ノルウェー	4.2	3.1*
ポルトガル	3.9	4.7
南アフリカ	5.9	6.3**
スペイン	3.7	3.3
スウェーデン	6.6**	3.9
スイス	5.2	3.7
イギリス	4.6	4.3
アメリカ	4.4	5.5
世界	4.1	4.2
アメリカを除く世界	4.5	3.5
ヨーロッパ	5.1	3.4

*　最小値
**　最大値

ックス投信とETF（株価指数連動型上場投資信託）との競争が経費率を押し下げている。今日、米国市場全体に連動するETFにはたった0.03％、世界全体に連動するそれにはたった0.13％で投資することが可能である。

2つの例を用いて、市場ベータの投資可能性を説明する。第一に、1976年9月（設定後、月間を通じて運用された最初の月）から2015年までの期間で、バンガード500インデックスファンド・インベスター・シェアーズ（VFINX）のリターンは年率10.8％であり、S&P500（経費も取引コストもかからない）のリターンは年率11.1％であった。ここで注目しなければならない重要なことはVFINXの経費率が期間を通じて低下していることである。次に、1992年5月（設定後、月間を通じて運用された最初の月）から2015年までの期間で、バンガード・トータル・ストック・マーケット・インデックスファンド・インベスター・シェアーズ（VTSMX）のリターンは年率9.2％、アメリカ株式市場全体のリターンは年率9.3％であった。アメリカ株式市場のベンチマークはCRSP（センター・フォー・リサーチ・イン・セキュリティ・プライセズ）の第1〜第10十分位のインデックスである（第1〜第10十分位とは、時価総額でランク付けされた銘柄を10のクラスターに分けた集合である）。

合理的な説明

投資家が市場ベータを上回るプラスのリターンを期待する明白かつ簡潔な理由が存在する。その1つ目が、株式を保有するリスクは景気循環のリスクと高い相関関係にあることだ。つまり、景気後退期には、給与を得ている、または事業を経営している投資家は弱気相場と失業や事業利益の減少（さらには倒産）という「二重苦」にさらされることになる。概して、個人投資家は極めてリスク回避的であることを示

す膨大な証拠があることを考えると、とりわけ、失業と事業利益の喪失というリスクは基本的には保険が掛けられないのだから、彼らがこの二重苦のリスクを受け入れる見返りとして株式に高いプレミアムを要求するのも当然である。投資家は、考え得る最も悪いタイミングで（収入が減少またはなくなってしまったがために）株式を売らざるを得なくなるかもしれないのだ。

　２つ目が、大部分とは言わないまでも、相当な割合の株式が富裕層の個人によって保有されていることが、株式のプレミアムが大きくなる一因である。資産が増大するに従い、富の限界効用（何かしらを追加的に費消することで得られる満足度の向上）は逓減する。富は多いに越したことはないが、個人がある程度の富を手にし、もはやリスクをとる必要がない水準にまで達すると、よほど大きなリスクプレミアムがなければ彼らはリスクをとろうとはしないのだ。

　３つ目は、投資のライフサイクルと借り入れの限界に関するものである。長い投資期間と株式のプレミアムの規模とを考えれば、若い投資家は概して株式に投資したがるものである。しかし、彼らの比較的低い収入と消費欲（住宅を購入するなど）、また株式市場に投資を行うための借り入れ能力の限界ゆえに、彼らが株式に投資する能力は制限されてしまう。それらが組み合わさることで、株式に大きく投資することができないのだ。それよりも投資期間の短い、より高齢の投資家は概して株式に伴うリスクをとる能力も意欲も持ち合わせていない。また、彼らは投資のライフサイクルでは資金の引き出しの段階にあるのだ。つまり、彼らは全体の資産に占める株式保有の割合を下げる傾向にある。その結果、株式を保有するリスクは中年の倹約的な消費者の手に集中するのである。このグループは、引退後に備えるためだけでなく、子息の大学教育のためにも貯蓄をする。また、彼らは若い投資家よりもリスク回避的でもあるようだ。つまるところ、彼らは引退が近づいたときに、前述の二重苦を被るリスクを最小化させるべく気を

表1.3 市場ベータ（1927～2015年）

	市場ベータ
年間プレミアム（％）	8.3
シャープレシオ	0.40
１年間でアウトパフォームする確率（％）	66
３年間でアウトパフォームする確率（％）	76
５年間でアウトパフォームする確率（％）	82
10年間でアウトパフォームする確率（％）	90
20年間でアウトパフォームする確率（％）	96

配らなければならないのだ。

　株式のプレミアムに対するもう１つの直感的な説明として、株式の
ボラティリティは無リスクの１カ月物のＴビルよりもはるかに大きい
ということがある。アメリカ株式市場の標準偏差はおよそ年20％であ
り、それに比べて１カ月物のＴビルのそれは３％程度である。

　また、リターンがほとんどマイナスとなった期間に目を向けること
で、株式を保有することに伴うリスクを観察することができる。例え
ば、アメリカの株式市場全体のリターンが最悪となったのは1931年の
マイナス43.5％である。一方で、１カ月物のＴビルがマイナスとなっ
た年は１回もない。また、アメリカ株式が最も大きな損失を出したの
は1929年９月から1932年６月までで、株式市場は83％以上も下落した
のだ。この間、１カ月物のＴビルのリターンは６％であった。つまり、
およそ90％のアンダーパフォームということになる。これこそがリス
クだ。

　表1.3は、市場ベータのプレミアムをまとめたものである。

　市場ベータが、ファクターを検討するためのわれわれの要件をすべ
て満たしていることは明らかである。しかし、あらゆるファクターに

ついて言えることだが、そのファクターにどれだけ配分するかは、投資家それぞれのリスクを許容する能力、意欲、そして必要性に依存する。また、その配分は、ほかのどのようなリスクの資産がポートフォリオに含まれているか、またそれら資産のリスクがポートフォリオ全体のリスクとどのような関係（相関）にあるかにも依存することになる。これは料理にも似た状態で、優れた料理人は個々の材料の品質だけでなく、その風味をどれだけうまく組み合わせることができるかに注意を向けるものである。要するに、資産のリスクを個別に考えるべきでないということだ。投資を考える唯一正しい方法は、それを加えることがポートフォリオ全体のリスクと期待リターンにどのような影響をもたらすかを考えることである。

CAPMには欠陥がある

　シングルファクターのCAPMはおよそ30年にわたり金融界のモデルであった。しかし、すべてのモデルと同様に、CAPMにも定義上、欠陥または誤りがある。そのようなモデルを完璧に修正することができれば、それは法則（物理学における法則のようなもの）となる。CAPMは分散されたポートフォリオの差異のおよそ3分の2しか説明できないことをわれわれは時間をかけて学んできている。簡単な例を挙げて説明しよう。ポートフォリオAは10％のリターンを上げ、ポートフォリオBは13％のリターンを上げているとすると、2つのポートフォリオの市場ベータの違いが説明できるのは、3％というリターンの差異のうち2％にすぎないのだ。残りの1％の差異は運、能力（銘柄選択、またはマーケットタイミングなど）、またはいまだ見いだされていないファクターか何かによって説明されることになる。CAPMに反するアノマリーが時間の経過とともに明らかとなり、やがては別のファクターが「発見」されることになった。

ファーマ・フレンチ──３ファクターモデル

　1981年のロルフ・バンズの論文「ザ・リレーションシップ・ビトウィーン・リターン・アンド・マーケット・バリュー・オブ・コモン・ストック（The Relationship between Return and Market Value of Common Stock）」で、市場ベータでは小型株のより高い平均リターンを完全に説明することができないことが発見された。1983年には、サンジャイ・バスの論文「ザ・リレーションシップ・ビトウィーン・アーニングス・イールド、マーケット・バリュー・アンド・リターン・フォー・NYSE・コモン・ストック（The Relationship between Earnings' Yield, Market Value and Return for NYSE Common Stock : Further Evidence）」で、EPR（株式益回り）と平均リターンに見られる正の関係が市場ベータでは説明できないことが発見されている。そして、1985年、バール・ローゼンベルグ、ケネス・リード、ロナルド・ランステインが、論文「パシュエイシブ・エビデンス・オブ・マーケット・インエフィシエンシー（Persuasive Evidence of Market Inefficiency）」で株式の平均リターンとBMR（簿価時価比率）に正の関係を見いだしている。後者２つの研究では、サイズプレミアムに加え、バリュープレミアムも存在する証拠が示されている。

　これらのアノマリーをまとめ、解説したのが、ユージン・ファーマとケネス・フレンチによる1992年の論文「ザ・クロス・セクション・オブ・エクスペクティド・ストック・リターンズ（The Cross-Section of Expected Stock Returns）」である。この論文の結論の本質は、前述のとおり、CAPMは分散されたポートフォリオのリターンの差異のおよそ３分の２しか説明することができず、２つ以上のファクターを用いることで、より優れたモデルを構築することができるというものである。ファーマとフレンチは、市場ベータとともに、サイズとバリ

ューのファクターを用いることで、分散されたポートフォリオのリターンの差異をより詳しく説明できると提案したのだ。

　ファーマ・フレンチの3ファクターモデルはCAPMの説明能力を大いに向上させ、分散されたポートフォリオのリターンの差異の90％以上を説明することができるようになった。この新たに改良されたモデルの効果を知るために、先ほどの簡単な例に戻る。ポートフォリオAが10％、ポートフォリオBが13％のリターンを上げているとして、2つのポートフォリオの市場ベータの違いは、3％のリターンの差異のうち2％を説明することができる。これにサイズとバリューのファクターを加えたファーマ・フレンチ・モデルはリターンの差異の2.7％以上を説明することになる。そして繰り返しになるが、残りの0.3％は、銘柄選択またはマーケットタイミングの能力か、いまだ見いだされていないファクターによって説明されることになる。

　では、サイズファクターについて、それを要件と照らし合わせて検証してみよう。

第2章

サイズファクター

The Size Factor

　サイズファクターの議論もまずはその定義から始めよう。先に説明したとおり、すべてのファクターはロング・ショートのポートフォリオとしてとらえられる。つまり、サイズファクターは、小型株の年平均リターンから、大型株のそれを差し引くことで算出される。それゆえ、このファクターはSMB（Small minus Big）とも呼ばれる。小型株はCRSP（センター・フォー・リサーチ・イン・セキュリティ・プライセズ）インデックスの第6～第10十分位に属する銘柄で、大型株は第1～第5十分位に属する銘柄である。1927～2015年の、アメリカのサイズプレミアムは年率3.3％であった。

持続性

　サイズプレミアムには、市場ベータほどではないにしても、持続性がある。**表2.1**は、1927～2015年におけるサイズプレミアムの持続性を表したものである。その絶対値こそ小さいが、ここでもまた、期間が長くなるほど、成功の可能性が高くなる傾向にある。

　この期間におけるサイズプレミアムのシャープレシオは0.24と、われわれが議論するすべてのプレミアムのなかで2番目に小さいものであった。しかし、別の定義に従えば、サイズプレミアムは著しく大き

39

表2.1　サイズファクターが市場をアウトパフォームする確率（%）

	1年	3年	5年	10年	20年
サイズ	59	66	70	77	86

なものとなり、ほかのファクターと組み合わせると極めて効果的である。

普遍性

　サイズプレミアムに普遍性があるかどうかを判断するために、われわれはまず、MSCI EAFEインデックス（これはヨーロッパ、オーストラレーシア、極東地域を対象とする世界の先進国の大型・中型株のリターンを測るもので、アメリカとカナダは除外している）のリターンと、DFA（ディメンショナル・ファンド・アドバイザーズ）インターナショナル・スモール・インデックスのリターンとを比較した。1970〜2015年の期間において、MSCI EAFEインデックスのリターンは年率9.5％、一方、DFAインターナショナル・スモール・キャップ・インデックスのリターンは年率14.5％であった。

　MSCIでは1999年以降、EAFEスモール・キャップ・インデックスを公開している。検証期間としては比較的短いのではあるが、それを考慮したうえで見ると、1999〜2015年までで、MSCI EAFEインデックスは年率4.1％、一方でMSCI EAFEスモール・キャップ・インデックスは年率8.4％のリターンを上げている。さらに、DFAによる2015年の調査リポート「ディメンションズ・オブ・エクイティ・リターンズ・イン・ヨーロッパ（Dimensions of Equity Returns in Europe）」は、1982〜2014年までの33年間における15のヨーロッパ市場をカバー

している。そこでは、15の市場全体、さらには1つ（フィンランド、同国のデータは1990年初頭からのものしか入手できなかった）を除くそれぞれの市場で、小型株にプレミアムがあることが示されている。

　ファーマ・フレンチ・インデックスが利用できるおかげで、途上国市場にも目を向けることができる。1989〜2015年において、ファーマ・フレンチ・エマージング・マーケット・インデックスのリターンは年率10.4％、ファーマ・フレンチ・エマージング・マーケット・スモール・キャップ・インデックスのそれは年率11.7％であった。このように、それほど大きなものではないにしても、世界中の先進国または途上国の株式市場においてサイズプレミアムを確認することができる。

投資可能性

　サイズプレミアムに関しては、小型株は流動性に乏しく、それゆえ取引コストが高くなる可能性があることを考えれば、それは実現可能なのか、それとも机上の空論にすぎないのかという疑問が出てくるのも当然である。そこで、実際の投資信託のリターンを検証し、それらが小型株というアセットクラスにおいてリターンをうまくとらえることができているかどうかを見ることで、この疑問に答えることができよう。まずは、BRSIX（ブリッジウエー・ウルトラ・スモール・カンパニー・マーケット・ファンド）のリターンに目を向けてみよう。このファンドを選んだのは、これが小型株のなかでも最も小規模な銘柄（マイクロキャップ銘柄と呼ばれる）に投資するパッシブ運用のファンドであり、そこでは取引コストが大きな障害となる可能性があるからである。ファンドの組成は1997年7月31日である。1997年8月から2015年12月までの期間で、同ファンドは年率10.3％のリターンを上げ、年率9.5％のリターンとなったCRSPの9－10インデックス（時価総額でランク付けした最下位20％の銘柄）を上回り、CRSP10インデック

ス（最も規模の小さい10％の銘柄）のリターンと互角であった。インデックスにはコストがかからないことに留意してもらいたい。また、小型株に連動するファーマ・フレンチ・US・スモール・キャップ・インデックスのリターンが年率8.5％であり、ラッセル2000インデックスのそれが年率7.0％であったことも記しておく価値があろう。

　しっかりと構築されたパッシブ運用のファンドが小型株のリターンをとらえることができるさらなる証拠として、現在の経費率が0.52％であるDFSCX（DFA・USマイクロ・キャップ・ポートフォリオ・ファンド）のリターンと、同じく0.37％であるDFSTX（DFAスモール・キャップ・ポートフォリオ・ファンド）のリターンを見てみよう。1982年1月の組成から2015年12月までの期間で、DFSCXのリターンは年率11.8％であり、ファーマ・フレンチ・US・スモール・キャップ・インデックスを0.2％、CRSPの9－10インデックスと10インデックスを0.8％、ラッセル2000インデックスを1.7％上回った。1992年4月の組成から2015年12月までの期間で、DFSTXは年率10.4％のリターンを上げ、ファーマ・フレンチ・US・スモール・キャップ・インデックスには0.05％下回ったが、ラッセル2000インデックスには1.4％上回った。どちらのファンドも対象とするアセットクラスのリターンをとらえることができたのだ。

　バンガードにも、そのパフォーマンスを検証できる小型株のインデックスファンドがある。現在の経費率が0.20％（同社が運用するさらに低コストのアドミラル・シェアーズ投信の経費率は現在たった0.08％である）であるNAESXが組成されたのが1989年9月である。このファンドの当初のベンチマークはラッセル2000インデックスであった。この指数には問題があった（ほかのスモール・キャップ・インデックスに比べてパフォーマンスが低い）ので、やがてバンガードはベンチマークを変更し、最初はMSCIのインデックスを、その後、CRSPのインデックスを採用している。1989年9月から2015年12月の期間で、フ

ァンドのリターンは9.6％となり、ラッセル2000インデックス（年率8.9％のリターン）は上回ったが、CRSPの6－10インデックス（年率10.5％のリターン）は下回った。

　また、DFAの米国外と途上国市場の小型株ファンドの実際のリターンと、同等のスモール・キャップ・インデックスのリターンとを比較検証することもできる。1996年10月の組成から2015年までの期間で、DFISX（DFAインターナショナル・スモール・カンパニー・ポートフォリオ・インスティチューショナル・クラス・ファンド）のリターンは年率6.7％となり、現在の経費率は0.54％である。年率7.7％のリターンとなったディメンショナル・インターナショナル・スモール・キャップ・インデックスを下回ったが、1999年1月から公表されているMSCI EAFEスモール・キャップ・インデックスのリターンと比較すると、9.1％対8.0％でDFISXがMSCIインデックスを上回っていることが分かる。途上国市場に目を向けると、1998年4月の組成から2015年までの期間で、DEMSX（DFAエマージング・マーケット・スモール・キャップ・ポートフォリオ・ファンド）のリターンは年率10.8％となり、現在の経費率は0.72％である。これは、年率6.7％のリターンとなったMSCI・エマージング・マーケット・スモール・キャップ・インデックス、同じく年率9.2％となったファーマ・フレンチ・エマージング・マーケット・スモール・キャップ・インデックスの双方を上回るものである。

　われわれの疑問に答えるかのように、現実のファンドがサイズプレミアムをとらえていることを多くの証拠が示している。

合理的な説明

　株式プレミアムと同様に、サイズプレミアムの存在を明白かつ簡潔に説明することができる。大企業に比べると、小規模の企業には概し

て次のような特徴がある。

●レバレッジが大きい。
●資本基盤が小さく、経済的な困難に対処する能力が低い。
●資本調達力に限りがあるため、信用状況の変化に脆弱である。
●利益の変動が激しい。
●収益力が低い。
●キャッシュフローの不確実性が高い。
●流動性が低く、株式の取引がより割高となる。

　その他の説明としては、次のようなものがある。

●ビジネスモデルの実績が乏しい、または実績がない。
●経営陣が手薄である。

　さらには、小型株は大型株よりもボラティリティが高い。1927～2015年の期間で、小型株の年間標準偏差はおよそ30％となり、大型株は20％程度であった。つまり、5割も違うのである。さらに、小規模企業は不況時に業績が比較的低迷する傾向にあり、不況期にパフォーマンスが振るわない資産にはリスクプレミアムが求められるのも当然である。例えば、アメリカ株式にとって最悪の1年であった1931年の大恐慌時、大型株からなるCRSPの1－5インデックスは43.3％の下落となったが、小型株からなるCRSPの6－10インデックスは50.2％も下落した。1973～1974年の不景気と弱気市場においては、大型株は39.2％下落したが、小型株の下落は53.1％にもなった。2008年、大型株が36.5％下落した一方で、小型株は38.7％下落した。
　ジェラルド・ジェンセンとジェフリー・マーサーは2002年の論文「マネタリー・ポリシー・アンド・ザ・クロスセクション・オブ・エクス

ペクティド・ストック・リターンズ（Monetary Policy and the Cross-Section of Expected Stock Returns)」で、経済サイクルのリスクとサイズの効果との関係を検証している。彼らは、サイズだけを取り上げれば、金融政策が緩和されている期間においてのみ、小型株に大きなプレミアムがあることを発見した。金融が引き締められている期間は、サイズの効果は統計上有意なものではない。彼らは、金融政策がサイズの効果に大きな影響を及ぼすと結論づけた。好況は概してFRB（米連邦準備制度理事会）が拡張政策を講じるか、単に「流れに乗っている」ときに起こり、FRBが金融政策を引き締めれば不況が訪れるのだ。

2002年の論文「ザ・ファーム・サイズ・エフェクト・アンド・ザ・エコノミック・サイクル（The Firm Size Effect and the Economic Cycle)」の著者であるムン・K・キムとデビッド・A・バーニーも、企業のサイズと経済サイクルを通じたパフォーマンスとの関係を検証している。彼らは、好況期において小規模企業は大企業よりも早く成長する（彼らのリスクが報われる）が、不況期には経営が悪化する（リスクが顕在化し、破産に陥ることが多い）ことを発見している。つまり、サイズプレミアムは経済サイクルを通じて変化すると考えるのが論理的である。彼らは、サイズの効果は経済サイクルのリスクに対する補償であると結論づけている。

これは與語基裕が2006年の研究「ア・コンサンプション・ベースド・エクスプラネイション・オブ・エクスペクティド・ストック・リターンズ（A Consumption-Based Explanation of Expected Stock Returns)」で発見したことと一致する。與語は、消費の限界効用が最も高くなる不況期、小型株のリターンは低いものになることを発見した。言い換えれば、小型株のリターンは、大型株のリターンよりも順景気循環的だということである。それゆえ、このようなリスクの高い株式を保有する投資家は、高い期待リターンをもって報われなければならないわけだ。

結論に至るまえに、サイズファクターの議論を終えるには、小型の
グロース株、特に比較的大きな投資を行いながらも収益力に乏しい企
業の株式にみられる低いリターンというアノマリーに取り組まなけれ
ばならないであろう。

小型のグロース株にみられるアノマリー

　小型株全体としては、より高いリターン（サイズプレミアム）をも
たらしてきたが、一方で小型のグロース株は市場リターンを下回って
きた。1927〜2015年のファーマ・フレンチ・インデックスで見ると、ア
メリカの大型株は年率9.8％のリターンとなるが、これはアメリカの小
型株の11.8％より２％低いものである。しかし、同時期のアメリカの
小型グロース株のリターンはたった8.7％であった。
　年率のリターンがより低いことに加え、小型のグロース株のボラティ
ィリティはより高いものであった。小型株全体の標準偏差が30％であ
ったのに対し、小型のグロース株のそれは年率32％となった。リター
ンがより低く、ボラティリティがより高くなるこの傾向こそが、小型
のグロース株が投資の「ブラックホール」と呼ばれてきた理由であり、
アノマリーたるゆえんである。

行動による説明

　このアノマリーは行動経済学で説明されている。投資家は「宝くじ」
を選好するがゆえにアノマリーが発生するのだ、と。ニコラス・バー
バリスとミン・ファンは2008年の「ストックス・アズ・ロッタリーズ
（Stocks as Lotteries : The Implications of Probability Weighting for
Security Prices）」という研究で次のことを発見した。

●投資家は正の歪度を示す、つまり平均より右側（より大きな）のリターンが、平均より左側（より小さな）のリターンよりも発生頻度こそ少ないけれども、大きなものとなる有価証券を選好する。そのような投資では大きな利益を獲得する（宝くじに当たる）機会は少なくなる。投資家は、この可能性の低さに魅力を感じるのだ。その結果、正の歪度を持つ有価証券は「割高」となり、結果としてマイナスのエクセスリターンをもたらす傾向にある。

●正の歪度を持つ資産を選好することが、効率的市場仮説（EMH）にいくつかのアノマリー（標準からの逸脱）を生み出している理由である。IPO（新規株式公開）、プライベートエクイティ、ディストレス銘柄はリスクが高いにもかかわらず、その平均リターンが低くなるといった具合である。

理論上、アノマリーは正の歪度を選好しない投資家によって裁定されることになる。彼らは、過大評価された資産をショートすることでもたらされる、より大きな期待リターンと引き換えに、大きな損失を被るリスクを喜んで引き受けるはずなのだ。しかし、現実世界では、裁定取引に限界があるため、アノマリーが持続することになる。第一に、機関投資家（年金基金、寄付基金、投資信託など）の多くが、その約款によってショートポジションを取ることを禁じられている。

第二に、ショートするために株式を借りるコストが高くなる可能性があり、また空売りを目的とした借り手への貸株の供給が限られてしまうことがある。これは小型のグロース株に顕著である。

第三に、投資家は無限の損失を被る可能性があるため、空売りのリスクをとりたがらない。これはプロスペクト理論が指摘するものだが、損失による痛みは、同額の利益による喜びよりもはるかに大きなものとなるのだ。

第四に、空売り筋は、その戦略を手仕舞う前に借株の返還を求めら

れるリスクを負っている。彼らはまた、戦略が短期的にはうまくいかず、早めに手仕舞わなければならないリスクを負ってもいる。

　以上の要素をまとめれば、投資家は正の歪度を持つ割高な有価証券を取引しようとはせず、結果としてアノマリーが持続することが可能となるとも言える。

ジャンクを管理する

　当初公表されて以降、サイズプレミアムが低下していることをとらえて、その安定性に疑義を呈する研究者もいる。公表後の低下という問題については第8章でより広範に取り上げるが、サイズはいまだ有効なファクターであると考えている。さらに、サイズはそれ自体有効である一方、ほかのファクターと組み合わせて考えると、その効果はより大きなものとなる。例えば、バリューとモメンタムのファクター（次の2章で取り上げる）は、大型株よりも小型株でより有効である。サイズプレミアムの理解を深めるには、クリフォード・アスネス、アンドレア・ファラッツィーニ、ローネン・イスラエル、トビアス・モスコウィッツ、ラッセ・ペダーセンによる2005年の研究「サイズ・マターズ、イフ・ユー・コントロール・ユア・ジャンク（Size Matters, If You Control Your Junk）」が有効である（第5章参照）。

　アスネスたちは次のように記している。「クオリティの極めて低い（つまり「ジャンク」）銘柄は、概して規模が極めて小さく、平均リターンも低く、困難に見舞われており、流動性に乏しい有価証券である。これらの特徴がサイズとクオリティとの間に見られる強い負の関係をもたらし、これらジャンク銘柄のリターンが、サイズプレミアムの不安定なパフォーマンスと、それに向けられる批判の原因となっているのだ」

　クオリティの高い銘柄の特徴については第5章で詳しく論じるが、手

短に記せば、ベンジャミン・グレアムとウォーレン・バフェットが長きにわたり推奨しているこの種の銘柄は、対極の特徴を持つクオリティの低い銘柄（「宝くじ」株）をアウトパフォームする。アスネスたちはさらに次のようなことも発見した。「小型でクオリティの高い銘柄は、大型でクオリティの高い銘柄よりも優れたパフォーマンスを示し、小型のジャンク銘柄は大型のそれよりも優れたパフォーマンスを示すが、標準的なサイズ効果はサイズとクオリティとの合成効果の影響を被ることになる」

　言い換えれば、小型株のリターンは、クオリティが低くなる傾向にあることを除けば、かなり高いものとなるということだ。アスネスたちは、クオリティをコントロールすることで、大きなサイズプレミアムが発生すると結論づけている。このプレミアムには次のような特徴がある。

●長期的に安定している。
●銘柄固有のリスクに対しローバストである。
●季節や市場を問わず、より一貫している。例えば、リターンが大きくなる「1月効果」は1年を通じてよりなだらかに分布している。
●マイクロキャップに限定されない。
●流動性が乏しいことに伴うプレミアムとは独立の関係にある。
●サイズと、バリューやモメンタムなどのほかのリターン特性との関係を説明する。
●サイズによる十分位とエクセスリターンとの関係が完璧に線形なものとなる（小型株から大型株に移るにつれて、エクセスリターンが堅調に減少し、やがて最大規模の銘柄ではマイナスとなる）。

　もう1つの重要な発見は、クオリティのより高い銘柄は流動性がより高くなるということであるが、これはポートフォリオを構築し、ま

た実践するにあたって重要な示唆となる。

　アスネス、ファラッツィーニ、イスラエル、モスコウィッツ、ペダーセンは、クオリティというファクターではなく、低ベータというファクターをコントロールすると同じ結果が得られることを発見した。高ベータの銘柄はより投機的になる（ここでもまた宝くじ）傾向にあり、ヒストリカルリターンは極めてお粗末なものである。さらに、高ベータの銘柄は、クオリティの低い銘柄群とまったく同じものとなる傾向にある。そして、小型株は、収益性（RMW［robust minus weak］と呼ばれる。第5章参照）と投資（CMA［conservative minus aggressive］）という比較的新しい2つのファクターに対してはマイナスのイクスポージャーとなることも発見した。収益性の高い企業は収益性の低い企業を上回るパフォーマンスを示し、投資が控え目な企業は投資に積極的な企業を上回るパフォーマンスを示す。ここで、これらのファクターを管理することで、サイズのパフォーマンスはさらに向上する。

　「ブラックホール」と呼ばれる小型グロース株がもたらすマイナスのプレミアムを認識することで、いくつかの投資信託会社では、このような負の特性を持つ銘柄を排除したパッシブ運用のファンドを運用している。AQRファンド、ブリッジウエー・キャピタル・マネジメント、ディメンショナル・ファンド・アドバイザーズなどのファンドがそれである。

　だが、これらの改良点を考慮せずとも、サイズファクターがわれわれの要件を満たしていることは明らかである、と結論できる。

　表2.2は、これまで取り上げてきた2つの株式プレミアムのデータをまとめたものである。

　では、次にバリューファクターを取り上げ、われわれの要件と照らし合わせてみよう。

表2.2　市場ベータとサイズ（1927〜2015年）

	市場ベータ	サイズ
年間プレミアム（％）	8.3	3.3
シャープレシオ	0.40	0.24
1年間でアウトパフォームする確率（％）	66	59
3年間でアウトパフォームする確率（％）	76	66
5年間でアウトパフォームする確率（％）	82	70
10年間でアウトパフォームする確率（％）	90	77
20年間でアウトパフォームする確率（％）	96	86

第 **3** 章

バリューファクター

The Value Factor

　前述のとおり、ユージン・ファーマとケネス・フレンチによる1992
年の論文「ザ・クロス・セクション・オブ・エクスペクティド・スト
ック・リターンズ（The Cross-Section of Expected Stock Returns）」
が、ファーマ・フレンチの3ファクターモデルを生み出した。このモ
デルは、市場ベータにサイズとバリューのファクターを付け加えたも
のである。割安な資産は割高な資産をアウトパフォームする傾向にあ
るとするバリューファクターを付け加えたことで、ベンジャミン・グ
レアムとデビッド・ドッドを先駆けとするバリュー投資のスーパース
ターたちの優れたパフォーマンスを説明することができるようになっ
た。これらの投資家に表象されるアノマリーは、アルファがベータに
転換される（ファクターに組み込まれる）につれ、消滅しつつある。し
かし、この後知恵が、彼らの手腕に対する評価を損なうものではない。
結局のところ、スーパースターたちはファーマとフレンチがモデルに
加える以前からそれらのファクターを戦略に取り入れていたばかりで
なく、ファクター投資が学問的概念となる以前からそうしていたので
ある。

　すべてのファクターはロング・ショートのポートフォリオと考えら
れ、バリュー銘柄の年平均リターンから、グロース銘柄のそれを差し
引くことでバリュープレミアムを算出する。それゆえバリューファク

53

表3.1　バリューファクターが市場をアウトパフォームする確率（％）

	1年	3年	5年	10年	20年
バリュー	63	72	78	86	94

ターはHMLとも呼ばれる。つまり、BMR（簿価時価比率）の高い（High）銘柄のリターンから、BMRの低い（Low）銘柄のリターンを差し引いた（Minus）ものということである。バリューを測定する基準はさまざまであるが、学術界で最も広く用いられているのがBMR比率である。そして、BMR比率が最も高い上位30％をバリュー株、最も低い30％をグロース株と定義する。その中間に属する40％はコア銘柄と考えられている。1927～2015年までの期間におけるアメリカ株のバリュープレミアムは年4.8％であった。

持続性

市場ベータプレミアムには及ばないが、バリュープレミアムはサイズプレミアムよりも持続性があった。**表3.1**は、1927～2015年の期間における、バリュープレミアムの持続性を示したものである。

バリュープレミアムのシャープレシオは0.34で、われわれが取り上げるすべてのファクターのなかで４番目に高いものであった。最も高いシャープレシオが0.61、最も低いそれが0.06であったことを思い出してほしい。

普遍性

バリュープレミアムが普遍的かどうかを判断するために、まずファ

ーマ・フレンチ・インターナショナル・グロース・インデックスのリターンと、ファーマ・フレンチ・インターナショナル・バリュー・インデックスのリターンとを比較する。1975〜2015年にかけて、ファーマ・フレンチ・インターナショナル・グロース・インデックスは年率8.6%のリターンを上げ、ファーマ・フレンチ・インターナショナル・バリュー・インデックスは年率13.8%のリターンとなった。バリューのほうが5.2%優位である。

途上国市場にも目を向ける。1989〜2015年までの期間で、ファーマ・フレンチ・エマージング・マーケット・グロース・インデックスは年率9.3%、ファーマ・フレンチ・エマージング・マーケット・バリュー・インデックスは年率13.0%のリターンとなった。

DFAの調査チームのおかげで、ヨーロッパの株式市場だけを取り上げたデータを検証することができる。同社の2015年11月の調査リポート「ディメンションズ・オブ・エクイティ・リターン・イン・ヨーロッパ（Dimensions of Equity Returns in Europe）」では1982〜2014年までの33年間における15のヨーロッパ市場を取り上げている。調査員たちは、自分たちのデータサンプルで見ると、ヨーロッパのバリュー株はグロース株に対して大きなリターンプレミアムを示していることを発見した。15の個別市場で見ると、バリュープレミアムはアイルランドの年率1.5%から、スウェーデンの年率7.3%までの範囲となった。ヨーロッパにおけるバリュープレミアムは、1982〜2014年までにアメリカで実現したバリュープレミアム（年率4.5%）、世界の先進国市場で実現したそれ（年率6.0%）と近似している。

クリフォード・アスネス、トビアス・モスコウィッツ、ラッセ・ペダーセンによる2013年の研究「バリュー・アンド・モメンタム・エブリウェア（Value and Momentum Everywhere）」では、バリュープレミアムの普遍性を示すさらなる証拠が提示されている。彼らは、アメリカ、イギリス、ヨーロッパ大陸、日本を含む18カ国の先進国市場

におけるバリューファクターを検証し、すべての株式市場で大きなリターンプレミアムを見いだしたが、最もパフォーマンスに優れていたのは日本であった。

投資可能性

かなり長い期間、世界中でバリュー・インデックス・ファンドはグロース・インデックス・ファンドを上回るパフォーマンスを示してきた。実際のファンドがバリューファクターのリターンをとらえることができるかどうかを判断するために、DFAのバリュー・ファンドのリターンと、適当なバリュー・インデックスのリターンとを比較する。

1993年３月の組成時から2015年12月までの期間で、DFLVX（DFA・USラージ・キャップ・バリュー・ポートフォリオ・インスティチューショナル・クラス・ファンド）のリターンは年率9.8％となり、現在の経費率は0.27％である。これは、MSCI・USプライム・マーケット・バリュー・インデックスの年率9.3％、ラッセル1000バリュー・インデックスの年率9.4％を上回るものである。

1993年４月の組成時から2015年12月までの期間で、DFSVX（DFA・US・スモール・キャップ・バリュー・ポートフォリオ・インスティチューショナル・クラス・ファンド）のリターンは年率11.6％となり、現在の経費率は0.52％である。これは、MSCI・USスモール・キャップ・バリュー・インデックスの年率10.6％、ラッセル2000バリュー・インデックスの年率9.7％を上回るものである（本書で紹介しているMSCIインデックスのリターンはグロスリターンである。ネットリターンは配当にかかる国際課税の影響を考慮したものである。グロスリターンを用いるのは、その歴史がより長いことが主な理由である。さらに、グロスリターンのほうがより高い目標となる。ファンドがグロスリターンを上回るのであれば、ネットリターンと比較するとさらに良い結果

となろう。例えば、当該期間におけるMSCIエマージング・マーケット・バリュー・インデックスのネットリターンは年率7.0％であった）。

1994年6月（MSCI EAFEバリュー・インデックスの起算日）から2015年12月までの期間で、DFAインターナショナル・バリューIIIポートフォリオ・ファンド（DFVIX）のリターンは年率5.9％となり、現在の経費率は0.25％である。これはMSCI EAFEバリュー・インデックスの年率5.1％を上回るものである。

1995年1月の組成時から2015年12月までの期間で、DISVX（DFAインターナショナル・スモール・キャップ・バリュー・ポートフォリオIファンド）のリターンは年率7.4％で、経費率は0.69％である。これは、MSCI EAFEスモール・キャップ・バリュー・インデックスと同等の結果である。

1997年1月（MSCIエマージング・マーケット・バリュー・インデックスの起算日）から2015年12月までの期間で、DFEVX（DFAエマージング・マーケット・バリュー・ポートフォリオ・インスティチューショナル・クラス・ファンド）のリターンは年率9.8％で、現在の経費率は0.56％である。これはMSCIエマージング・マーケット・バリュー・インデックスの年率5.7％を上回るものである。

実際のファンドがバリュープレミアムをとらえることができ、またバリューに対するイクスポージャーが大きいほどリターンが高くなることを大量の証拠が示している。

合理的な説明

サイズプレミアムの源泉が議論の対象となることはほとんどない（小型株は大型株よりリスクが大きいと一般に受け入れられている）が、バリュープレミアムの源泉については多くの議論がある。バリュープレミアムは実際のところアノマリー（効率的市場仮説＝EMHとは矛盾

する）であり、投資家が一貫して価格付けを誤っている結果だと考えている学者も多い。例えば、「行動学派」は、投資家が企業の評価をするときに過去の成長性を無批判に受け入れ、その情報に過剰反応する結果として、グロース企業の株価が一貫して過大となり、バリュー企業のそれが一貫して過小になると考えている。行動科学主義者たちは、投資家は親近感と安全性とを混同しているのだと言う。人気のあるグロース株のほうがより親密なので、過大評価される傾向にあるというわけだ。

　金融界のエコノミストの間でも、バリュープレミアムはリスクに基づくものとする意見と、行動によるものとする意見があるが、どちらにもそれを支持する証拠がある。そして、価格付けの誤りとする説明とリスクによる説明のどちらもがプレミアムの要因となっている可能性はある。バリュープレミアムをリスクに基づくものとする学術界の論拠として、まずは1998年の論文「リスク・アンド・リターン・オブ・バリュー・ストックス（Risk and Return of Value Stocks）」に目を向けてみよう。著者であるナイ・フー・チェンとフェン・ツァンは、バリュー株にはディストレス（リスク）ファクターが含まれていると主張する。彼らは、バリュー企業が示す３つの直感的に理解できるディストレス指標を検証している。つまり、最低でも25％の減配、高い負債比率、利益の大きな標準偏差である。

　チェンとツァンは、３つの指標すべてが、BMRによってランク付けされたポートフォリオに含まれるリターン情報をとらえる（高い相関関係を生み出す）ことを発見した。これら３つの基準が満たされると、リターンはより大きなものとなる。３つの指標すべてが、ディストレス（困難な状況）となっている企業に伴うシンプルかつ直感的なリスクの解釈であるので、検証したリスクファクターが互いに高い相関関係にあることも、BMRのランキングとの相関関係が高いことも驚くには値しないと彼らは述べている。バリュー株が安いのは、当該企業が

苦境にあり、レバレッジが高く、また利益のリスクが大きい傾向にあるからだと彼らは結論づけた。それゆえ、バリュー投資家が直面するリスクがより大きいがゆえに、リターンはより高いものとなるのだ。

　次に、ルー・ツァンによる2005年の研究「ザ・バリュー・プレミアム（The Value Premium）」を見てみよう。彼は、バリュープレミアムはバリュー株に見られる非対称なリスクで説明され得ると結論づけた。バリュー株は不況期にはグロース株よりもリスクが高くなり、好況期でもグロース株よりもわずかにリスクが低くなるだけである。ツァンは、バリュー銘柄は概して非生産的な資本を有する企業であることが多いので、この非対称なリスクが存在するのだと説明している。非対称なリスクが重要なのは、次のような理由による。

●投資は不可逆的なものである。ひとたび生産能力を導入したら、それを削減するのは容易ではない。バリュー企業はグロース企業よりも多くの非生産的な能力を抱えている。
●経済活動が低迷している時期に非生産的な能力を抱える企業（バリュー企業）では、その負荷が増大し、グロース企業に比べてその能力を調整することが難しいので、利益がより大きなマイナスの影響を受けることになる。
●経済活動が活発な時期は、バリュー企業が抱える非生産的であった能力が生産性を発揮するようになり、グロース企業は能力を増大させることが難しくなる。
●好況期に資本ストックは容易に増大する。不況期に資本の水準を調整することは極めて難しく、それはバリュー企業で顕著である。

　これらの要素に加えて、リスクを大きく回避する（特に、不況下でリスクが顕在化するときや、投資家の職の見通しが悪化しているときなど）ことになれば、大きくかつ安定したバリュープレミアムを得る

ことになる。これは、與語基裕の2006年の研究「ア・コンサンプション・ベースド・エクスプラネイション・オブ・エクスペクティド・ストック・リターン（A Consumption-Based Explanation of Expected Stock Returns)」の結果とも軌を一にするものである。小型株に関する結果と同じように、バリュー株も消費の限界効用が最大となる不況期にリターンが低くなることを與語は発見している。言い換えれば、バリュー株のリターンはグロース株よりも、順景気循環的であるということだ。つまり、このようなリスクのある株式を保有する投資家は高いリターンをもって報われなければならないということである。

　次に、2005年の研究「イズ・ザ・ブック・トゥ・マーケット・レシオ・ア・メジャー・オブ・リスク（Is the Book-to-Market Ratio a Measure of Risk?)」を検証する。著者であるロバート・F・ピーターコルトとジェームズ・F・ニールセンはレバレッジに基づいた方法を開発し、BMRの効果を調査している。レバレッジにはリスクが伴うので、彼らが高い株式のリターンと市場のレバレッジの間に正の関係を見いだしたのも不思議ではない。回帰分析の結果、市場レバレッジと比較することで、BMR比率は株式のリターンに対する説明能力をわずかばかり向上させ得ることが分かった。BMR比率による説明能力の向上は、企業の資産にまつわるリスクについて追加的な情報が得られたことが要因であると彼らは記している。つまり、BMR効果はいわば、レバレッジ（リスク）効果なのだと彼らは結論づけたのだ。彼らはもうひとつ面白いことを発見している。彼らが「オール株式」企業（長期負債の存在とは対照的に、短期の負債がほとんどない企業）と呼ぶ企業だけを対象とすると、BMR効果がまったく見られなかったのだ。仮にバリュープレミアムがアノマリーであるならば、レバレッジが高い企業ではなく、BMRの高いすべての企業で価格付けの誤りが見られるはずである。彼らの発見は、ラリッサ・ペトコバによる2006年の研究「ドゥ・ザ・ファーマ・フレンチ・ファクターズ・プロキシー・フ

ォー・イノベイションズ・イン・プレディクティブ・バリアブルズ（Do the Fama-French Factors Proxy for Innovations in Predictive Variables?）」とも一致する。

　ペトコバは、バリュー企業は苦境に陥っている企業であり、レバレッジが高く、キャッシュフローの不確実性が高くなる傾向にあることを発見している。それゆえ、デフォルトスプレッド（信用格付けが高い債券と低い債券とのスプレッド）に与える影響が、クロスセクションのリターンを説明し、またそれがディストレスリスクの指標たるバリューと一致するのだ。さらに、グロース株はデュレーションの長い（その価値の多くが将来の期待成長からもたらされる）資産であり、それゆえ長期債に類似している。一方で、バリュー株はデュレーションが短く、短期債と似たものとなる。それゆえ、タームスプレッド（短期債と長期債の差異）に与える影響がクロスセクションのリターンを説明し、またディストレスリスクの指標たるバリューとも一致するのだ。

　次に、1927〜2011年を対象とした2014年の研究「バリュー・プレミアム・アンド・デフォルト・リスク（Value Premium and Default Risk）」を見てみよう。モハンマド・エルガマルとデビッド・G・マクミランは、「レバレッジ効果のある企業では、大企業と小企業ともにデフォルトリスクとバリュープレミアムに正の関係がある」ことを発見した。彼らはこう結論している。「レバレッジ効果による影響が証明されたバリュープレミアムとデフォルトプレミアムには正の関係があることが示された。これはバリュープレミアムの源泉がリスクにあるとする説を支持するものである。つまり、デフォルトプレミアムはマクロ経済のシステマティックリスクをとらえられるが、バリュープレミアムは投資家の合理的判断に関係がある。パフォーマンス、利益、収益性がグロース株に比べて見劣りするバリュー株は、デフォルトのリスクに対して脆弱であり、それゆえ投資家はレバレッジが増大するに

つれてバリュー株により高いリターンを求めるようになるのだ」

　これらの論文は、バリュー株と資産レベルでの財政的困難との関係を示している。バリュー株はフリーマネーとして拾い上げられることを待っている、単なる掘り出し物ではない。安いにはそれなりの理由、つまりそのリスクの高さと関係する理由があるのだ。

　最後に、「ザ・プレミアム・アンド・エコノミック・アクティビティ（The Premium and Economic Activity : Long-Run Evidence from the United States）」を取り上げる。リスクに基づく説明の有効性を検証するために、著者であるアンジェラ・J・ブラック、ビン・マオ、デビッド・G・マクミランは、バリュープレミアムと工業生産、インフレーション、マネーサプライ、金利といったマクロ経済の変数との関係を調査した。彼らの研究は1959〜2005年を対象としたものであり、彼らが発見したことを次にまとめておく。

　第一に、工業生産が増大する経済の拡大期に、バリュー株はグロース株に比べてリスクが低くなる。それゆえ、バリュー株の価格はグロース株のそれよりも大きく上昇する。その結果、BMRの高い銘柄と低い銘柄とのスプレッドが縮まり、バリュープレミアムは減少する。不況期に、バリュー株はグロース株に比べてリスクが高くなる。その結果、バリュー株の株価はグロース株のそれよりも早く下落し、バリュープレミアムが増大（リスクが増大した証拠である）する。それゆえ、バリュープレミアムと工業生産には負の関係がある。これは、2007年12月から2009年9月まで続いた直近の不況期でも確認されており、1月当たりのバリュープレミアムはマイナス0.44％であった。

　次に、バリュープレミアムとマネーサプライにも同じような負の関係が存在する。マネーサプライが増大すれば、株価は上昇する。バリュー株の価格はグロース株のそれよりも大きく上昇する傾向にあり、バリュープレミアムは縮小する。マネーサプライが減少すると株価は下落するが、バリュー株の価格はグロース株のそれより大きく下落し、バ

リュープレミアムは増大する。

第三に、バリュープレミアムと金利には正の関係がある。長期金利が上昇すると、株式は債券よりも魅力がなくなり、株価は下落する。そして、バリュー株の価格はグロース株のそれよりも早く下落するので、バリュープレミアムが増大することになる。金利が下落すると、バリュー株の価格はグロース株のそれよりも早く上昇し、バリュープレミアムは小さくなる。

つまるところ、ブラック、マオ、マクミランは、バリュー株は経済の悪いニュースへの感応度が高く、グロース株は経済の良いニュースへの感応度が高いことを発見したのだ。彼らは、バリュープレミアムは経済のファンダメンタルのリスクに大きく依存し、マクロ経済のリスクによって増大するものだと結論づけた（これらの段落を読むと、経済状況が悪化したときにバリュー株を売るなど、バリューに対するイクスポージャーを試したくなるかもしれないが、それには厳重に反対する。取引コストや税金が増大するばかりか、タイミングをはかろうとすることは、ここでは書ききれないほど多くの理由から問題がある。ハーバード大学のジョン・ケネス・ガルブレイスの言葉を引用すれば十分であろう。「経済予測の唯一の働きは、星占いを立派なものに見せることだけである」）。

バリュープレミアムの存在は、リスクに基づいて極めて簡潔かつ論理的に説明できるというのが結論である。ここで、ひとつ直感的な説明を付け加えたいと思う。バリュー株は市場よりもボラティリティが高い。1927～2015年における、ファーマ・フレンチ・ラージ・キャップ・インデックスの年間標準偏差は19.7％である。ファーマ・フレンチ・ラージ・キャップ・バリュー・インデックス（ユーティリティ除く）の年間標準偏差は26.8％とかなり高いものであった。ファーマ・フレンチ・ラージ・キャップ・グロース・インデックス（ユーティリティ除く）は年21.5％の標準偏差である。これと同じパターンが小型

株でも見られる。ファーマ・フレンチ・スモール・キャップ・インデックスの年間標準偏差は30.1％、スモール・キャップ・バリュー・インデックス（ユーティリティ除く）とスモール・キャップ・グロース・インデックス（ユーティリティ除く）はともに33.4％であった。

　要約すると、バリュー企業の利益や収益性がグロース企業の利益や収益性よりも低迷していることは学術研究が示している。そして、バリュー企業のレバレッジが高いことが、財政的困難に見舞われたときのリスクを増大させているのだ。不況期に振るわない株式には高いプレミアムが求められる。それゆえ、投資家は財政的困難による大きな脆弱性と引き換えに、バリュー株にグロース株よりも高いリターンを求めるのだ。

行動に基づく説明（ミスプライシング）

　バリュープレミアムを行動に基づいて説明すると、投資家はグロース企業のパフォーマンスに対しては楽観的すぎる期待を抱き、バリュー企業に対する期待は悲観的すぎる傾向にある、となる。結局のところ、期待が外れると株価は調整されるのだ。その理由は、ジョセフ・ラコニショフ、アンドレイ・シュライファー、ロバート・W・ビシュニーによる1994年の論文「コントラリアン・インベストメント、エクストラポレーション、アンド・リスク（Contrarian Investment, Extrapolation, and Risk）」で早くから知られていることである。行動によるもう１つの説明は、投資家は安全性と親近感とを混同しているというものだ。人気のあるグロース株のほうがより親密なので、過大評価される傾向にあるというわけだ。

　1972～2010年を対象とした研究「アイデンティファイング・エクペクテーション・エラーズ・イン・バリュー・グラマー・ストラテジーズ（Identifying Expectation Errors in Value/Glamour Strategies：A

Fundamental Analysis Approach）」でジョセフ・D・ピオトロスキーとエリック・C・ソウは、潜在的な事前バイアスを見いだし、株価のマルチプル（評価倍率）に示される期待と、企業のファンダメンタルズの強度とを比較することで、ミスプライシング仮説を検証した。バリュー戦略は、過去の情報が示すところの将来のキャッシュフローが株価に正確に反映されず、その結果、株価がその本源的価値から一時的に乖離している場合に有効である。

　ピオトロスキーとソウは、各企業のBMR比率を基準に、対象企業をバリューポートフォリオとグロースポートフォリオとに分類した。企業のBMR比率には、将来のパフォーマンスに対する市場の期待が反映されている。期待の大きい企業の株価は高く、BMRは低くなり、反対に、期待の小さい企業の株価は低く、BMRは高くなる。つまり、BMRが、企業の将来のパフォーマンスに対する市場の期待の相対的な強さを測るプロキシー（代理変数）となるのだ。

　彼らは、Fスコアの合計点を用いて、企業の直近の財政的健全性を分類した。これは企業の財政状態を、収益性や財務レバレッジまたは流動性の変化や経営効率の変化という3つの異なる基準で測定することを目的とした9つの項目に基づくものである。Fスコアは初期の複合的なクオリティファクターの一例で、第5章で詳しく議論する。スコアが最も低い企業はファンダメンタルズの悪化が最も激しく、Fスコアの低い企業とされる。最も高いスコアを得た企業はファンダメンタルズが最も改善しており、Fスコアの高い企業とされる。Fスコアには、将来の利益成長ならびに収益水準と正の関係があることが過去の研究で示されている。Fスコアの低い企業は将来の収益性が継続して悪化し、Fスコアの高い企業は収益性が著しく改善するのだ。

　ピオトロスキーとソウが発見したことを次にまとめておく。

●現在のバリュー・グロース分類によって示される期待がファンダメ

ンタルズの健全性と一致している企業では、リターンに現れるバリュー・グロースの効果は統計的にも、経済的にもゼロに等しい。

●伝統的なバリュー・グロース戦略によるリターンは、現在のバリュー・グロース分類によって示される期待がファンダメンタルズの健全性と事前に一致しない企業にだけ見られる。

●この「バリュー・グロース不一致戦略」によるリターンは安定しており、伝統的なバリュー・グロース戦略が生み出すリターンの平均よりもはるかに大きなものとなる。

　学術論文では、グロース株に比べてバリュー株でミスプライシングが発生するのは、楽観論、アンカリング、認証バイアスといった行動上の誤りが投資家に自らの意見に反する情報を過小評価させるか、無視させることが原因であると説明されている。ピオトロスキーとソウは次のように記している。「グロース株投資家は、企業の成長見通しに関して自らの利害に反する情報や、パフォーマンスの平均回帰に関する情報にはあまり反応しないようである。同様に、本質的にグロース株よりもディストレスであるバリュー株は投資家に無視されがちである。結果として、バリュー企業のパフォーマンスに対する期待はあまりに悲観的なものとなり、ファンダメンタルズが改善してもなかなか好転しないのだ」

　ピオトロスキーとソウの発見は、ミスプライシングによるバリュープレミアムの説明と一致する。彼らは、バリュー・グロース効果は、BMRによって示される期待がそのファンダメンタルズの健全性（Ｆスコア）とずれている企業に見られることを発見した。さらに重要なことに、株価に対する期待が企業の直近のファンダメンタルズの健全性と一致している企業ではバリュー・グロース効果は見られなかったのだ。彼らは、BMRが低く、Ｆスコアの低い（ファンダメンタルズが弱い）企業は一貫して割高となっており、BMRが高く、Ｆスコアの高い

（ファンダメンタルズが健全な）企業は一貫して割安となっていると結論づけた。価格付けの誤りが最も大きくなるのはこのような銘柄群である。彼らはまた、伝統的なバリュー・グロース戦略（BMRによるランク付けだけに基づくもの）も、バリュー・グロース不一致戦略も、一貫して正の年間リターンをもたらしていると記している。プラスのリターンを生み出す頻度は、バリュー・グロース不一致戦略のほうが高かった。対象とした39年間のうち35年でプラスのリターンをもたらしている（一方、伝統的なバリュー・グロース戦略は39年のうち27年）。バリュー・グロース不一致戦略がもたらすリターンは年平均20.8％となり、6年を除くすべての年において、同じく10.5％となった伝統的なバリュー・グロース戦略のそれよりも大きなものであったことも発見している。

　株式のミスプライシングを生み出すと思われるもう1つの行動上の誤りが、「アンカリング」と呼ばれる問題である。

アンカリング

　ケイス・アンダーソンとトマズ・ザストニアックは、2016年の研究「グラマー、バリュー・アンド・アンカリング・オン・ザ・チェンジング・P/E（Glamour, Value and Anchoring on the Changing P/E）」でグロース株の利益見通しに対しては一貫して過大評価がなされていることを論文にまとめている。彼らの作業仮説は、グロース株ならびにバリュー株投資家の異なる経験は、すでに論証されているアンカリングという行動をもって説明されるというものだ。

　アンカリングとは認知バイアスの一種で、人々は特定の価値や特性を過大に重視し、それが参照点となり、その後は当初の評価を正当化するデータの影響を過大視することを指す。例えば、損を出している投資に執着する傾向を示す投資家がいるが、これは、その投資が収支

トントンになるのを待っている、つまり現在の価値評価を過去の価値に結びつけて行っているのである。

アンカリングはそのように強力なものであり、実験において被験者はアンカーとなる数値を見ると、その数字が答えとは何ら関係のないものであっても、バイアスを持つようになるのだ。有名な実験を例に挙げれば、ダニエル・カーネマンとエイモス・トベルスキーは被験者に10または65で止まるように操作されたルーレットを回すよう指示する。そして、国連加盟国のうちアフリカの国が占める割合を尋ねるのだ。すると、10という数字の出た被験者は平均的に25％と答え、65が出た被験者は平均的に45％と答えたのだ。

PERに関するアンカリング

アンダーソンとザストニアックは、投資家は先に投資した銘柄のPER（株価収益率）に縛られる可能性があると仮定した。彼らは次のように記している。「25という高いPERを目にすると、投資家は意識しようとしまいと、次のように考えるかもしれない。『何千もの投資家がすでに現在の利益１ドルに対して25ドルを支払っており、そのなかには自分よりも優れた情報を手にしている者もいるはずだ。この銘柄は、それが正当化されるほどの価値ある高成長企業なのだ』と」

彼らはまた、そのような投資家は「平均回帰に従って将来に対する自らの予測を調整することができない」と仮定している。つまり、株式を取得した投資家は、「仮にPERが変化するとしても、それはゆっくりとしたものになると期待する。時間が経過すると、PERの十分位が変化し、各十分位のリターン予測も異なるものとなる。PERが大きく変化し、それによってバリュー株とグロース株のリターンの差に投資家が予測しなかった変化が起こると、グロース株投資家は落胆する結果となるのだ」。言い換えれば、投資家は、たとえそのような結果に

はなりそうにない証拠があったとしても、バリュエーションの高い銘柄はそのままであり続けると期待するのだ。

　アンダーソンとザストニアックの研究は、1983～2010年を対象としたものである。彼らはPERを基準に株式をランク付けし、それらを15のクラスター（ビン）に分類した。そのうち５つのビンの収益はマイナスである。平均すると、対象とした銘柄の３分の１が当該年度に損失を出したことになる。そして、分類された各銘柄の翌年の推移を追跡し、これらすべての変化がもたらしたリターンを等ウエートで検証した。彼らは次のとおりの結果を報告している。

●利益を出しているクラスター群の両極のビンを検証したところ、バリュー株はグロース株を年平均7.5％も上回った。さらに、バリューに分類された銘柄のリターンの標準偏差はグロース銘柄のそれよりもわずかに大きいだけで、そのリスクはより高いリターンを十分に説明するものではなかった。

●グロース株投資家のリターンはどのような投資期間で見ても、比較的小さなものであった。しかし、バリュー株投資家は、ベンジャミン・グレアムが推奨するように２～３年（１年ではない）保有するならば、優れたリターンを期待することができる。バリュー株のリターンは、１年目は５％にすぎないが、２年目までには21％、３年目までには15％となる。その後リターンは、グロース銘柄のそれよりもわずかに大きく下落した。

●グロース企業が翌年赤字に転落する可能性は34％であり、バリュー企業のそれは25％であった。

●大きく損失を出している企業群とバリュー企業群が、翌年も同じビンにとどまる可能性が最も高く、それぞれ32％と34％であった。これらのビンに属さない企業が最も変動しやすく、同じビンにとどまる可能性はたった15～20％であった。しかし、グロース株投資家は

69

自分たちが好む銘柄が推移しやすい傾向にあることを過小評価している。

●大きく損失を出している企業群は、そのスパイラルから抜け出るのが極めて難しい。それらが翌年に黒字に転換する可能性はたった6分の1にすぎず、それに比べ上場廃止となる可能性は27％である。これは、前章で検証した宝くじ効果と小型のグロース銘柄のアンダーパフォームと軌を一にしていることを思い出してほしい。

●同じビンにとどまったグロース株は、同じビンにとどまったバリュー株の3倍のリターン（それぞれ36％と12％）を上げている。これは、グロース株の人気を説明する一助となる。しかし、翌年も同じビンにとどまる企業はほとんどなく、グロース株には変動（およそ6回のうち5回）し、その後リターンがまったく振るわない傾向がある。さらに、グロース銘柄が損失を出し始めると、その損失は大きなものとなる。例えば、わずかな黒字から完全な赤字へと転落した極致にあるグロース銘柄は平均41％の損失を出した。一方で、バリュー株はかなり高い確率で、バリューと呼べるPERの水準にとどまる。

●より小さい企業のほうが、大企業よりもグロースのビンからバリューのビンに移る可能性が高い。言い換えれば、急成長を遂げた企業の株価は急落し、非常に高いバリュエーションからより合理的な価格へと変化する傾向が強い。これらは、行動バイアスがより強い個人投資家に人気がある銘柄である可能性が極めて高い。また、これらは裁定取引でショートするのが最も難しく、それゆえにミスプライシングが調整されない銘柄でもある。

●赤字を出している銘柄群のリターンの平均値はまずまずのものであったが、中央値はかなりお粗末なもので、リターンの標準偏差はグロースまたはバリューのビンに属する銘柄のそれの2倍であった。赤字を出している銘柄が優れたリターンを上げるのは、企業が黒字に

転換したときか、少なくとも大幅な損失に歯止めがかかったときである。しかし、赤字を出している企業が上場廃止となるか、そのビンにとどまる可能性は毎年60%にもなる。

　以上の結果は、グロース株投資家はグロース株の高いPERに執着し、将来PERが変化する可能性が高いことを無視しているとするアンダーソンとザストニアックの仮説を支持するものである。
　ミスプライシングに関するもうひとつの説明は損失回避という行動によるものである。

損失回避

　損失回避とは、利益よりも損失により敏感（その効用をより大きなものとみなす）な傾向のことである。例えば、1000ドルの損失に伴う痛みは、1000ドルの利益を得る喜びよりも大きいということだ。損失回避によって、個人は五分五分以上のオッズがなければ、五分五分の賭けをしようとしない。例を挙げれば、平均的な人は、2対1以上のオッズがないかぎり、コイン投げの結果に賭けようとしないのである。そして、賭け金が大きくなればなるほど、彼らが求めるオッズも大きくなる。この逆もまた真であることに注意されたい。勝算は極めて低くとも、損失はわずかであり、報酬は極めて大きい宝くじのようなケースがそれである。そして、第2章の小型グロース株の項で見てきたとおり、個人はリスクを好むようになる。
　ニコラス・バーバリスとミン・ファンは、2001年の論文「メンタル・アカウンティング、ロス・アバージョン、アンド・インディビジュアル・ストック・リターンズ（Mental Accounting, Loss Aversion, and Individual Stock Returns)」で、投資家の損失回避の度合いは、その投資家が直近に利益を経験したか、損失を経験したかに依存すると説

明している。彼らはこう記している。「利益を得たあとで損失を被っても、いつもよりは痛みが少ない。それは、先の利益がクッションとなるからである」。言い換えれば、投資家は胴元のお金で遊んでいる気になっているので、損失回避の度合いが低減しているということだ。彼らはこう続ける。「一方で、損失を被ったあとに損を出すといつも以上に痛みを感じる。つまり、最初の損失で痛い目に遭っているので、人々は追加的な損失により敏感となっているのだ」

グロース株は、現在の高い株価が示すとおり、概して直近で優れた業績を残した企業であることが多い。それゆえ、投資家は、最近のパフォーマンスで得た利益がクッションとなり、将来の損失をさほど気にしないようになる。それゆえ、彼らはグロース株に低いリスクプレミアム（より大きなリスクを喜んで受け入れる）を適用するのだ。求められるリスクプレミアムが小さくなることで株価はさらに上昇し、将来の期待リターンはより小さくなるのであるから、これはモメンタム効果（第4章参照）を説明する一助となるかもしれない。一方で、バリュー株は、その安い株価が示すとおり、概して直近の業績が振るわなかった企業であることが多い。その損失による痛みによって、投資家はそれらの銘柄はよりリスクが高いと認識するようになる。それゆえ、彼らはリスクプレミアムを増大させ、株価を引き下げ、そして将来の期待リターンを増大させるのだ。

もうひとつ取り上げるべき、行動に基づく説明がある。小型グロース株のアノマリーの件で議論したとおり、可能性は小さくとも巨大な報酬をもたらす「宝くじ」投資を好む投資家が多い。投資家はこの小さな可能性に魅力を感じるのだ。その結果、正の歪度を持つ有価証券（小型グロース株）は「割高」となる。つまり、その平均的なエクセスリターンがマイナスになる傾向が生じるのだ。このような銘柄のお粗末なリターンは、バリュープレミアムに反映されることになる。

以上をまとめると、これまで議論してきた行動パターンによって、バ

リュープレミアムが、金融界のエコノミストのほとんどがリスク特性だけに基づいて正当だとしている水準よりもはるかに大きなものとなる理由が説明できる。また、これらのパターンが持続する理由も説明できる。もちろん、投資家が人間らしく振る舞うことをやめないかぎり、である。

さまざまな定義でも堅牢である

　最も一般的なバリュー指標としてBMRがあるが、ほかにも割安銘柄と割高銘柄を選別するために用いることができる指標がある。つまり、BMRがバリュープレミアムを見いだす唯一の指標だとしたら、それは研究者がデータマイニングを行って、データが音をあげるまで痛めつけた結果であることを疑わなければならないのだ。しかし、実際にはそうではない。例えば、アメリカでは1952〜2015年の期間において、BMRで測ったバリュープレミアムは年率4.1％（T値＝2.9。T値とは、統計上の重要性を測る指標である。一般に、その値が2を上回ると、ランダムなノイズではなく有意なものと考えられ、値が大きくなるほど、その信頼度は高くなる）、PCFR（株価キャッシュフロー倍率）で測ったバリュープレミアムは年率4.7％（同2.4）、PERで測ったバリュープレミアムは年率6.3％（同3.4）であった。さまざまな定義に照らしてもバリュープレミアムが見てとれるだけでなく、これら代替的な指標の多くでリターンはより高いものとなったのである。

　バリュープレミアムの安定性を示すさらなる証拠として、ブランデス・インスティチュートが発表した調査リポート「バリュー対グラマー（Value vs. Glamour : A Long-Term Worldwide perspective）」がある。1980年1月から2014年6月までの先進国市場を対象としたこのリポートでは、いかなる指標を用いても同様のバリュープレミアムが見いだされることとなった。BMRを用いると、プレミアムは年率6.1％。PER

表3.2 市場ベータ、サイズ、バリュー（1927～2015年）

	市場ベータ	サイズ	バリュー
年間プレミアム（%）	8.3	3.3	4.8
シャープレシオ	0.40	0.24	0.34
1年間でアウトパフォームする確率（%）	66	59	63
3年間でアウトパフォームする確率（%）	76	66	72
5年間でアウトパフォームする確率（%）	82	70	78
10年間でアウトパフォームする確率（%）	90	77	86
20年間でアウトパフォームする確率（%）	96	86	94

を用いるとプレミアムは年率7.3%、そしてPCFRを用いるとプレミアムは年率8.0%である。バリュープレミアムは、あらゆる時価総額の銘柄（小型株のほうが大型株よりも大きくなったが）、アメリカ以外の先進国市場、また途上国市場（バリュープレミアムは最も大きかった）でも見いだすことができた。これらは、バリューに関する結果が偶然の産物ではないことを確信させるものである。

　結論として、バリューファクターがわれわれの要件のすべてを満たすことは明らかであると言うことができる。

　表3.2は、われわれがこれまで取り上げてきた株式のファクターに関するデータをまとめたものである。

　では、モメンタムファクターに移って、これまでどおり、われわれの要件と照らしてみよう。

第 **4** 章

モメンタムファクター

The Momentum Factor

　モメンタムとは、直近で優れたパフォーマンスを上げた資産が、将来
も引き続き、少なくとも短期間は優れたパフォーマンスを示し続ける、
あるいは直近で優れたパフォーマンスを上げなかった資産が、将来も
引き続き、少なくとも短期間は優れないパフォーマンスを示し続ける
傾向にあることを指したものである。1997年にマーク・カーハートが
自身の論文「オン・パーシステンス・イン・ミューチュアル・ファン
ド・パフォーマンス（On Persistence in Mutual Fund Performance）」
でモメンタムという言葉を初めて用い、ファーマ・フレンチの3ファ
クターモデル（市場ベータ、サイズ、バリュー）と合わせて、投資信
託のリターンを説明しようとした。モメンタムに関する最初の研究
は、ナラシムハン・ジェガデシュとシェリダン・ティットマンの1993
年の論文「リターンズ・トゥ・バイング・ウィナーズ・アンド・セリ
ング・ルーザーズ（Returns to Buying Winners and Selling Losers :
Implications for Stock Market Efficiency）」で発表されている。

　ここでは、モメンタムを直近の1カ月を除く過去12カ月（言い換え
れば、2～12月）のリターンと定義する。直近の月は、反転を示す傾
向にあり、それがマイクロストラクチャー（トレード）効果に何らか
の影響を与えることになるので除外するのだ。この基準に従ってラン
ク付けされた上位30％の銘柄の平均リターンから、下位30％の銘柄の

75

それを差し引くことでモメンタムファクターとする。このモメンタムファクターはUMD（Up Minus Down）とも呼ばれる。

　モメンタムファクターを加えることで、資産評価モデルの説明能力が大きく高まることになる。3ファクターモデルは分散されたポートフォリオのリターンの違いの90％ほどを説明できるが、この説明能力が5％ほど向上し、90％台半ばにまで増大する。また、それによって、4ファクターモデルはファイナンスの世界の主要なモデルとなり、ファンドマネジャーや彼らの戦略のパフォーマンスを分析・説明するときに用いられるようになった。1927〜2015年の期間におけるモメンタムファクターの年平均リターンは9.6％である。

　われわれの分析を始める前に、2つの異なる種類のモメンタムの存在と、そのパフォーマンスの調査を行った学術論文について説明しなければならない。1つは、ジェガデシュとティットマンとカーハートが研究したもので、4ファクターモデルに用いられている。このクロスセクションモメンタムは、相対パフォーマンスを測るもので、ある資産のリターンを同じアセットクラスに属するほかの資産のそれと比較するものである。つまり、特定のアセットクラスにおいて、クロスセクションモメンタム戦略では相対パフォーマンスが最も高い上位30％の資産を買い、それが最も低い30％の資産をショートするのだ。仮にすべての資産の価格が上昇していても、クロスセクションモメンタム戦略では最もリターンの低い資産をショートすることになる。

　もう1つのモメンタムがタイムシリーズモメンタムである。これは、特定の資産のパフォーマンスのトレンドを測るものであることから、トレンドフォローとも呼ばれる。つまり、クロスセクションモメンタムとは異なり、タイムシリーズモメンタムは絶対パフォーマンスに基づいて定義されるのだ。その値が上昇している資産を買い、それが下落している資産をショートする。クロスセクションモメンタムとは対照的に、すべての資産の値が上昇していたら、空売りを行うことはしな

表4.1　モメンタムファクターが市場をアウトパフォームする確率（％）

	1年	3年	5年	10年	20年
モメンタム	73	86	91	97	100

い。

　以下の議論は、クロスセクションモメンタムに焦点を当てたものである。タイムシリーズモメンタムについては**付録F**でその証拠を見ていくことにする。

持続性

　1927〜2015年までの期間で、モメンタムプレミアムは、アメリカの株式プレミアム（ベータ）よりも大きなものであった（9.6％対8.3％）ばかりでなく、持続性にも優れていた。

　重要なことは、モメンタムプレミアムは、前述したジェガデシュとティットマンによる1993年の論文が発表されて以降、20年以上にわたって持続していることである。1927〜2015年の全期間を通じて見られた年率9.6％のプレミアムにこそ及ばないが、1994〜2015年におけるモメンタムプレミアムはそれでも年率6.3％である。そして、シャープレシオはわれわれが議論するすべてのプレミアムで最も高い0.61であった。次にシャープレシオが高いのは、市場ベータの0.40、クオリティファクターの0.38である。

普遍性

　モメンタムプレミアムの大きさと持続性は経験的に証明されている

が、さらに、それは普遍的でもある。2010年の白書「エクスプラネーション・フォー・ザ・モメンタム・プレミアム（Explanation for the Momentum Premium)」で、トビアス・モスコウィッツは40カ国、12種類以上のアセットクラスでモメンタムプレミアムの存在を確認している。さらに2013年の研究「バリュー・アンド・モメンタム・エブリウェア（Value and Momentum Everywhere)」で、クリフォード・アスネス、トビアス・モスコウィッツ、ラッセ・ペダーセンは、8つの異なる市場とアセットクラス（アメリカ、イギリス、ヨーロッパ大陸、日本の個別株、ならびに各国の株式インデックス先物、国債、通貨、コモディティ先物）を通じてバリューファクターとモメンタムファクターの検証を行った。彼らは、すべてのアセットクラスや市場（特にヨーロッパ）で正のモメンタムプレミアムがあるだけでなく、それが日本を除くすべての国で統計的にも有意であったことを発見している。

　2012年の研究「サイズ、バリュー、アンド・モメンタム・イン・インターナショナル・ストック・リターンズ(Size, Value, and Momentum in International Stock Returns)」でも証明されている。ユージン・ファーマとケネス・フレンチは、1989年11月から2011年3月までの期間における23カ国の株式のリターンを検証した。彼らはこれら23の市場を北米（アメリカとカナダ）、日本、アジアパシフィック（オーストラリア、ニュージーランド、香港およびシンガポール）、ヨーロッパ（オーストリア、ベルギー、デンマーク、フィンランド、フランス、ドイツ、ギリシャ、アイルランド、イタリア、オランダ、ノルウェー、ポルトガル、スペイン、スウェーデン、スイスおよびイギリス）の4つの地域に分類した。彼らは、北米の月次0.64％（T値＝1.9）から、ヨーロッパの月次0.92％（T値＝3.4）まで、日本以外の地域ではモメンタムによるリターンが大きなものであることを発見した。彼らはまた、すべての規模の企業にモメンタムプレミアムがある一方で、小型株、特

にマイクロキャップ銘柄でその効果が最も強いことを発見した。世界全体でのモメンタムプレミアムの平均は月次0.62％（T値＝2.3）であり、小型株のそれは0.82％（T値＝3.1）、大型株のそれは0.41％（T値＝1.4）であった。日本では、小型株でも大型株でもモメンタムプレミアムが見られなかったが、これは偶然の結果だと言える。この時期に日本では、バリューが極めて有効に働いており、バリューとモメンタムは負の相関にあることからも説明できる。日本でのバリューとモメンタムの相互作用は、クリフォード・アスネスが2011年の論文「モメンタム・イン・ジャパン（Momentum in Japan : The Exception That Proves the Rule）」で詳細に検証している。

　最も長い期間を取り上げた研究は、クリストファー・C・ジェジーとミハイル・サモノフによる2015年の論文「215イヤーズ・オブ・グローバル・マルチアセット・モメンタム（215 Years of Global Multi-Asset Momentum : 1800-2014［Equities, Sectors, Currencies, Bonds, Commodities and Stocks］）」である。グローバルの金融データベースを利用し、それにブルームバーグで入手したデータを付け加えることで、彼らは1800年までさかのぼることができる拡張版のデータベースを構築した。そこには、47カ国の株式インデックス、48の通貨（ユーロを含む）、43の国債インデックス、76のコモディティ、301のグローバルセクター、そしてアメリカ株式3万4795銘柄が含まれている。215年の歴史を通して、各アセットクラス、またそのうちの6つ（各国の株式、通貨、国債、コモディティ、グローバルセクターならびにアメリカ株）で、一貫して大きなモメンタムプレミアムが見られた。各国の株式でのプレミアム（配当に関する古い情報が手に入らないこともあるので、株価だけのデータを利用した）が最も大きく、ロング・ショートのスプレッドで月次0.88％（T値＝10.6）にもなった。トータルリターンの定義を用いると、プレミアムは小さくなったが、それでも月次0.57％（T値＝6.8）である。モメンタムプレミアムが2番目に大

きかったのは、通貨の月次0.51％（T値＝9.6）と、アメリカ株の0.51％（T値＝6.0）である。グローバルセクターのモメンタムは月次0.36％（T値＝6.6）のプレミアムをもたらし、グローバルの国債のモメンタムは平均で月次0.13％（T値＝2.3）のプレミアムをもたらした。これは、われわれが知るかぎり最長のバックテストである。モメンタムに持続性と普遍性があることが経験的事実であることは明らかである。

投資可能性

　このような長い歴史があるにもかかわらず、実際の資産運用の場では、回転率が高くなることで過大な取引コストが発生することから、モメンタムの実用性に疑問を呈する者もいる。しかし、モメンタムを利用すれば避けるべき資産や、保有を続けるべき資産に関する情報をいつでも得ることができ、そうすることで回転率の上昇を回避することができる。さらに、1800年代であれば、トレードも困難かつ費用のかかるものであったことは確かだが、今日の市場にははるかに大きな流動性がある。モメンタムは多くの機関投資家が現在も利用しているのだ。

　「トレーディング・コスツ・オブ・アセット・プライシング・アノマリーズ（Trading Costs of Asset Pricing Anomalies）」を著したアンドレア・ファラッツィーニ、ローネン・イスラエル、トビアス・モスコウィッツは、1998～2011年にかけて19の先進国の株式市場における大手機関投資家による１兆ドルにも上るトレードデータを用いて、アービトラージャーが直面する実際の取引コストを測定し、それをモメンタム戦略に当てはめた。彼らが発見したことを次にまとめておく。

●実際の取引コストは十分に低く、過去の研究が指摘しているよりも大きな規模でこれらの戦略を実行することが可能である。過去の研

究では平均的な投資家の取引コストを算出していたため、アルゴリズムに基づくトレードプログラムなどの、より洗練された戦略を用いるアービトラージャーが負担する費用の10倍にもなっていた。

●取引コストを削減しようとする戦略によって、取引スタイルから逸脱することなく、リターンの純額を大幅に増大させることが可能である。研究で取り上げた機関投資家は、2009年7月以降、ロングオンリーのモメンタムインデックスに基づく運用を行っている。これらのファンドにおける実現コストは、大型株のモメンタムファンドで8.0ベーシス、小型株のモメンタムファンドで18.2ベーシス、インターナショナルのモメンタムファンドで5.9ベーシスであった。これは、ヒストリカルのトレードデータよりもわずかに低いものである。彼らはデータに基づいて、サイズ、バリュー、モメンタムのロング・ショート戦略の運用可能規模を算出したが、アメリカの有価証券でそれぞれ1030億ドル、830億ドル、520億ドルであり、グローバルな有価証券でそれぞれ1560億ドル、1900億ドル、890億ドルであった。

ファラッツィーニ、イスラエル、モスコウィッツは、これらの戦略には普遍性があり、実践可能で、大きな規模で取り組むことができると結論づけた。モメンタムは、バリューなどの回転率の低いファクターと組み合わせることでさらに容易に実行できるようになることを付け加えておく。

モメンタムに対する批判

モメンタムはショート（空売り）するときにだけ有効であり、ロングオンリーの投資家には利用できないとする、モメンタムに関する根強い神話が存在する。そして、空売りでは株式を借りなければならず、そのコストが発生するので、取引コストが高くなる。そうは言うもの

81

の、クリフォード・アスネス、アンドレア・ファラッツィーニ、ローネン・イスラエル、トビアス・モスコウィッツは2014年の論文「ファクト、フィクション・アンド・モメンタム・インベスティング（Fact, Fiction and Momentum Investing）」で、アメリカにおけるモメンタムプレミアムのうち、ロングサイドからもたらされるのは50％をわずかに上回る（52％）ことを発見した。さらに、検証対象とした海外市場、または5つのアセットクラスのすべてにおいて、ショートサイドが支配的であるとする証拠は見つからなかった。ショートサイドでモメンタムがとらえられないことが真実だとしても、「ロングオンリーの投資家からすれば、ある銘柄を市場よりもアンダーウエートすれば、経済的にはその銘柄をショートしたことと同じである（最大のアンダーウエート幅は、ベンチマークや市場における当該銘柄のウエートに限られてしまうという限度はあるが）」と彼らは述べている。

アスネス、ファラッツィーニ、イスラエル、モスコウィッツは、取引コストがより高い小型株にだけモメンタムは存在するとする、モメンタムに関する2つ目の神話にも取り組んでいる。彼らは、小型株のほうがモメンタムプレミアムが大きいことは確かだが、大型株にも注目すべきモメンタムプレミアムが存在することを発見した。1927～2013年にかけて、アメリカでのモメンタムプレミアムは小型株で年9.8％、大型株で6.8％であり、どちらも統計上の有意性は大きかった。国際的なデータも同様である。

ロバート・ノビー・マルクス、ミハイル・ベリコフによる2016年の研究「ア・タクソノミー・オブ・アノマリーズ・アンド・ゼア・トレーディング・コスツ（A Taxonomy of Anomalies and Their Trading Costs）」にも触れよう。ノビー・マルクスとベリコフは、取引コストの予想額を考慮したあとでの23のアノマリーのパフォーマンスを検証した。彼らはまた、取引コストを最小化することを目的とした3つの戦略の有効性も検証している。1つ目は、取引コストの予想額が低い

株式だけに取引を制限するもの。２つ目はリバランスの頻度を抑える
もの（採用した戦略のシグナルをいくつか犠牲にして）である。この
方法は大手の機関投資家の間でも一般的であると彼らは記している。
例えば、AQRキャピタル・マネジメントのAQRモメンタムインデッ
クスは、取引コストを抑えながらモメンタム戦略を遂行することを目
的としたものだが、リバランスは月次ではなく、四半期に１回行われ
るのだ。３つ目は、保有している銘柄を追加取得せずに、バイ・アン
ド・ホールドの範囲に制限を持たせることで、回転率を抑える戦略で
ある。この戦略はディメンショナル・ファンド・アドバイザーズなど
が小型株ファンドで長らく利用しているもので、現在ではMSCIのイ
ンデックスでも採用されている。

　ノビー・マルクスとベリコフは、23のアノマリーをそれら戦略の回
転率に応じて３つのグループに分類した。これら３つのグループは、お
おまかにロングサイドとショートサイドに対応し、それぞれの回転率
は平均すると、年１回以下、年１〜５回、年５回以上となる。回転率
が中程度になる戦略は、モメンタム、バリューとモメンタムを組み合
わせたもの、バリューとモメンタムと収益性を組み合わせたものとい
った具合である。彼らが検証したアノマリーのうち、一方だけの月次
の回転率が50%を下回るもののほとんどが、少なくとも取引コストを
最小化しようとしたときには収益性が極めて高いことが確認された。適
切に構築された、モメンタムに基づくファンドであれば、回転率はこ
れよりも低くなる。例えば、AQRのラージ・キャップ・モメンタム・
スタイル・ファンド・クラスⅠ（AMOMX）とスモール・キャップ・
モメンタム・スタイル・ファンド・クラスⅠ（ASMOX）の年間回転
率はおよそ80%である。ノビー・マルクスとベリコフは、優れた設計
のモメンタム戦略は取引コストも乗り越えると結論づけている。

　つまるところ、モメンタム戦略の成功の鍵は、コストを無視して機
械的にリバランスしないことにある。発注規模を小分けにし、流動性

83

を要求するのではなく、提供するような指値を設定することで辛抱強く取引を行い、また理論上のポートフォリオからのトラッキングエラーをある程度許容することで、戦略の本質を変えることなく、取引コストを削減し、生産性を高めることができるのだ。

合理的な説明

リスクに基づく説明を行う論文もわずかながら存在するが、モメンタムプレミアムに関する論文のほとんどは投資家の過剰または過少な反応といった行動による説明を行っている。エール大学教授のトビアス・モスコウィッツは自身の論文「エクスプラネイションズ・フォー・ザ・モメンタム・プレミアム（Explanations for the Momentum Premium）」のなかでこう記している。「過少反応は、情報がゆっくりと価格に織り込まれることの結果である。これがモメンタムの要因となる。例えば、投資家は企業の業績や配当の発表には過少反応を示す多くの証拠が存在する。リターンを追及する投資家が株価をファンダメンタルズからさらに乖離させるフィードバックメカニズムをもたらす結果、過剰反応が遅れることになり、それが短期的なモメンタムを招来するが、やがて長期的に価格が修正されることでそのモメンタムも反転することになる」。2014年の研究「フロッグ・イン・ザ・パン（Frog in the Pan : Continuous Information and Momentum）」で、シー・ター、ユミット・G・グルン、ミッチ・ワラチカは「鍋のなかのカエル」を例にモメンタムを説明している。

鍋のなかのカエルの例えによれば、沸騰したお湯を入れた鍋のなかにカエルを入れれば、温度が劇的に変化したことで即座に反応し、すぐに飛び出そうとする。対照的に、水を張った鍋にカエルを入れ、ゆっくりと沸騰させると、カエルは反応せず、やがて死んでしまう（この寓話はあくまで例え話であり、科学的に正しいものでもない。さら

に、本書を作成するにあたっては一匹のカエルも傷つけてはいない)。人間に関していえば、われわれは、小さな、ゆっくりとした変化と劇的な変化に対して、たとえ小さな変化の積み重ねが大きな変化と同じだけの影響を持つとしても、異なる反応を示す証拠がある。例えば、少しずつ価格を引き上げていくことに対する消費者の反応は、一度に大きく価格を引き上げることに対する反応とまったく異なるものである。それゆえ、企業は通常、消費者が気づかない程度に少しずつ価格を引き上げ、価格を引き下げるとき(セール時)は劇的に、大きく値を下げるのである。これは、いわゆる「限定注意バイアス」で説明される行動である。同様に、限定注意によって、直近で非常に高いリターンを上げた投資信託に巨額の資金が流入する姿を説明することもできる。

限定注意に関する論文では、投資家が一度に処理できる企業に関する情報量に限界をもたらす、注意力の上限の存在が暗黙のうちに前提となっている。例えば、多くの決算発表が行われたあとの数日は、連続した株価の変動がより大きく現れるが、これは投資家がその日に公表された膨大な量の情報に圧倒されてしまうことが原因である。投資家が安定的に提供される少量の情報に対して、時折もたらされる大量の情報とは異なる反応を示すとしたら、それはモメンタムを行動によって説明するものとなる。

前述の論文で、ター、グルン、ワラチカは、企業固有の情報に対しては注意力の下限が存在すると主張している。具体的に言うと、彼らの仮説では、投資家は継続的にもたらされる少量の情報には過少な反応を示すとされている。価格の変化を継続的な情報を測る基準として用いると、継続的な情報をフォローしたモメンタムの利益は8カ月持続するのに対し、不連続の情報をフォローしたモメンタムの利益はたった2カ月後には取るに足らないものとなってしまうことを発見した。彼らはまた、証券アナリストによる予想の誤りは自分たちの仮説と合致して、継続的な情報をフォローしたほうが大きくなることを発見し

た。継続的な情報はアナリストの注意を引きつけ、資産価格に影響を
与えることができず、その結果、一貫して強いモメンタムを招来する
のである。6カ月の保有期間を通じて、モメンタムによるリターンは、
その形成期に継続的に情報がもたらされる銘柄の8.9％から、離散的に
情報がもたらされる銘柄の2.9％まで単調に減少していったが、形成期
における累積リターンは同じであった。最後に、離散的な情報も、継
続的な情報もそれぞれマスコミやアナリストの注目を集めることには
なるが、経営陣による報道発表は継続的な良い情報に時を合わせて行
われる。言い換えれば、経営陣は良い情報はできるかぎり早く公表し
ようとするが、悪いニュースはできるかぎり遅らせようとするという
ことだ。

　行動によるもう1つの説明は、気質効果と呼ばれるものによってな
される。投資家は、利益を確定させるためにうまくいった投資を早め
に手仕舞い、損を出している投資は損失が減ることを期待して持ち続
けすぎる傾向にある。モスコウィッツはこう説明している。「気質効果
は人工的な向かい風を生み出す。つまり、良いニュースが公表されて
も、早すぎる売りや買いの不足によって、資産価格がすぐにその価値
まで上昇することはない。同様に、悪いニュースが公表されても、投
資家が売りたがらないので、株価はそれほど下落しない」

　2015年、マーカス・バルツァー、スティーブン・ジャンク、エサド・
スマジャルベゴビッツは、モメンタムならびにそれがクラッシュする
傾向に関する論文「フー・トレーズ・オン・モメンタム（Who Trades
on Momentum?）」を発表した。彼らは、2006〜2012年のドイツ株式
市場（世界第7位の規模）における、すべての銘柄の保有状況に関す
る独自のデータを利用した。彼らは、2008〜2009年の金融危機以前、最
中、そして以後におけるさまざまなタイプの投資家の投資判断を研究
したのである。市場全体の保有状況を観察することで、彼らは、だれ
がモメンタムに基づいて取引しているか、またどの投資家が別の方法

を採っているかを見極めることができた。彼らの発見を次にまとめておく。

●金融機関、特に投資信託や米国にとっての外国人投資家（概して機関投資家である）はモメンタムに基づいて取引しており、反対に個人投資家はコントラリアンである。データの信頼水準は1％で統計的にも有意である。
●上昇した銘柄と下落した銘柄をそれぞれ見てみると、下落した銘柄においてモメンタムに基づく取引が特に顕著であった。
●投資家の平均的な金融資産とホームカントリーバイアスは、個人投資家の洗練度合いのプロキシー（代理変数）として、論文でも一般的に用いられる2つの指標であるが、これらと、コントラリアンの度合いとには負の相関関係がある。投資家が洗練されればされるほど、コントラリアンな行動が見られなくなる。言い換えれば、金融の素養が不足していることは高くつくということだ。
●市場が下落したり、ボラティリティが高くなったりすると、モメンタムに基づく取引の総量が増大する。
●上昇した銘柄と下落した銘柄をそれぞれ見てみると、下落した銘柄の売りだけが不況期に増大し、上昇した銘柄の買いはビジネスサイクルや市場の状況やボラティリティとはほとんど関係がない。
●モメンタムに基づく取引が活発だと、それによる将来の利益は期待できない。機関投資家が下落した銘柄を過剰に売却すると、モメンタム戦略の反転が起こる。

　彼らは、自分たちの研究結果は、個人投資家の大勢はコントラリアンであるとする過去の研究と一致したものであると記している。彼らはこう記している。「気質効果に傾きがちな投資家（個人投資家）が価格の歪みを生み出し、勝者に安値を付け、敗者に高値を付けるが、や

がて合理的な投資家（機関投資家や米国にとっての外国人投資家）が
そこから利益を獲得するのだ」。合理的な投資家はこのミスプライシン
グをとらえるが、裁定取引に限界があるため、価格はゆっくりと収束
するだけとなり、それによってモメンタムによる利益が増大する。

　彼らは、過去の研究を引用してもいる。「アービトラージャーは、ほ
かの投資家がニュースに過少な反応しか示さないことを利用しようと
する。しかし、市場でモメンタムに基づく取引が過剰となると、アー
ビトラージャーによる反応が過剰なものとなり、株価が本源的な価値
から乖離し、長期的なリターンが反転する」。機関投資家が下落した銘
柄を過剰に売った結果、2009年にモメンタムが反転したことは彼らの
過去の研究と一致したのである。バルツァー、ジャンク、スマジャル
ベゴビッツは「機関投資家や米国にとっての外国人投資家が不況期に
下落した銘柄を売却するとモメンタム戦略が反転することを発見した」
と記している。彼らはこう結論づけている。「下落したポートフォリオ
でのモメンタム戦略は市場が下落したり、ボラティリティが高くなっ
たりしたときに増大するが、それによってモメンタムによるリターン
を予測することができる。つまり、これはモメンタムによる利益が時
間によって変化するとする研究にも寄与することになる」。彼らの研究
結果は、モメンタム戦略の収益性は時間によって変化するとする過去
の研究とも一致するのだ。つまり、ボラティリティが高まるとクラッ
シュ（モメンタムのショートサイド）しやすいということである。

　これらの説明はすべて直感的に理解できる。一方で、資産のリスク
はプラスのリターンがもたらされたあとでは増大しなければならない
という学術界によるリスクに基づいた説明は直感に反するものである。
しかし、リスクに基づく説明を肯定的にとらえる論文もいくつか存在
する。モスコウィッツはリスクに基づく説明を次のようにまとめてい
る。「過去に上昇した銘柄はリスクがさらに高まることになる。それは、
投資機会が調整されてしまったがために、将来の成長見込みがさらに

リスクの高いものとみなされるか、以前よりも大きなベータ（市場）リスクにさらされるからである。いずれの場合でも、直近でリターンが大幅に増大（減少）した企業は、キャッシュフローのリスクまたはリスクに対するイクスポージャーが増大（縮小）するので、資本コストが上昇（下落）してしまうのだ」

しかし、1997年にクリフォード・アスネスがリスクに基づく、直感的に分かりやすい説明を行っている。「ザ・インタラクション・オブ・バリュー・アンド・モメンタム・ストラテジーズ（The Interaction of Value and Momentum Strategies）」はモメンタムに関する彼の博士論文を継承したものである（アスネスの論文の指導教官は、前述のファーマ・フレンチの３ファクターモデルのユージン・ファーマである）。アスネスは、成長機会が豊富で、キャッシュフローのリスクが大きい銘柄ほどモメンタムが強くなることを発見した。そのような銘柄は、成長が実際には実現しない、またはキャッシュフローが期待外れなものとなるというリスクをはらんでいる。流動性のリスクが、モメンタムの少なくとも一部分を説明し得るとするほかの論文も存在する。直近の勝者は敗者よりも大きな流動性リスクに直面しており、それゆえリターンプレミアムが増大することになる。流動性リスクがモメンタムプレミアムの少なくとも一部分は説明し得るとするほかの説明では、巨額の資金が流出した投資信託は株式ポートフォリオのなかのディストレス銘柄を売却し、資金が流入した投資信託では直近の勝者を買って「取り繕う」ことになるとしている。

いずれにせよ、モメンタムに関しては、株価が上昇したあとでリスクが増大するとするのはかなり難しいものがある。しかし、第８章で議論するとおり、人間の行動が変わることはなく、裁定取引に限界があるがゆえに「合理的な」投資家がミスプライシングを調整することができないのであるから、行動による説明でも十分と言える。そして、前述のとおり、その存在が公表され、投資家がアノマリーを広く知悉

するようになったあとでも大きなモメンタムプレミアムは引き続き存在するのだ。

さまざまな定義でも堅牢である

モメンタムを測る最も一般的な方法は、直近1カ月を除いた過去12カ月のリターンを用いることであるが、6カ月または9カ月といった異なる期間を用いてモメンタムプレミアムを測る方法もある。レジデュアルリターン（ほかのファクターを考慮したあと）などさまざまな方法を用いても、モメンタムの効果は確認されている。さらに、利益のモメンタム、利益率の変化、アナリスト予測の変化など、ファンダメンタルズに関するモメンタムでも、プレミアムが確認されている。

以上の証拠から、モメンタムファクターがわれわれの要件を満たしていることは明らかである。しかし、本章を終える前に、ロング・ショートのモメンタム戦略を実践するうえでの重要な問題に取り組もう。

モメンタム戦略を実践する

モメンタムは、われわれが議論しているすべてのファクターのうち、最も高いリスク調整済みリターンを投資家にもたらすが、「邪悪な側面」もある。クラッシュの幅が最も大きいのだ。年次データを用いると、その大きな利益には、13％という極めて高い尖度（ファットテール）と－2.5％という明白な左への歪みという犠牲が伴うのだ。言い換えれば、リターンが平均を下回ることはまれだが、平均を上回るリターンに比べると、その規模がかなり大きくなるということだ。モメンタム戦略のこの2つの特徴は、大きな損失を被るリスクがあることを示している。別の言い方をすれば、モメンタムによるリターンという「フリーランチ」はあっという間に「フリーフォール」となり、何年分

ものエクセスリターンを払拭しかねないのだ。この特性ゆえに、リスク回避の度合いが強い投資家にとってはこの戦略は魅力薄となる（そして、モメンタムの存在をリスクに基づいて説明することが可能となる）。だが、モメンタムのクラッシュはショートサイドで発生し、2009年３月にわれわれが経験したようなリバーサルによって起こるということは特筆に値する。リバーサルが起こり、市場が大きな下落から反転すると、モメンタムの弱い銘柄が最も大きな利益をもたらす。一方で、モメンタムの強い銘柄も上昇するが、その上昇幅はかなり小さなものとなる。それゆえ、ロングオンリーのモメンタム戦略を講じる投資家は、モメンタムのクラッシュをそれほど心配しなくてよいのである。しかし、ロング・ショートのモメンタム戦略はこのようなクラッシュにさらされることになる。

ペドロ・バロッソとペドロ・サンタ・クララは2015年の論文「モメンタム・ハズ・イッツ・モーメンツ（Momentum Has Its Moments）」で、モメンタムのリスクは時間の経過とともに変化するが、予見可能であることを発見した。予見が可能となる主な理由はシステマティックリスクではなく、時間とともに変化する特有のリスクに拠るところが大きい。また、リターンを予想するのは容易ではないが、ボラティリティの予測はそれほどでもない。その月のボラティリティを翌月のそれの参考とすることができ、そうすることでボラティリティを、ロング・ショートのモメンタム戦略におけるクラッシュの影響を大いに低減させるための有効なリスク管理手段とすることができるのだ。

クラッシュのリスクを最小化する方法は、時間の経過とともにモメンタムに対するイクスポージャーを変化させることである。モメンタムに対するイクスポージャーを測定し（直近６カ月における実際のリターンの分散を用いる）、リスクを管理したモメンタム戦略を用いれば、より低いリスクでより大きな累積リターンを獲得することができることを彼らは発見したのだ。スケールドモメンタム戦略のウエートは長

期的に0.13から2.00の範囲にあり、その値が最も低くなったのは、1930年代初頭、2000〜2002年、2008〜2009年である。平均するとウエートは0.90となり、モメンタムに対するイクスポージャーは1を少しばかり下回る。バロッソとサンタ・クララは、「リスク管理を行ったモメンタムは事前の情報にだけ基づくものであり、それゆえ、この戦略はリアルタイムに実践することが可能である」と結論した。彼らは、スケールド戦略がどのようにモメンタムのクラッシュのリスクを低減し、尖度を劇的に引き下げ、また左への歪みを軽くするかを示している。このリスク管理の効果は市場が荒れているときにはとりわけ重要である。彼らは「リスクを管理した戦略にはもはや変動性のしつこいリスクは存在しない。だからこそリスク管理は有効なのだ」と付け加えている。

　ロング・ショートのモメンタム戦略は特定の水準のボラティリティをターゲットとすることで、市場のボラティリティがより高いときは投資額を減少させ（用いるレバレッジの量を減らすことで）、市場のボラティリティがより低いときに投資額を増大（用いるレバレッジの量を増やすことで）させる。このような方法は歴史的に見て、リターンにマイナスの影響を与えることなく、ボラティリティを抑えることができる。AQRキャピタル・マネジメントでは、スタイル・プレミア・オルタナティブ・ファンド・クラスI（QSPIX）でボラティリティ・ターゲットの手法を採用している。

　多くの投資家は大きな下落の結果として市場のボラティリティが上昇すると考えている（この場合、ボラティリティターゲティングでは株価がすでに下落したあとで売却することになる）が、実際にはそうではないことがAQRの調査で明らかとなった。実際に、同社は、それとは反対の現象が発生することのほうが多い、つまりボラティリティは概して大きなドローダウンに先駆けて上昇することを発見したのだ。2000〜2011年までの期間で、いくつかのアセットクラスにおける70を超える流動性に富んだ投資対象を調査し、AQRでは、コンスタント・

ボラティリティ・ターゲティング（21日間のローリング・ボラティリティを用いる）が名目保有と比較して、どのようにリスクとリターンの数値を変化させるかを分析した。彼らはおよそ80%の事例で尖度が低下することを発見した。さらに、シャープレシオはおよそ70%の事例で上昇し、全資産の平均で見ると0.32から0.44まで上昇した。

さらに、ボラティリティターゲティングには、大きな損失を被るリスクを低減させることで、投資家の規律を高めるという利点もあり、ストレスを受けた投資家が自分たちの投資計画を放棄したり、パニック売りに走ったりするリスクを抑えることになる。

モメンタムがクラッシュするリスクを抑えるもう1つの方法が、デニス・B・チャベスによる2016年の論文「イディオシンクラティック・モメンタム（Idiosyncratic Momentum : U.S. and International Evidence）」で紹介されている。彼は、リターンを構成する市場ベータの影響を取り除くために回帰分析の手法を用い、ボラティリティを抑えた新たなモメンタムの定義を生み出した。彼の検証結果は、21カ国ならびにアメリカで有効であった。興味深いことに、この新しいモメンタムは、前述のとおり、伝統的な定義ではそれが見られなかった日本においても有効であったのである。同様のリスク管理手法を、ブリッジウエーのスモール・キャップ・モメンタム・ファンド・クラスN（BRSMX）でも利用している。

最後に取り上げるべきことがある。さまざまなファクターに分散することは、モメンタムのクラッシュを最小化する良い方法である。例えば、モメンタムとバリューは負の相関関係にあるので、モメンタムとバリュー志向のポートフォリオを組み合わせるのは効果的な戦略となる。残念ながら、戦略がポートフォリオ全体にどのような影響をもたらすかが重要であるにもかかわらず、多くの人々が個々の戦略やファクターのパフォーマンスをそれぞれ別個に考える傾向がある。ファクターを組み合わせるという問題については第9章で詳述する。

表4.2　市場ベータ、サイズ、バリュー、モメンタム（1927〜2013年）

	市場ベータ	サイズ	バリュー	モメンタム
年間プレミアム（％）	8.3	3.3	4.8	9.6
シャープレシオ	0.40	0.24	0.34	0.61
1年間でアウトパフォームする確率（％）	66	59	63	73
3年間でアウトパフォームする確率（％）	76	66	72	86
5年間でアウトパフォームする確率（％）	82	70	78	91
10年間でアウトパフォームする確率（％）	90	77	86	97
20年間でアウトパフォームする確率（％）	96	86	94	100

　表4.2は、これまでに取り上げた株式のファクターのデータをまとめたものである。

　では、次に互いに連関し、また最近「発見された」収益性・クオリティに関するファクターに移り、それらをわれわれの要件と照らしてみよう。

第 **5** 章

収益性・クオリティのファクター
The Profitability & Quality Factors

　すでに議論したように、マーク・カーハートが1997年に発表した論文「オン・パーシステンス・イン・ミューチュアル・ファンド・パフォーマンス（On Persistence in Mutual Fund Performance）」がきっかけとなり、市場ベータ、サイズ、バリューにモメンタムを加えた4つのファクターモデルが誕生し、ファイナンスの世界における主流となった。次に大きな貢献をもたらしたのがロバート・ノビー・マルクスによる2013年の論文「ジ・アザー・サイド・オブ・バリュー（The Other Side of Value : The Gross Profitability Premium）」で、株式のクロスセクションのリターンに対する新たな洞察をもたらしただけでなく、ウォーレン・バフェットの優れたパフォーマンスをさらに詳しく説明する一助となった。

　ノビー・マルクスの研究を踏まえて、2006年にはユージン・ファーマとケネス・フレンチが論文「プロフィッタビリティ、インベストメント・アンド・アベレージ・リターン（Profitability, Investment and Average Returns）」を著し、利益を基準とした収益性の高い企業が、BMR（簿価時価比率）と投資を調整したあとでは、大きなリターンをもたらすことを示した。ほかのファクターと同様に、収益性はベンジャミン・グレアムやデビッド・L・ドッドといった実際の投資家たちが何十年にもわたり利用してきたものである。ノビー・マルクスは、

1962～2010年の期間において、売上高から製造原価を差し引くことで定義した総利益の検証を行った。彼が発見したことを次にまとめておく。

● 資産に対する総利益の比率をもって計測した収益性には、平均的なクロスセクションのリターンを予想するうえでBMR（バリュー指標）とおおよそ同等の力がある。
● 驚くべきことに、収益力のある企業はバリュエーションの比率（例えば、PBR［株価純資産倍率］が高い）が大幅に高いものであるにもかかわらず、収益力のない企業よりもはるかに高いリターンを生み出す。
● 収益力のある企業はグロース企業である、つまり比較的急速に拡大する傾向にある。総利益率が、将来の成長のみならず、利益やフリーキャッシュフローや配当の有力な予想材料となる。
● 最も収益性の高い企業は、最も収益性の低い企業よりも平均して月に0.31％高いリターンをもたらす。このデータはＴ値が2.49であり、統計的に有意である。
● ファーマ・フレンチの３ファクターモデルに対する収益性ファクターによる超過リターン（アルファ）は月次0.52％であり、Ｔ値は4.49である。
● リターンのデータは、最大規模で、最も流動性の高い銘柄でも経済的に大きなものである。
● 総利益率は、利益に基づく収益性の指標よりもクロスセクションのリターンを推定する能力がはるかに高い。
● 資産回転率（営業の効率性を測る会計上の指標で、売上高を総資産で割ることで定義される）の高さが収益力のある企業の平均リターンの高さの主因であり、総利益率の高さが「優れたグロース」銘柄であることを示す特徴となる。

●収益性に基づいて調整すると、とりわけ最大規模で、流動性が最も高い銘柄においてバリュー戦略のパフォーマンスが劇的に向上する。BMRで調整すると、収益性戦略のパフォーマンスが向上する。

●収益性のより高いグロース企業は、それが低いグロース企業よりも規模が大きい傾向にあり、収益性の高いバリュー企業はそれが低いバリュー企業よりも規模が小さい傾向にある。

●総利益率に基づいた戦略は、それが実際にはグロース戦略であったとしても、バリュー戦略と同様の平均的なエクセスリターンを生み出す。

●総資産粗利益率とBMRはともに一貫性に優れているので、収益性に基づく戦略もバリュー戦略も、その回転率は比較的低いものとなる。

●収益率に基づいた戦略はグロース戦略であり、それゆえバリュー戦略に対する優れたヘッジとなる。バリュー戦略に収益性を加味することで戦略全体に伴うボラティリティを低減させることになる。

　最後の点は、バリュー戦略を遂行する戦略的な方法を理解するきっかけとなる。収益性に基づく戦略とバリュー戦略の平均月次リターンはそれぞれ0.31％と0.41％であり、標準偏差は2.94％と3.27％であった。しかし、2つの戦略を合わせて実行する投資家は、双方の戦略のリターン、つまり月次0.71％をとらえることになるが、ボラティリティが増大することはない。2つを合わせた戦略ではロング・ショートのポジションが個別戦略の2倍になるにもかかわらず、その月次標準偏差はたった2.89％であった。これは、2つの戦略のリターンの相関が検証期間中で−0.57であったことが要因である。双方のファクターがリターンを増大させる一方で、この負の相関ゆえに、それぞれが異なるタイミングで有効性を発揮し、その結果、ボラティリティが下がるのである。収益性とバリューとを合わせた戦略の月次平均リターンのＴ

値は5.87であり、年間シャープレシオの実現値は0.85と市場全体のシャープレシオである0.34の2.5倍となった。

　2つの戦略の相性の良さを示すさらなる証拠として、次のことを考えてもらいたい。収益性に基づく戦略もバリュー戦略も検証期間中、概して優れたパフォーマンスを示していたが、どちらの戦略も損を出した期間がある。収益性は1970年代中盤から1980年代初頭、そして2000年代中盤においてパフォーマンスが優れず、一方、バリュー戦略は1990年代を通じて優れたパフォーマンスを上げていない。しかし、バリューのパフォーマンスが振るわない期間に、概して収益性のパフォーマンスが良く、その逆もまた真であった。結果として、収益性とバリューとを組み合わせた戦略が5年間にわたって損を出したことはなかったのである。

　レイ・ボール、ジョセフ・ゲラコス、ジュハニ・リンナイマ、バレリー・ニコラエフは2016年の論文「アクルーアルズ、キャッシュフロー、アンド・オペレーティング・プロフィッタビリティ・イン・ザ・クロスセクション・オブ・ストック・リターン（Accruals, Cash Flows, and Operating Profitability in the Cross Section of Stock Returns）」で、収益性ファクターに関して、さらに重要な洞察を加えている。彼らは、経過勘定を含めた収益性（会計士が利益を測定するために営業キャッシュフローに対して行う調整である）にキャッシュフローを加味することで、当期のパフォーマンスを測るより良い基準になると考えた。この改良を加えた基準は、研究が示しているとおり、経過勘定とクロスセクションの期待リターンには強い負の関係があるので有効なのだ。この関係は、「アクルーアルアノマリー」として知られている。現在のファクターモデルでは説明がつかないので、アノマリーなのである。彼らの論文では1963年7月から2013年12月が対象とされている。彼らの発見したことをまとめると次のとおりである。

第5章　収益性・クオリティのファクター

●経過勘定の調整を行っていない、現金ベースでの営業収益は、営業収益や売上総利益や純利益に基づく収益性の指標よりも優れたパフォーマンスを上げた。

●現金ベースでの収益性は、営業収益の3.5％に対して、年平均4.8％のリターンを生み出した。T値はそれぞれ4.0と6.3である。

●経過勘定だけを要因とする収益性の増大は、クロスセクションの期待リターンとはまったく関係がない。

●現金ベースの営業収益は、アクルーアルアノマリーを含めたクロスセクションの期待リターンを十分に説明することができる。投資家にとっては、現金を基準とした営業収益を自らの投資機会集合に加えることは、経過勘定と収益性に基づく戦略を合わせたよりも有効である。

●現金ベースの営業収益は向こう10年程度の期待リターンを説明することができるが、これはこのアノマリーが当初の収益ミスプライシング、またはキャッシュフローとアクルーアルという2つの要素ゆえのものではないことを示唆している。

　ボールたちはこう結論づけた。「以上から、われわれの検証結果はアクルーアルアノマリーを簡潔かつ説得力をもって説明するものと思われる。今日、多額の経過勘定を抱える企業の将来のリターンは低くなるが、それは現金ベースにすると、その収益性が下がるからである」

　これまで議論してきたとおり、すべてのファクターはロング・ショートのポートフォリオと同じであるので、収益性のファクターは、収益性が高い上位30％の企業の年平均リターンから、それが低い下位30％のリターンを差し引くことで算出される。論文ではこれをRMW（Robust-Minus-Weak）と呼んでいる。

99

表5.1　収益性ファクターがアウトパフォームする確率（％）

	1年	3年	5年	10年	20年
収益性	63	72	77	85	93

持続性

　改めて、売上高から製造原価を差し引いたものを収益性と定義すると、1927～2015年の期間において、最も収益性の高い企業のリターンは、それが最も低い企業のリターンを年3.1％上回るものであった。**表5.1**は、当該期間におけるプレミアムの持続性を示したものである。

　収益性プレミアムのシャープレシオは0.33となり、われわれが検証しているプレミアムのうち3番目に小さなものであった。

普遍性

　ノビー・マルクスは海外市場での収益性戦略を検証した2013年の研究で同様の結果を見いだし、プレミアムに普遍性があることを示した。1990年7月から2009年10月を対象としたこの研究では、オーストラリア、オーストリア、ベルギー、カナダ、デンマーク、フィンランド、フランス、ドイツ、イギリス、香港、イタリア、日本、オランダ、ニュージーランド、ノルウェー、シンガポール、スペイン、スウェーデン、スイスの主要先進国市場を取り上げている。

　さらなる証拠として、1982～2014年までの33年間におけるヨーロッパの15市場を対象とした2015年の調査リポート「ディメンションズ・オブ・エクイティ・リターン・イン・ヨーロッパ（Dimensions of Equity Returns in Europe）」で、ディメンショナル・ファンド・アドバイザ

ーズは、ヨーロッパにおける収益性プレミアムは年平均3.6％であり、15カ国のうち11カ国で２％を上回るものであったことを発見している。マイナスとなったのはベルギーとフィンランドの２カ国だけである。ここでもまた分散の効果が見られる。同時期におけるアメリカでの収益性プレミアムは4.4％であった。

マーシャ・ゴードンによる2013年の調査リポート「ザ・プロフィッタビリティ・プレミアム・イン・EMマーケッツ（The Profitability Premium in EM Markets)」によって、途上国市場でも収益性プレミアムがあることが証明された。1998年１月から2013年９月を対象とした研究において、彼女はROE（自己資本利益率）の高い銘柄をロングし、低い銘柄をショートする等ウエート戦略の年平均リターンが5.1％であり、10％（T値＝1.7）の水準で統計的に有意であることを発見した。入手できた途上国市場のデータが比較的短期間のものであったので、T値が低くなってしまったことに注意してほしい。ROIC（投下資本利益率）で見ると、年間プレミアムは3.6％、T値は1.2である。この研究では、クオリティをはかる最良の指標であるとされる売上総利益（売上高－売上原価）で見ると、プレミアムは年率9.0％で統計的にも有意（T値＝2.79）であった。これらの結果はアメリカでも同様で、売上総利益のプレミアムはROEやROICの場合を上回った。当該期間における途上国の株式プレミアムは年率6.7％であったことに注意してほしい。つまり、ROE、ROIC、売上総利益と収益性に関する３つの指標があり、そのすべてが途上国市場で大きなプレミアムを示したが、売上総利益だけが５％の信頼係数を示し、統計的にも有意であったのだ。特に、調査ではクオリティをはかる最良の指標（本章で後に議論する）とされる売上総利益の場合、そのプレミアムは株式プレミアムよりもはるかに大きなものであったのだ。

合理的な説明

　学術研究は、収益性プレミアムに対するリスクに基づく説明や行動に基づく説明をある程度支持している。しかし、リスクに基づく説明の問題点は、直感的には収益性の高い企業のほうがディストレスになりにくく、収益性の低い企業よりも営業レバレッジは低くなることにある。これらの特徴は、収益性の高い企業のリスクがより低いことを示している。言い換えれば、収益性のより高い企業は、遠い将来のキャッシュフローがより大きくなるグロース企業となる傾向にあるということだ。キャッシュフローが遠い将来のものであればあるほど、その不確実性は増し、リスクプレミアムが求められるはずである。リスクに基づくもう1つの説明は、収益性が高まると競争を招来し、利益率が圧迫される（それゆえ、将来のキャッシュフローがさらに不確実になる）というものだ。ここでもまた、リスクが高まるのであり、リスクプレミアムが求められるはずである。

　リャン・リューが2015年に自身の研究を「プロフィッタビリティ・プレミアム（Profitability Premium : Risk or Mispricing?）」にまとめている。過去の研究と軌を一にして、リューは1963年7月から2013年までの期間において、収益性のある企業は一貫して収益性のない企業を上回るパフォーマンスを上げており（対象とした期間の73%）、リターンのボラティリティも収益性のある企業のほうが低く、その結果、シャープレシオがより高いものとなることを発見している。

　収益性のある企業のリターンは無条件により高いものとなるが、それでも投資家は不況期にそれらのリターンが最も低くなると、そのような企業を避けようとする。投資家は、富の限界効用が高くなる不況期のリターンを最も気にするのだ。しかし、実際には景気が落ち込んでいる時期にプレミアムが増大することをリューは発見した。収益性のある企業は、前述のとおり限界効用（限界的な収入または富の効用）

が最大となる不況期に、収益性のない企業よりも優れたパフォーマンスを示す。それゆえ、収益性のある企業はマクロ経済環境の悪化に影響を受けにくく、また不況期や株式市場が振るわない時期に収益性プレミアムが増大するのである。

例えば、最も収益性の低い企業での1年間のドローダウンは最大でマイナス74％であったが、これは最も収益性の高い企業のそれよりも30％近く悪いものであることをリューは見いだしている。彼は、リスクに基づく収益性プレミアムの説明は期待に関して一貫して見られる行動上の誤りと軌を一にしているとはいえ、検証結果を見るかぎり、それに同意することは難しいと結論づけている。

そして、リューはミスプライシング仮説を検証した。具体的には、セルサイドのアナリスト（セルサイドのアナリストとは証券会社や個人の口座を管理する企業に勤務する者たちであり、自社の顧客に対して銘柄推奨を行う。セルサイドのアナリストは「ストロングバイ」「ニュートラル」「セル」といった良く耳にする推奨を行う）による利益予測と収益性に基づき分類したポートフォリオでの実現利益との差を調べたのである。仮に、収益性のない企業のリターンが収益性のある企業に比べて低いのは、投資家が将来のパフォーマンスに対してあまりに楽観的であるがゆえだとしたら、予測利益と実際のそれとの差（期待エラー）は収益性のある企業のほうがより大きくなるはずである。収益性に基づいた十分位で見ると、低いものから高いものまで線形で減少していることを彼は発見した。期待エラーは、収益性のない企業でより大きくなるばかりでなく、5年間も持続した。データを検証した結果、彼は、投資家は収益性の高い企業のパフォーマンスが実際よりも早く平均に回帰することを期待し、また純利益が少なく、現在のパフォーマンスが振るわないにもかかわらず、収益性のない企業が回復することに賭けようとするのだと結論している。

これは、無垢な投資家が良いニュースや過去の優れたパフォーマン

スを好感して過度に楽観的になる結果としてグロース銘柄が過大評価されるとする、典型的なストーリーとは少々異なるものである。しかし、この場合、過度な楽観論は苦境に陥っている、より新しく、より小規模な収益性のない企業が平均に回帰する可能性に対するものである。つまり、そのような銘柄が過大評価される傾向にあるのだ。裁定取引の限界や空売りのリスクによって、過大評価は過小評価よりも修正されにくくなる。

リューの発見は、ジャン・フィリッペ・ブシャール、シリバーティ・ステファノ、オーグスティン・ランディエール、ギョーム・サイモン、デビッド・テスマーの2016年の論文「ジ・エクセス・リターンズ・オブ・クオリティ・ストックス(The Excess Returns of "Quality" Stocks : A Behavioral Anomaly)」とも一致する。彼らは、企業はその潜在的収益性がより高い場合にかぎり、リスクのより高いプロジェクトを選択するという潜在的リスクによる説明を行っている。しかし、彼らは次のようにも記している。「有名なリスクプレミアム戦略は大きな負の歪度に伴うリスクを負った投資家を報いるものであるが、クオリティ戦略には実際のところ正の歪度があり、クラッシュする傾向は極めて小さい」

次に彼らは行動による説明を検証し、アナリストによる株価予測を用いて、彼らの誤りがいくつかの異なる収益性指標によってどのように変化するかを検証した。彼らは、全体としてのアナリストは過度に楽観的であるという周知の結果を確認している。しかし、企業の収益性が大きくなればなるほど、アナリストは楽観的ではなくなるのだ。彼らはこう記している。「アナリストは、営業キャッシュフローを明らかに軽視している。実際に、それが将来のリターンを予測する有効な判断材料であるにもかかわらず、この変数にマイナスのウエートをかけてすらいるようだ。これら最後に得た結果によれば、クオリティのアノマリーは、株価予測においてクオリティが大幅にアンダーウエート

されていることが原因のようである」

　Ｆ・Ｙ・エリック・Ｃ・ラム、シュジン・ワン、Ｋ・Ｃ・ジョン・ウェイは2016年に論文「ザ・プロフィッタビリティ・プレミアム（The Profitability Premium : Macroeconomic Risks or Expectation Errors?)」を発表し、われわれが示した収益性プレミアムに関する２つの代替的な説明に取り組んでいる。つまり、マクロ経済のリスクに基づく合理的説明と、誤った期待が原因となるミスプライシングによる説明である。マクロ経済のリスクを測る指標とは、工業生産、インフレーション、タームプレミアム、デフォルトリスクに関するものである。誤った期待は、センチメントインデックスに基づいて測定している。例えば、クローズエンド型投資信託の平均割引率、IPO（新規株式公開）の件数や初日のリターン、NYSE（ニューヨーク証券取引所）の出来高、新株発行の総額、配当プレミアム（有配株と無配株の平均的なBMRの差の自然対数）といった具合である。彼らはどちらの説明も有効であり、マクロ経済のリスクによる説明が収益性プレミアムの３分の１ほどを説明することを発見した。その残りは、投資家のセンチメントに基づくミスバリュエーションファクターによって説明される。彼らの発見は、ROE（自己資本利益率）に焦点を当てた、フージン・ワンとジャンフェン・ユーによる2013年の研究「ディセクティング・ザ・プロフィッタビリティ・プレミアム（Dissecting the Profitability Premium)」と一致している。

　行動による説明を検証するにあたり、ワンとユーは、収益性プレミアムがミスプライシングを反映しているならば、裁定取引がより難しく、情報の不確実性がより高い企業のそれがより大きなものとなるはずだと仮定した。言い換えれば、不確実性が高ければ高いほど、投資家の過信が株価に与える影響が大きくなるはずだということである。また、裁定取引の制約が大きければ、ミスプライシングが持続する可能性が高くなる。さらに、情報の不確実性が高ければ高いほど、心理的

なバイアスが大きくなり、投資家の間での情報がさらに非対称なものとなるため、ミスプライシングの余地が大きくなる。裁定取引の限界や情報の不確実性を表すために論文で一般的に使われる大量のプロキシー（代理変数）を用いることで、彼らは、収益性のプレミアムは裁定取引が難しい企業、または情報の不確実性が高い企業ほど、大きなものとなることを発見した。具体的には次のとおりである。

●情報の不確実性が低く、裁定取引が容易な企業では、収益性プレミアムは小さい、または限定的なものにすぎない。

●時価総額が小さく、リターンのボラティリティが高く、キャッシュフローのボラティリティが高く、アナリストのカバレッジが少なく、アナリスト予測のバラツキが大きく、機関投資家の保有比率が低く、イディオシンクラティック（固有）ボラティリティが高く、出来高が少なく、アスク（売り気配値）とビッド（買い気配値）のスプレッドが広く、信用格付けが低く、流動性に乏しく、また比較的新しい企業では、収益性プレミアムが月に1％ほど大きくなる。

●収益性の指標であるROEプレミアムの大半は、ROEが低い企業のその後のリターンが低いことに由来する。これは割高であることは、割安であることよりも、空売りの障害が大きいがゆえにアービトラージャーが調整しにくいという考察と軌を一にするものである。

●収益性プレミアムは事後の過剰反応（長期的に回帰するという証拠は存在しない）に左右されることはないが、事前の過少反応には影響を受ける。投資家は目の前の収益性に関するニュースには過少反応を示すので、それゆえ収益性の高い企業は比較的割安になり、収益性の低い企業は比較的割高となるのだ。

　ワンとユーは、ミスプライシングの調整を妨げる裁定取引の限界ゆえに収益性プレミアムは持続すると結論した。合理的なリスクに基づ

第5章　収益性・クオリティのファクター

く説明ではなく、プライシングの誤りがプレミアムの大半を説明するということが、収益性プレミアムは消える運命にあることを意味するわけではない。前述のとおり、モメンタムプレミアムが、それを取り上げた最初の論文が公表されて以降20年以上も持続したことがその好例であろう。

投資可能性

収益性は、回転率の低い戦略である。さらに、サイズを問わず一貫して見られるものである。ロングオンリーの戦略を採る投資信託は、流動性が低く、収益性のない小型株をショートすることに伴うより高いコストを嫌うことで、このファクターのプレミアムはマイナスとなっている。つまり、本来、投資家はプレミアムを手にできるはずなのだ。前述の研究「ア・タクソノミー・オブ・アノマリーズ・アンド・ゼア・トレーディング・コスツ（A Taxonomy of Anomalies and Their Trading Costs）」でロバート・ノビー・マルクスとミハイル・ベリコフは、それがロング・ショートのポートフォリオでも有効であることを発見した。例えば、アルゴリズムのプログラムを用いて、忍耐強く取引を行うなどして取引コストを最小化しようとする戦略では特に有効である。

収益性に基づいた戦略はグロース戦略であり、バリュー戦略に対する優れたヘッジとなることを調査が示していることは検討に値する重要な点である。バリュー戦略に収益性を加味することで、全体のボラティリティを抑えることになる。つまり、戦略を実行する1つの方法は、バリューファンドの運用規則を構築するときに収益性を盛り込むことである。これは、ディメンショナル・ファンド・アドバイザーズやAQRキャピタル・アドバイザーズなどの調査に主眼を置く企業が頻繁に行っていることである。

107

さまざまな定義でも堅牢である

　本章ですでに取り上げたノビー・マルクスとボールたちによる研究では、さまざまな収益性の指標を検証し、概して優れた結果を見いだしている。また、AQRキャピタル・マネジメントによる調査では、資産回転率、売上総利益率、資産フリーキャッシュフロー比率の3つの異なる収益性指標のすべてがプレミアムをもたらすことが確認されている。同社はこれら3つの指標を用いて収益性を評価し、マルチスタイルファンドにおける特定の銘柄へのアロケーションを決定している。

　収益性プレミアムの安定性は、クーウェイ・ホウ、チャン・シュエ、ルー・ツァンによる2014年の論文「ダイジェスティング・アノマリー（Digesting Anomalies : An Investment Approach）」でも示されている。彼らは、ファーマ・フレンチの3ファクターモデルでも、カーハートの4つのファクターモデル（4つ目のファクターとしてモメンタムを加えた）でも説明できない多くのアノマリーを説明することになる新たな4ファクターモデルを提唱している。彼らがqファクターモデルと呼ぶ新たなモデルでは、4つのファクターのリターンに対する当該資産のリターンの感度によって、無リスク金利を上回る期待リターンを説明している。つまり、市場ベータ、サイズ、投資（出来高の少ない銘柄からなるポートフォリオのリターンと、出来高の多い銘柄からなるポートフォリオのそれとの差）、収益性（ROEの高い銘柄からなるポートフォリオのリターンと、ROEの低い銘柄からなるポートフォリオのそれとの差）である。ROEを収益性の指標として用いることで、彼らはROEファクターが平均して月次0.60％のリターンを上げ、統計的にも有意であることを発見した。

　次に話を移す前に、クオリティファクターについて議論しようと思う。これは、クオリティの高い企業の特徴の1つはその収益性の高さにあるので、収益性ファクターのいとこにあたるものである。

108

第5章　収益性・クオリティのファクター

表5.2　クオリティファクターが市場をアウトパフォームする確率（%）

	1年	3年	5年	10年	20年
クオリティ	65	75	80	89	96

クオリティファクター

　これまで議論してきた収益性のファクターは、クオリティの高い企業のリターンからクオリティの低い企業のリターンを差し引くことで、その特徴をとらえようとするクオリティのファクターへとその適用範囲を広げることができる。クオリティの高い企業には次のような特徴がある。①利益のボラティリティが低い、②利益率が高い、③資産回転率が高い（資産が効率的に利用されていることを示す）、④財務レバレッジが低い、⑤営業レバレッジが低い（バランスシートの健全さとマクロ経済によるリスクが低いことを示す）、⑥銘柄特有のリスク（マクロ経済では説明できないボラティリティ）が小さい。これらの特徴を有する企業は歴史的により高いリターンをもたらし、下落相場ではそれが特に顕著である。特に、収益性が高く、安定し、成長し、そして配当性向の高いクオリティの高い銘柄は、対照的な特徴を有するクオリティの低い銘柄を上回るパフォーマンスを上げている。

　クオリティのファクターはQMJまたはQuality minus junkと呼ばれる。1927～2015年にかけて、クオリティプレミアムは年平均3.8％のリターンを上げてきた。さらに、その持続性はバリュープレミアムよりもわずかに高く、また市場ベータプレミアムよりもわずかに低いものであった。

　クオリティプレミアムのシャープレシオは0.38で、収益性ファクタ

109

ーの0.33よりも高く、0.40となった市場ベータプレミアムのそれに近似するものであった。クオリティの一貫性とシャープレシオが収益性のそれよりも高いのは、クオリティが収益性を包含し、さらにほかの特徴を持つものであるのだから当然である。また、クオリティプレミアムがバリュープレミアムとともに、ウォーレン・バフェットの伝説的な成功を説明することになるのも興味深いところである。

バフェットのアルファを説明する

　ウォーレン・バフェットは、銘柄選択の能力と自制心、つまり他者が慌てているときにも冷静でいられる能力のおかげで成功したとするのが「一般的な見解」である。しかし、2013年の研究「バフェッツ・アルファ（Buffet's Alpha)」で、アンドレア・ファラッツィーニ、デビッド・カビラー、ラッセ・H・ピーダーセンはこれまでにない興味深い説明を行っている。彼らは、バークシャー・ハサウェイの保険業務が提供する安価なレバレッジを利用できるという利点に加え、バフェットは安全で、安く、クオリティが高い大企業を買っていることを発見した。この研究で最も興味深い点は、これらの特徴を有する銘柄が概して優れたパフォーマンスを上げる傾向にあり、バフェットが買った銘柄に限ったことではないということである。

　言い換えれば、バフェットの戦略においてはファクターに対するイクスポージャーこそが成功の要因であり、銘柄選択の能力ゆえではないということだ。ファラッツィーニとピーダーセンは2014年の研究「ベッティング・アゲンスト・ベータ（Betting Against Beta)」でも、市場ベータ、サイズ、バリュー、モメンタム、ベータによる逆張り（ベータの低い銘柄にレバレッジを効かせたロングポジションを取り、ベータの高い銘柄にショートポジションを取る戦略）、クオリティ、レバレッジといったすべてのファクターを通じて、バフェットのパフォー

マンスのほとんどが説明でき、また彼のアルファは統計的にも有意であることを発見している（ジョン・アルバートとマイケル・セクラーは2014年の記事でこの結論に対して幾ばくかの疑問を呈している。例えば、バフェットは、BMR以外のバリュー指標に注目しており、レバレッジを避けているし、さらに近年まで保険業務は行っていなかったとしている。これらの指摘は的を射たもので、われわれはPER［株価収益率］やキャッシュフローといったほかのバリュー指標を用いていると確信している。いずれにせよ、重要な点はその定義にかかわらず、バフェットは何らかのファクターを利用し続けているということである）。

　以上を踏まえ、これらの検証結果がバフェットのパフォーマンスを損なうものではないことを理解することが重要である。まえがきに記したとおり、現代の金融論がバフェットに追いつき、彼の「秘伝のソース」を発見するまでには何十年もの時間がかかった。市場に打ち勝つ戦略をだれよりも早く発見することができれば、完熟の果実を容易に選ぶことができ、やがてはヨットを手にすることになるであろう。

　そのようなわけで、この研究結果はバフェットがあれほどの成功を収めた理由を知る手がかりとなる。これらのファクターが有効であることをはるか昔から認識していたことがバフェットの才能であろう。彼はファイヤーセールに訴えることなくレバレッジを用い、自らの規律に忠実であり続けた。バフェット自身、1994年のバークシャー・ハサウェイの年次報告書で次のように述べている。「投資において特別な成果を上げるために特別なことをする必要はないということを、ベンジャミン・グレアムは45年前に教えてくれたのだ」

　近年、バフェットは米国外企業への投資を増やしているが、おそらくは彼自身の時間の試練に耐えた要件を用いていることであろう。では次に、クオリティファクターに普遍性がある証拠を示していこう。

111

普遍性

　マックス・コズロフとアンティ・ペタジストは、2013年の研究「グローバル・リターン・プレミアムズ・オン・アーニングス・クオリティ、バリュー、アンド・サイズ（Global Return Premiums on Earnings Quality, Value, and Size）」で、1988年7月から2012年6月までの途上国市場をカバーした広範かつ新しいグローバルデータを用いて、利益のクオリティが高い銘柄にリターンプレミアムが存在するかどうかのアウトオブサンプル検証を行った。クオリティが高い企業とは、計上された利益に比べてキャッシュフローが大きい企業であり、クオリティが低い企業とはキャッシュフローに比べて計上された利益が大きい企業である。この定義は、クオリティファクターの一種である。彼らが発見したことを次にまとめておく。

● 利益のクオリティが高い銘柄をロングし、利益のクオリティが低い銘柄をショートするシンプルな戦略によって、市場全体、またはバリュー銘柄や小型株に投資する同様の戦略よりも高いシャープレシオがもたらされる。
● バリュープレミアムが年率4.9％で最大となり、その後に市場ベータプレミアムが年率4.0％、クオリティプレミアムが年率2.8％と続く。サイズファクターは、当該期間において年率マイナス0.5％とわずかばかりマイナスとなった。プラスのエクセスリターンは、クオリティ（T値＝3.38）、バリュー（T値＝2.73）ともに統計的に有意であったが、市場全体はそうではなかった。
● 市場ベータのファクターのボラティリティは年16％と最も高く、サイズとバリューはそれぞれ8％と9％となった。クオリティのボラティリティはかなり低く、たった年4％であった。
● 市場ベータとバリューファクターのプレミアムが最も大きかったが、

ボラティリティも最も高かったので、シャープレシオはクオリティファクターのほうが0.69と高く、その後はバリューが0.56、市場ベータが0.25と続く。

●シンプルな時価総額加重のロングオンリー戦略に、バリューとクオリティとを組み合わせることで広範な市場に打ち勝ち、大型株で年率3.9％、小型株で年率5.8％上回った。

●この結果は、サンプル全体でも、2005年以降の期間でも同様である。

●利益のクオリティに基づいたグローバルなポートフォリオはバリューポートフォリオと負の相関関係にあるので、両方のファクターに投資することを望む投資家は、大きな分散効果を得ることができる。シャープレシオも、この合成戦略でさらに高いものとなる。

コズロフとペタジストは、ROE、資産キャッシュフロー比率、負債比率（財務レバレッジ）に基づいたファクターなど、さまざまなクオリティ指標の検証も行っている。レバレッジ（財務、営業ともに）が低ければ、利益もより安定し、その時の金融情勢から受ける影響も軽くなる。彼らは、すべてのバリュエーション、またはそれらの組み合わせでも同様の結果を得ている。

以上から、収益性ファクターならびにクオリティファクターがわれわれの要件を満たしていることは明らかである。

表5.3は、これまでに議論してきた株式ファクターのデータをまとめたものである。

次に、債券市場、具体的にはタームファクターに目を向けてみよう。

表5.3 市場ベータ、サイズ、バリュー、モメンタム、収益性、クオリティ（1927～2015年）

	市場ベータ	サイズ	バリュー	モメンタム	収益性	クオリティ
年間プレミアム（％）	8.3	3.3	4.8	9.6	3.1	3.8
シャープレシオ	0.40	0.24	0.34	0.61	0.33	0.38
1年間でアウトパフォームする確率（％）	66	59	63	73	63	65
3年間でアウトパフォームする確率（％）	76	66	72	86	72	75
5年間でアウトパフォームする確率（％）	82	70	78	91	77	80
10年間でアウトパフォームする確率（％）	90	77	86	97	85	89
20年間でアウトパフォームする確率（％）	96	86	94	100	93	96

第6章

タームファクター

The Term Factor

　株式の場合と同様に、学術界は債券の資産評価モデルも構築している。しかし、債券ポートフォリオのリターンはたった2つのファクターがあればほとんど説明が可能なので、そのモデルはかなり簡潔なものとなる。つまりタームリスク（もしくはデュレーションと呼ばれる）とデフォルトリスク（クレジット）である。タームプレミアムは、これらクレバーな金融経済学者にはTERMと呼ばれている。

　1927〜2015年までの期間で、長期（20年債）の米国債の年平均リターンと、1カ月物のTビルの年平均リターンとの差で定義したタームプレミアムは2.5％であった。

持続性

　タームプレミアムの持続性は、バリュー、収益性、クオリティのファクターと同様であり、サイズファクターよりは高く、市場ベータプレミアムとほぼ互角であった。**表6.1**は、1927〜2015年までのタームプレミアムの持続性を示したものである。

　タームプレミアムのシャープレシオは0.25と、サイズプレミアムの0.24を除いて、検証したどのファクターよりも小さなものであった。

115

表6.1　タームファクターが市場をアウトパフォームする確率（％）

	1年	3年	5年	10年	20年
ターム	64	74	80	88	95

普遍性

　入手できたデータの期間が比較的短かったが、バークレイズ・グローバル・トレジャリー・インデックスと１カ月物のＴビルの年平均リターンの差をもってグローバルのタームプレミアムを測定した。2001〜2015年までの、グローバルのタームプレミアムは年率3.2％である。

投資可能性

　米国債市場は世界で最も流動性の高い市場である。それゆえ、取引コストは極めて低い。

合理的な説明

　タームプレミアムをリスクに基づいて簡潔に説明すると、投資家は予期しないインフレのリスク（期間が長くなれば、リスクも大きくなる）を受け入れることの見返りにプレミアムを求めるとなる。さらに、債券の満期までの期間またはデュレーションが長くなればなるほど、そのボラティリティも大きくなる。

さまざまな定義でも堅牢である

　長期（20年債）の米国債の年平均リターンと１カ月物のＴビルのそれとの差に基づいたタームプレミアムは2.5％であったが、どのような満期の債券を選んでも、タームプレミアムは存在する。さらに、満期までの期間が長くなればなるほど、プレミアムは大きくなる。例えば、５年物のＴノートでは、タームプレミアムは1.8％となる。

分散効果

　タームプレミアムはその存在が確認されているだけでなく、ほかのファクターとの相関が歴史的に低いか、マイナスとなるため、分散効果をもたらす。1964〜2015年までの期間で、ほかのファクターとの相関は次のとおりである。市場ベータ0.12、サイズ－0.12、バリュー0.01、モメンタム0.08、収益性0.06、デフォルト－0.42。

　以上から、タームプレミアムはわれわれの要件をすべて満たしていると言える。

　本章の最初に述べたとおり、債券のリターンを説明するもうひとつのファクターがある。デフォルトだ。ポートフォリオ構築に用いることをお勧めできないファクターは付録に回すことにしているので、デフォルトファクターは**付録E**で取り上げることとする。

第7章

キャリーファクター

The Carry Factor

　キャリーファクターとは、利回りの高い資産は利回りが低い資産よりも高いリターンをもたらす傾向にあるとするものである。思い出してほしいのだが、これは割安な資産は割高な資産をアウトパフォームする傾向にあるとするバリューファクターのいとこである。キャリーを簡単に説明するとすれば、資産価格が変わらなかったときに投資家が受け取る取得コストを差し引いたあとのリターンとなる。これは為替で長らく用いられてきたもので、具体的には金利の最も高い国の通貨をロングし、それが最も低い国の通貨をショートするといった具合である。通貨のキャリーは広く知られ、また数十年にわたって収益をもたらしてきた戦略である。しかし、キャリートレードは一般的な現象で、さまざまなアセットクラスでも有効である。

　個人投資家レベルでは、キャリーはとりわけ日本で人気があり、主婦のミセス・ワタナベという架空の投資家がその典型である。彼女は、金利の低い円を借り入れ、オーストラリアドルなどの高金利通貨を買い、その金利差から利益を手にする。これは、借り入れた通貨が安定または下落し、また金利差を超えるほどに上昇しないかぎりは有効である。しかし、2007年に金融危機が発生すると、日本円は安全資産とみなされ、米ドルに対して20％、オーストラリアドルに対して47％も上昇してしまった。ミセス・ワタナベのような個人投資家、また大手

119

機関投資家も多額の損失を被ることになった。キャリーはロードロー
ラーの前にある5セントを拾うようなものである。長期的には収益を
もたらすが、時折踏みにじられる危険性があることに確実に対処しな
ければならないのだ。

普遍性

　キャリーは、資産価格が変化しないことを前提とした資産の期待リ
ターンと定義することができる。つまり、株価が変わらず、通貨の利
回りが変わらず、債券の利回りが変わらず、コモディティの現物価格
が変化しない場合ということである。それゆえ、株式に関して言えば、
キャリートレードは配当利回り（配当利回りの高い銘柄をロングし、配
当利回りが低い銘柄をショートする戦略）で定義される。債券に関し
て言えば、金利の期間構造（それゆえ、タームプレミアムと関係する）
で定義される。コモディティについて言えば、ロールリターン（当限
価格と2番限以降の先物価格との差）で定義される。

　ラルフ・コイジェン、トビアス・モスコウィッツ、ラッセ・ピーダ
ーセン、エバート・ブルグは2015年の「キャリー（Carry）」という研
究で、キャリーの高い資産をロングし、キャリーの低い資産をショー
トするキャリートレードはあらゆるアセットクラスで大きなリターン
をもたらし、シャープレシオも平均すると年率0.7であることを発見し
た。さらに、すべてのアセットクラスを通じてキャリー戦略を取った
ポートフォリオのシャープレシオは1.2であった。彼らはまた、アセッ
トクラスによって差こそあれ、キャリーによってすべてのアセットク
ラスにおける将来のリターンを予測することができることを発見した。

第7章 キャリーファクター

表7.1 キャリープレミアム

	グローバル株式	10年物グローバル債券	コモディティ	通貨
年間プレミアム（％）	9.1	3.9	11.2	5.3
シャープレシオ	0.88	0.52	0.60	0.68
1年間でアウトパフォームする確率（％）	81	70	72	75
3年間でアウトパフォームする確率（％）	94	81	85	88
5年間でアウトパフォームする確率（％）	98	88	91	94
10年間でアウトパフォームする確率（％）	100	95	97	98
20年間でアウトパフォームする確率（％）	100	99	100	100
データの起算日	1988年3月	1983年11月	1980年2月	1983年11月

持続性

表7.1は、株式、債券、コモディティ、通貨におけるキャリープレミアムの持続性を示したものである。データは前述の論文「キャリー（Carry）」から取ったものである。データの都合により、アセットクラスによって起算日に違いがあることに注意してほしい（終了日はすべて2012年である）。

4つすべてのアセットクラスにおいて、キャリートレードには、その投資期間にかかわらず、これまで検証してきたすべてのプレミアムと少なくとも同程度の持続性がある。さらに、シャープレシオは最も高い部類に属する（最も高いのはモメンタムで、0.61である）。

121

投資可能性

　キャリートレードが行われる市場は、外国為替市場、国債市場、コモディティ（商品先物）など世界でも最も流動性の高い市場である。キャリートレードを実行するにあたって、投資家はマイクロキャップの株式や途上国通貨など、出来高の少ない流動性の低い市場に、危険を冒して足を踏み入れる必要などないのだ。つまり、取引コストも抑えられる。そして重要なことに、キャリー戦略のアセットクラス間での相関は低い。これによって、分散したキャリー戦略のボラティリティは大幅に低減され、本章の最初に記したミセス・ワタナベのような、すべてのキャリートレードに付随するファットテールリスクを最小化することができる。その結果、個々のキャリー戦略はすべて尖度が高くなる（ファットテール）が、すべてのアセットクラスにわたって分散したキャリー戦略の歪度はほぼゼロとなり、グローバルの市場ポートフォリオに対し、分散されたパッシブのイクスポージャーよりもテールは細くなる。キャリートレードは、海外株式への投資と組み合わせて実行することも可能である。これは、為替のイクスポージャーをヘッジすることを目的としたものである。

合理的な説明

　キャリーの簡潔かつ直感的に理解できる論拠は、価格は市場における資金の需給関係によって決まるという古くからあるコンセプトに拠るものである。金利が高いということは、当地における貯蓄ではまかないきれない資金需要があるということであり、一方、金利が低いということは供給が過剰であることを示している。伝統的な経済理論では、２つの異なる通貨建ての同等の金融資産の期待リターンは等しくなるべしとするUIP（カバーなし金利平価）が知られている。金利差

は、投資家のリターンが市場間で等しくなるまで、通貨が上昇するか、下落することで相殺される。しかし、UIP仮説とは相矛盾する経験的な証拠が数多く存在し、その結果、UIPパズルと呼ばれる状況が出来している。

UIPのアノマリーは、中央銀行（資金フローの影響を無効にし、さらには資金フローを妨害しようとすらする）やヘッジをかけたい企業（海外で事業を行うために通貨を転換しなければならない企業）など、利益を求めない市場参加者が存在し、その行動ゆえに為替市場や金利に非効率さがもたらされていることが原因となっている可能性がある。

キャリー戦略には、資金が低金利の「セーフヘブン」に退避するケースなどで見られるリスクが伴う。これは、長期にわたるプラスのパフォーマンスは、経済環境が悪化した場合の潜在的損失を補うものであるとするリスクに基づいたキャリープレミアムの簡潔な説明を可能にするものである。言い換えれば、株式市場が下落したときに上昇する通貨は、株式市場の好ましからざる価格変動に対する有益な保険となるので、優れた投資となり得るということだ。一方で、株式市場のパフォーマンスが振るわないときに下落する通貨は、投資家のポジションをさらに不安定なものとする傾向にあるので、そのリスクに対するプレミアムがもたらされるべきであるということだ。これを頭に入れて、論文で示された証拠を検証していこう。

ビクトリア・アタナソフとトーマス・ニチカは2015年の論文「フォーリン・カレンシー・リターン・アンド・システマティック・リスク（Foreign Currency Returns and Systematic Risks）」で、通貨の平均リターンと、株式市場での資金フローの影響に対する感度には強力な関係があることを発見した。先物のディスカウントが大きい（先物が現物よりも大幅にディスカウントされて取引されている）通貨は株式市場の資金フローに強く反応し、一方で、先物のディスカウントの小さい通貨はこの点ではかなり抵抗力があった。

アタナソフとニチカはこう説明している。「基本的な金融理論では、先物ディスカウントの大きい通貨は、自国の株式市場で資金流出を伴うような資金フローに関する悪いニュースがあると下落し、一方で先物ディスカウントの小さい通貨はそのような環境下で上昇する。つまり、先物ディスカウントの大きい通貨を保有することは株式を保有する者にとってはリスクを伴うが、先物ディスカウントの小さい通貨に投資をすれば、ヘッジをかけることができるということだ」

彼らは、自分たちのモデルが「為替ポートフォリオの平均リターンのすべての変動のうち81〜87％を説明できる」ことを発見した。彼らはこう結論している。「外国為替市場におけるフリーランチ仮説は、データによって断固否定された。通貨への投資でお金を稼ぐことは、株式市場での将来の配当支払いに関する悪いニュースと密接に関係していると考えている。つまり、先物ディスカウントの大きい通貨は、先物ディスカウントの小さい通貨よりも大きな資金フローリスクを負っているということだ」

マーティン・レトー、マテオ・マギオーリ、マイケル・ウェバーは、2014年の研究「コンディショナル・リスク・プレミア・イン・カレンシー・マーケッツ・アンド・アザー・アセット・クラス（Conditional Risk Premia in Currency Markets and Other Asset Classes）」でキャリートレードの成功をリスクに基づいて説明している。彼らは、1974年1月から2010年3月までの50以上の通貨を取り上げている。彼らは「高利回り通貨は利回りの低い通貨よりもベータ［株式市場のリスクに対するイクスポージャー］が高いが、ベータの差はあまりに小さくて、通貨のリターンの差を説明することはできない」ことを発見した。しかし、投資家にはダウンサイドリスクを回避する傾向があることは知られているので、彼らはDR-CAPMと名付けたダウンサイドリスク資本評価モデルにまで調査の手を拡げた。そしてDR-CAPMが通貨のクロスセクションのリターンを価格付けすることを発見する。具体的に

は、キャリートレードと市場ベータとの相関は全体で0.14であり、統計的にも有意であるが、無条件での相関のほとんどは下落時に見られる。下落時に限ると、キャリートレードと市場ベータの相関は0.33まで上昇するが、上昇時にはたった0.03となる。言い換えれば、株式市場が上昇しているときは、キャリートレードにはまったく相関関係が見られないということだ。しかし、株式市場が下落しているときは、キャリートレードによるリターンの相関は大きくなり、損を生むことになる。彼らはまた、高利回り通貨と市場リターンとの相関は市場リターンの減少関数であり、利回りの低い通貨ではその逆となる（低利回り通貨は下落時に見られる安全資産への逃避から利益を得る）ことを発見した。DR-CAPMはクロスセクションのリターンのおよそ85％を説明できたのだ。

　レトーたちは、「高利回り通貨が利回りの低いそれよりも高いエクセスリターンをもたらすのは、市場リターンが良好なときよりも、それが振るわない環境のほうが市場全体のリターンとの連動性が高まるからである」と結論した。彼らはまた、このダウンサイドリスクのプレミアムは通貨に限ったことではなく、株式やコモディティや国債でも見られる特徴であることを発見した。彼らの発見は、市場の下落時にパフォーマンスが振るわない資産にはリスクプレミアムがあるべきとする、標準的な資産評価理論とも軌を一にするものである。

　リスクに基づいた彼らの発見は、ほかの調査とも一致している。同様の結論を導き出している研究には次のようなものがある。

●シャーロット・クリスチャンセン、アンジェロ・ロナルド、ポール・シェダリンは2011年の研究「ザ・タイム・ベリング・システマティック・リスク・オブ・キャリートレード・ストラテジーズ（The Time-Varying Systematic Risk of Carry Trade Strategies)」で、キャリートレード戦略は極めて有効であるが、株式市場へのイクスポ

ージャーが高く、ボラティリティの高い外国為替では平均回帰の特徴を示すことを発見した。さらに、キャリー戦略にはクラッシュと呼ばれる、株式市場の暴落が起こるのと同時に大きな損失（いわゆるファットテール）を被るリスクがつきまとう。

●ルチオ・サルノ、ポール・シュナイダー、クリスチャン・ワグナーは、2012年の研究「プロパティーズ・オブ・フォーリン・エクスチェンジ・リスクプレミアム（Properties of Foreign Exchange Risk Premiums）」で、時間とともに変化するキャリーのエクセスリターンは、通貨や金利のリスクに対する補償を提供するものであることを発見した。外国為替のリスクプレミアムを左右するのは、金融やマクロ経済の変数であり、期待エクセスリターンはグローバルなリスク回避と関係している。これは、質への逃避や流動性への逃避がキャリートレードにおけるリスクプレミアムを生むとする主張を支持するものである。彼らはこう結論づけている。「外国為替のリスクプレミアムはグローバルなリスク認識やマクロ経済の変数に左右されるが、それは経済的な感覚と合致したものである」

●ハンノ・ラスティグ、ニコライ・ロサノフ、エイドリアン・バーデルハンは、2011年の研究「コモン・リスク・ファクターズ・イン・カレンシー・マーケッツ（Common Risk Factors in Currency Markets）」で、キャリートレードのプレミアムは、グローバルな株式市場のボラティリティの変化と関係があることを発見した。高金利通貨はグローバルな株式のボラティリティが高いときに下落する傾向にあり、低金利通貨はグローバルな株式のボラティリティが高いときに上昇する傾向がある。彼らは、ボラティリティの価格はマイナス、そして、統計的に有意であると結論している。言い換えれば、低金利通貨を借りて、高金利通貨に投資をすることで、アメリカの投資家はグローバルなリスクを抱えることになるのだ。

●ルーカス・メンコフ、ルチノ・サルノ、マイク・シュメリング、ア

ンドレアス・シュリンプは、2012年の研究「キャリー・トレーズ・アンド・グローバル・フォーリン・エクスチェンジ・ボラティリティ（Carry Trades and Global Foreign Exchange Volatility）」で、キャリートレードがもたらすクロスセクションのエクセスリターンの90％以上は、外国為替のボラティリティで説明されることを発見し、エクセスリターンは、経済的に有意であるリスク・リターンの関係の結果であることを示した。ボラティリティが上昇しているときには、低金利通貨はグローバルなショックに反応して上昇するので、保険となる。それゆえ、スイスフランなどの「セーフヘブン」は、よりリスクが高いと思われている通貨よりもリスクプレミアムが小さくなるのである。

●前述した2015年の研究「キャリー（Carry）」では、個々のキャリー戦略は尖度が高く（ファットテール）、不況期や流動性危機など経済状況が悪化しているときに大幅に下落するとされた。しかし、満期の異なる米国債でのキャリートレードは例外で、流動性やボラティリティリスクに対してほかのキャリー戦略とは正反対の特性を示すので、それらのリスクをヘッジしたり、ほかのキャリー戦略のリスクを抑えたりすることができる。コイジェンたちは、多くの種類の資産にキャリーを適用したポートフォリオでは、キャリーのリスクを最小化することができ、それゆえ、投資スタイルを分散することで、より魅力的なリスク・リターン特性が生み出されることがはっきりと示されたと記している。

キャリーを実行する

ポートフォリオを構築するにあたり検討に値する重要な視点を提供している学術論文がある。

ビナー・バーンサリ、ジョシュア・デイビス、マット・ドーステン、

グラハム・レニソンは2015年の論文「キャリー・アンド・トレンド・イン・ロッツ・オブ・プレイシズ（Carry and Trend in Lots of Places）」で、1960～2014年までの期間で、5つの主要国市場における4つのアセットクラス（株式、債券、コモディティ、通貨の計20セットのデータ）の検証を行った。彼らは、市場ごとに資産を4つに分類した。①キャリーがプラスでトレンドがプラス、②キャリーがプラスでトレンドがマイナス、③キャリーがマイナスでトレンドがプラス、④キャリーもトレンドもマイナス（トレンドフォローについては、タイムシリーズモメンタムとして、**付録F**で議論する）——といった具合である。検証の結果、「プラスのキャリーとプラスのトレンドを組み合わせたポジションが高いリスク調整済みの期待リターンをもたらした」。

次に挙げる例は、彼らが10年物Tノートを検証し、双方のファクターがどのように結果を改善させるのかを示したものである。バーンサリたちは次のような発見をした。「すべてのデータサンプルを通じて、エクセスリターンの平均は年2.9％であったが、トレンドとキャリーの双方がプラスであった期間に、エクセスリターンの平均年率は2倍ほどとなり、年5.2％であった。反対に、トレンドとキャリーがマイナスの場合、平均リターンはマイナス4.2％となった。トレンドとキャリーのどちらかがマイナスで、その一方がプラスである場合、リターンはそれぞれ1.6％と3.2％であった」

この結果は、1960～1982年の金利上昇期も含め、サンプルデータを通じて安定していることを彼らは発見した。特に、キャリーがほぼ無条件でリターンを予測する一方で、トレンドフォローも有効であった。しかし、2つの戦略はどちらもプラスのときにその有効性を大幅に向上させる。彼らはこう付け加えている。「結果は明白かつ直感的にも理解しやすいものであった。1つを除く（ドイツの債券先物）すべてのケースで、プラスのキャリーとプラスのトレンドの組み合わせは、マイナスのトレンドとマイナスのキャリーのポジションを大幅にアウト

パフォームする」

　これらの発見は、トレンドフォローとの組み合わせでキャリートレードの研究を行ったアンドリュー・クレア、ジェイムズ・シートン、ピーター・スミス、スティーブン・トーマスの2015年の論文「キャリー・アンド・トレンドフォローイング・リターンズ・イン・ザ・フォーリン・エクスチェンジ・マーケット（Carry and Trend Following Returns in the Foreign Exchange Market）」とも一致している。1981年1月から2012年12月までの期間で、39の通貨の対ドル為替を対象とした彼らの研究では、すべての金融市場におけるリスク源泉と目される市場の流動性という点に焦点を当てている。彼らが発見したことを次にまとめる。

● 市場の流動性を条件とした株式市場のベータは、通貨のクロスセクションのリターンを決定し、キャリートレードによるエクセスリターンを説明する一助となる。キャリートレードのリターンが大きくとも、負の歪みを持っているのは、市場の流動性が低減することで市場リスクに対するイクスポージャーが高まることの見返りである。

● 米ドルに対して正のキャリーを示すあらゆる通貨を買う戦略は、正の平均リターンをもたらすが、キャリーが最も高い（低い）通貨に焦点を当てた戦略が最も高い平均リターンとシャープレシオをもたらす。

● 先物プレミアムが最も高い（現物レートと先物レートの差が最も大きい）五分位の平均リターンから、最も低い五分位の平均リターンを差し引くことでキャリートレードのリターンを測定すると、キャリートレードの平均リターンは月次0.62％となる。

● トレンドフォロー（トレンドがプラスのときにロングポジションを取り、トレンドがマイナスのときはショートポジションか、キャッシュで保有する）は、キャリートレードのリスクに対するヘッジと

して有効である一方で、キャリー戦略と同程度の大きさの説明のつかない平均リターンをもたらす。移動平均（ある期間における株価の平均）に基づく結果は、4カ月と12カ月とで同様であった。

● キャリーをトレンドフォローでオーバーレイすると、2つの戦略が個々にもたらすリターンよりも大きな平均リターンを生み出す。また、この増大した平均リターンには望ましい特徴がある。個々の戦略または代替する戦略よりも、シャープレシオは高まり、正の歪みも大きくなり、また最大ドローダウンは小さくなる。

研究では、キャリーとトレンドフォローはともに流動性と関係がありながらも、それぞれ異なるタイミングで互いのヘッジとなり得ることが示されたが、これはポートフォリオの構築に重要な示唆を与えるものである。トレンドフォローが大きな損を生むときに、キャリーは大きな利益を生み出す傾向があり、そのまた逆も真である。これは、投資スタイルを組み合わせることが優れた分散の手段となり得る理由の1つである。

考慮すべきもう1つの重要な点は、キャリーはわれわれが推奨するほかのファクターと比較的低い相関関係にあることである。スタイルプレミアファンドを組成するにあたり、AQRキャピタルは、広範なマルチアセットクラスでのキャリートレードのリターンと、グローバルな60対40のポートフォリオ、株式、債券、コモディティ、モメンタムや、バリューのリターンとの相関を検証した。それぞれのケースで、キャリーは低い相関を示し、その範囲もバリューの−0.1から、最も大きなものでも0.2までとなった。

結論に至る前に、キャリートレードの実践に関して、もうひとつ取り上げるべき問題がある。クラウス・グロビーズとジャリ・ペッカ・ハイノネンによる2016年の研究「イズ・ゼア・ア・クレジット・リスク・アノマリー・イン・FX・マーケット（Is There a Credit Risk

Anomaly in FX Market?)」で、これは、ソブリンの格付けと通貨の
リターンとに関係があるかどうかを検証した貴重な学術論文である。

　サンプルとして入手できた格付けは、1998年1月から2010年12月ま
でと比較的短い期間のものであった。グロビーズとハイノネンは、39
通貨を前月のオクスフォード・エコノミクスのソブリン格付けに従っ
て3つのポートフォリオに分類した。格付けの最も低い通貨3分の1
をロングし、格付けの最も高い通貨3分の1をショートすることでポ
ートフォリオを構築している。彼らの驚くべき発見を次にまとめる。

● キャリートレード、ボラティリティ（ボラティリティの高いものを
　ロングし、低いものをショートする。**付録D**参照）、モメンタムでプ
　レミアムが見られたが、クレジット戦略では月次0.30％のマイナス
　のプレミアムとなった。そして、重要なことに、データは統計的に
　1％の水準で有意であった。
● 信用リスクによって分類したポートフォリオの平均リターンは、信
　用が低いものから高いものへと移るにつれ、線形に減少した。これ
　は、信用リスクが大きければ大きいほどリターンが小さくなるとい
　うことである。リターンがマイナスであることに加えて、格付けの
　低いものをロングし、高いものをショートするポートフォリオのリ
　ターンは正規分布にはならなかった。つまり、歪度がマイナス（−
　0.5）で、尖度が高い（2.9）、ファットテールであった。

　グロビーズとハイノネンはこう結論している。「リスクに基づく資産
評価理論では、リスクのより高い資産はリスクのより低い資産よりも
大きなリターンをもたらすとしているが、われわれの検証結果では、ク
レジットリスクの高い国の通貨はよりリスクの低い国の通貨よりも低
いリターンをもたらす傾向にあった」。これが示唆する重要な点は、投
資家はキャリー戦略を実践するにあたってはクレジットリスクを考慮

すべきだということである。例えば、国債の適格性が高い国の通貨だけでキャリーを実行する、または適格性の低い国債をロングすることを避けるといった具合である。彼らの発見は、クレジットリスクに対する見返りはけっして大きくない（**付録E**参照）ということを示す証拠をひとつ増やしたことになる。

　これらの結果で驚くべきことは、為替市場では株式市場のような空売りに対する制約がないにもかかわらず、このようなアノマリーが存在しているということであろう。通常、空売りに対する制約がアノマリーの存続を可能とするものなのだ。

　本章で議論した論文をまとめると、キャリープレミアムを論理的に、リスクに基づいて説明することができる。これらの説明によって、UIPパズルも合理的に解決することになる。

　結論としては、キャリーはわれわれの要件を満たすばかりか、分散効果をももたらすものだと言える。

132

第 **8** 章
プレミアムは広く知られると
減少するのか
Does Publication Reduce the Size of Premium?

　これまで議論してきたように、投資のファクターと有価証券のリターンには、多くの関係があることをファイナンスの研究論文から明らかにしてきた。投資家にとっては、論文が公表されたあとでもその関係が継続するのかどうかが重要な問題となる。別な言い方をすれば、だれもが知っているとしたら、そのプレミアムはサンプル期間を超えて存続し続けるのだろうかということである。まえがきにおいて、ファクターがその関係性を維持することを期待する以前に満たさなければならない5つの要件を提示した。それは、①プレミアムに持続性があること、②普遍性があること、③安定していること、④投資可能であること、⑤リスクまたは行動に基づく合理的な説明が可能であること——である。

　第1章から第7章において、そこで取り上げたそれぞれのファクターがもたらすプレミアムが今後も持続すると考える理由を説明し、またその証拠を提示してきた。しかし、そこではプレミアムの規模については言及しておらず、研究結果が公表されると将来のプレミアムの規模には影響があるのかという疑問が持ち上がる。この疑問は2つの点で重要である。

　第一に、アノマリーが行動上の誤りや投資家の選好の結果であり、それが広く知られることで洗練された投資家の注意を引きつけるとした

133

ら、その後に発生する裁定取引によってプレミアムは霧散してしまう可能性がある。指摘されたプレミアムをとらえようとする投資家によって価格が変動し、ファクターへのイクスポージャーが高い資産と低い資産との間にあるリターンのスプレッドが減少しかねない。しかし、裁定取引に制約がかかる（ショートを避けたい、またはコストが高いなど）ことで、アービトラージャーが価格の誤りを調整することができない。取引コストが高くなる流動性の低い銘柄でミスプライシングがある場合には、この傾向が強くなることを研究が示している。

第二に、プレミアムが経済的なリスクによってのみ説明されるものであれば、そのプレミアムをとらえようとするファンドにより多くの資金が流入することで、プレミアムの規模は影響を受けることになる。まず、広く知られることで資金流入が起こり、それが価格を引き上げることで、より大きなリターンを生み出すことになる。しかし、このような大きなリターンは一時的なものにすぎず、その後のリターンはより低いものとなるであろう。

改めて、学術論文に目を向けてみよう。ポール・カルッツォ、ファビオ・モネタ、セリム・トパグルによる2015年の研究「アノマリーズ・ア・パブリサイズド・ブロードリー、インスティチューションズ・トレード・アコーディングリー、アンド・リターンズ・ディケイ・コレスポンディングリー（Anomalies Are Publicized Broadly, Institutions Trade Accordingly, and Returns Decay Correspondingly）」は、市場がどのように機能しているのか、そして時間の経過とともにより効率的になっていく（適応的市場仮説）のかを理解する一助となる。彼らは、「機関投資家はアービトラージャーとして活動し、アノマリーのミスプライシングを調整することができるが、彼らはアノマリーについて知る必要があり、またその役割を果たすためには、情報に基づいて行動する動機が必要である」と仮定している。

仮説を検証するために、カルッツォたちは、すでに証明された14の

第8章　プレミアムは広く知られると減少するのか

アノマリーに関する機関投資家の取引行動を研究した。これらのアノマリーの多くはわれわれが第7章までに議論してきたファクターよって説明できるものであることに注意されたい。14のアノマリーは次のとおりである。

1. **ネット・ストック・イシュー**　ネット・ストック・イシューと株式のリターンは負の相関関係にある。センチメントに左右されたトレーダーが株価を割高な水準にまで押し上げてしまったときに、賢い企業経営者が株式を発行することにそれが見てとれる。

2. **コンポジット・エイクティ・イシュー**　時価総額の増分から株式の収益率を差し引くことで定義した「コンポジット・エイクティ・イシュー」のある企業は、それがない企業をアンダーパフォームする。これは株式時価総額の12カ月の増分から株式の12カ月の累積リターンを差し引くことで算出される。

3. **アクルーアルズ**　アクルーアル（経過勘定）の大きい企業は、それが小さい企業よりも平均リターンが異常に低くなる。投資家は利益予測を行うときに、利益を構成する経過勘定の持続性を過大評価してしまう。

4. **純営業資産**　企業の貸借対照表に計上される営業資産と営業負債との差額は、長期的な株式のリターンに対する明確な負の推定因子となる。投資家は会計上の収益性に着目し、現金ベースでの収益性に関する情報を無視する傾向にあるため、純営業資産（営業利益とフリーキャッシュフローとの差額の累積をもって測定することもできる）によってそのようなバイアスをとらえることができる。

5. **資産の増大**　総資産がより大きく増大した企業のその後のリターンはより低いものとなる。投資家は資産拡大が示唆する将来の事業見通しの変化に過剰反応を示す。

135

6. **資産投資比率** 企業が過去に行った投資が大きくなるほど、将来のリターン予測は異常なまでに低くなる。

7. **ディストレス** 破綻する可能性が高い企業は、その後のリターンが高くなるのではなく、より低くなる。

8. **モメンタム** 直近のリターンが大きいと将来の予想リターンが大きくなり、直近のリターンが小さいと将来の予想リターンが小さくなる。

9. **総収益率** 総収益率がより高い企業は、総収益率が低い企業よりも高いリターンをもたらす。

10. **ROA（総資産利益率）** ROAがより高い企業は、ROAが低い企業よりも高いリターンをもたらす。

11. **BMR** BMR（簿価時価比率）の高い企業は、BMRが低い企業よりも高いリターンをもたらす。

12. **オールソンのOスコア** 破綻リスクの高い銘柄は、破綻リスクが低い銘柄よりもリターンが低くなる。

13. **決算発表後の株価の変動** この「変動」とは、ポジティブな決算発表があったあとの数週間（または数カ月ということもある）は株式の異常な累積リターンが続く傾向のことである。

14. **資本投資** 資本投資を大幅に増大させた企業は、その後、ベンチマーク比のリターンが振るわない。

　投資家がこれらのアノマリーを活用し、株価を効率的な水準へと近づける役割を果たしているかどうかを判断するために、カルッツォたちは、期待リターンがプラスの銘柄をロングし、それがマイナスの銘柄をショートするポートフォリオを構築した。彼らの研究は、1982年1月から2014年6月を対象としたもので、彼らが発見したことを次にまとめておく。

●アノマリーを年間や四半期ごとに見ても、それに基づいて行った投資は、サンプルデータの対象期間を通じて収益をもたらした。すべてのアノマリーを等ウエートとしたポートフォリオのアルファは四半期当たり1.54％であった。

●広く知られたあとの期間におけるリターンは、32％低い平均1.5％まで低下した。ファーマ・フレンチの3ファクターモデルを用いると、14のアノマリーのうち9つでリターンが低下した。

●対象期間のうち、公表前の時期に機関投資家が株式リターンのアノマリーを利用することはなかった。

●広く知られたあとは、機関投資家もアノマリーを活用すべく取引を行っていた。保有残高の正味変化（ロングレッグの変化からショートレッグの変化を差し引いた）はプラスである。

●機関投資家を、ヘッジファンドと投資信託とその他に分類すると、ヘッジファンドが最も明確な結果となり、回転率の高いアクティブ運用の投資信託が次点となった。

●機関投資家による取引と、事後のポートフォリオにおけるアノマリーのリターンには明白な負の関係がある。広く知られたあとにアノマリーのリターンが低下することにはその後の機関投資家の取引が関係している。

●広く知られる直前の時期にヘッジファンドによる取引が大幅に増大したが、これはヘッジファンドが広く知られる以前にそのアノマリーについて知っていた（おそらくは、会議でのプレゼンテーションやソーシャル・サイエンス・リサーチ・ネットワーク［SSRN https://www.ssrn.com/］などを通じて）ことを示唆するものである。

カルッツォたちは、「機関投資家による取引とアノマリーの公表は、株価をより効率的な水準へと戻す裁定取引のプロセスにおいては不可欠なものである」と結論づけた。彼らの研究結果は、学術研究とヘッ

137

ジファンド（アービトラージャーという役割を通じて）が市場をより効率的なものとするにあたって重要な役割を演じていることを示すものである。

これらの発見は、R・デビッド・マクリーンとジェフリー・ポンティフによる2016年の研究「ダズ・アカデミック・リサーチ・デストロイ・ストック・リターン・プレディクタビリティ（Does Academic Research Destroy Stock Return Predictability）」とも一致する。

マクリーンとポンティフは、ティアー1の学術誌が発表した97のファクターを再検証したが、発表された研究結果を再現できたのはそのうち85にすぎなかった。残り12のファクターに関する研究が確認できなかった理由は、オリジナルの論文の条件の記述が不完全であったこと、検証に用いたデータベースに変更があったことなどさまざまであろう。彼らはまた、ファクターがもたらすリターンの平均は、広く知られたあとにおよそ32%（カルッツォ、モネタ、トパログルが示した数値と一致していることに注意されたい）減少したが、ゼロになることはなく、プラスのままであったことを発見している。

さらに、マクリーンとポンティフは、裁定取引により大きなコストがかかる銘柄を含んだファクターに基づくポートフォリオは、ファクターが広く知られたあとでもそれほど下落しないことを発見した。これは、コストによって裁定取引が制限され、その結果、ミスプライシングが解消されないという考えと軌を一にするものである。彼らは「コストによるフリクションの存在によって裁定取引がミスプライシングを完全に解消することができないので、消滅するのではなく、低下するにとどまるのだ」と記している。彼らはまた次のことを発見している。「裁定取引により大きなコストがかかる銘柄に特化した戦略では、ファクターが広く知られたあとでもより高い期待リターンが見込まれる。アービトラージャーたちは、コスト控除後のリターンが最大となる戦略を追及するので、これらの結果は、ファクターが公表されると

洗練された投資家を引きつけるという考えと一致するものである」

　研究の結果、2つの結論を導き出すことができる。1つは、アノマリーはそれが広く知られるようになったあとでも持続し得るということだ。マクリーンとポンティフが述べているように、「リターンの予測可能性は完全に消滅するという仮説を否定することができるし、公表後のリターンの予測可能性は変わらないという仮説も否定することができる」。2つ目は、プレミアムに対するイクスポージャーを得ようとする投資家からの資金流入が増大し、それがかえって将来の実現リターンの低いものにしてしまうようであるということだ。しかし、リスクに基づく合理的な説明が成り立つのであれば、プレミアムが消えることはない。例えば、何十年もの間広く知られているからといって、市場ベータプレミアムが消滅すると考える者はいないであろう。しかし、投資家は将来のプレミアムがヒストリカルな値と同じ規模になると無批判に前提としないよう注意したい（将来のプレミアムがどのようになるかを予測する明確な方法は存在せず、また冗長な議論ばかりで、的を射ない。だが、投資家には直近のリターンからプレミアムを推測しないよう注意したい。これまでの章で繰り返し見てきたとおり、常に有効なファクターなど存在しないし、すべてのファクターの効果はアービトラージなどによって弱められてしまう圧力を受けている。さらに、直近の結果に基づいて将来のリターンを予測すると、投資家はそれが反転しようとする直前にファクターを打ち捨てることもありうる。これらのプレミアムを効率的に手にするためには、長期的に取り組まなければならない）。

　前述の研究はアメリカを対象としたものである。では、米国外市場ではどうだろうか。ヘイコ・ジェイコブスとセバスチャン・ミューラーは2016年の論文「アノマリーズ・アクロス・ザ・グローブ（Anomalies Across the Globe : Once Public, No Longer Existent?）」でこの疑問に興味深い解を提供している。彼らは、世界の株式の時価総額の60％ほ

ど、世界のGDP（国内総生産）の70％超にあたる39の株式市場におい
て、138のアノマリーが広く知られる前と広く知られたあとのリターン
予測可能性を検証した。取り上げたデータは、1981年1月から2013年
12月までのものである。

　アメリカに関する結果は、マクリーンとポンティフのそれと同様に
プレミアムが減少したが、38の米国外の市場では、広く知られたあと
にアノマリーのリターンが大幅に減少したものはなかった。実際に、ジ
ェイコブスとミューラーは、米国外の市場におけるアノマリーのリタ
ーンは増大していることを発見した。等ウエートの月次リターンは、
1981〜1990年までの34（28）ベーシスから、2001〜2013年には56（40）
ベーシスまで増大していた。彼らの発見を次にまとめておく。

●対象期間を通じて平均すると、米国外の市場のさまざまなサブセッ
　トにおけるロング・ショートのアノマリーのリターンはアメリカ市
　場の推定値と近似していた。
●多くのアノマリーが国際的にも見られる現象であるため、データマ
　イニングによるものではなさそうである。もちろん、これはわれわ
　れが強調している特徴である普遍性とも合致する。
●ほとんどの国において、等ウエートのポートフォリオは時価総額加
　重したポートフォリオよりも高いリターンを生み出している。これ
　は、より小型の銘柄のほうがミスプライシングと裁定取引の制約が
　大きなものとなるという見解と一致する。
●大多数の国で、プール解析したロング・ショートのリターンは1％
　の水準で統計的にも有意であった。
●カレンダー時間（つまり、タイムトレンド）とイベント時間（つま
　り、広く知られたことによる影響）のどちらのサブ期間で見ても、米
　国市場と米国外市場とに大きな差異が見られた。

第8章　プレミアムは広く知られると減少するのか

　ジェイコブスとミューラーは、アメリカでは明確な負のタイムトレンドがあり、広く知られたあとに裁定取引が増大することを発見したが、米国外市場では裁定取引が要因となってアノマリーの収益性が低下したとする信頼に足る証拠は見当たらなかったと結論している。さらに、彼らは、標準的な裁定取引のコストは「広く知られたあとの大きな差異のほんの一部を説明するにすぎない可能性がある」ことを発見している。彼らは、「米国市場と米国外市場のリターンのダイナミクスに驚くほど大きな差異をもたらすと考えられるいくつかのメカニズムを検証した」が、「その結果を十分に説明することはできず」、また自分たちの発見は「洗練された投資家は学術研究からミスプライシングについて学ぶが、彼らの対象は主に米国市場だけであるとする見解とも一致する」と付け加えている。彼らは最後にこうまとめている。「つまるところ、われわれの検証結果は、さらなる理論的・経験的調査が必要となるパズルだと言えるかもしれない」

　米国市場と世界のほかの市場でリターンの低減に差異があることは驚くべきことであるし、さらなる研究を行うに値するとわれわれも考えている。米国市場についていえば、アノマリーへの注目が高まり、それゆえにリターンが低減することはわれわれも予想していたとおりである。しかし、投資家にとっては、受け取るべきメッセージは変わらない。つまり、ファクターリターンは、投資家がそれを発見したあとも確実に持続し得るということだ。

　次に、これまでの章で議論してきたサイズ、バリュー、モメンタムの株式ファクターがもたらす、広く知られたあとのリターンについて見直してみよう。リターンは減少するけれども、確実に存在することを示すことになるであろう。収益性ならびにクオリティのファクターは、この問題について公表されてから日がたっていないので、除外することにした。

　1981年のロルフ・バンズによる論文「ザ・リレーションシップ・ビ

141

トゥィーン・リターン・アンド・マーケット・バリュー・オブ・コモン・ストックス（The Relationship between Return and Market Value of Common Stocks）」で、市場ベータでは小型株の平均リターンがより高いものとなる理由を説明できないことが発見されている。1927〜1981年において、サイズプレミアムは年4.7%であった。広く知られたあとの期間、つまり1982〜2015年ではプレミアムはたった1.0%となった。たとえバンズの論文が公表されて以降（固定手数料が廃止されたことで、取引コストは劇的に低下することになった）、取引コストが大幅に低下したという理由があるにせよ、プレミアムの低下は合理的なものである。株価の小数点化により、アスク・ビッドのスプレッドは狭まった。また、高頻度取引の存在もスプレッドを小さくしている。取引コストが低下したことで、投資家はより多くのサイズプレミアムを手にすることができるのだ。つまり、プレミアムそのものは縮小していくものと予想される。しかし、プレミアムがどれだけ消滅したかという確たる結論を出す前に、1975〜1983年までの9年間で、サイズプレミアムは13.8%と、市場ベータプレミアムの9.8%よりもかなり大きなものであったことを考えてみてほしい。この小型株「ラン（run）」（「バブル」と呼ぶ者もいる）がバリュエーションを引き上げ、将来のリターンを事実上より小さなものとしたのだ。実際に、1984〜1990年の期間で、サイズプレミアムは年率マイナス7.1%となった。1991〜2015年では再びプラスに転じ、年率2.5%である。2000〜2015年で見ると、年率3.7%とさらに大きなものとなったが、それでも広く知られる前の年率4.7%という数字には及ばなかった。

　もちろん、1枚の絵は1000語に匹敵するので、**図8.1**にサイズファクター（SMB）の10年ごとの年率ローリングリターンを示す（ここで用いたすべてのデータは、ケネス・フレンチのデータライブラリーにあるリターンを用いたものである）。**図8.1**の上の図は、投資家が実際に経験する複利リターンである。**図8.1**の下の図は算術平均で、金融

図8.1　サイズプレミアムのリターン（1927〜2015年）

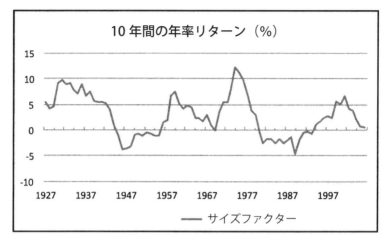

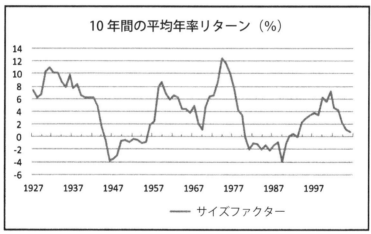

経済学者のほとんどがファクタープレミアムを測るのに用いる方法である。極端なリターンがもたらされるときの数値には差があるが、概して同じような動きをしていることに注目してほしい。例えば、**図8.1**の上の図の最初の値は、1927〜1936年までの10年間に相当するものだが、サイズファクターの年平均複利リターンは5.5%である。**図8.1**の

下の図では、同時期の数値はシンプルな算術平均である7.3％となる。1981年に広く知られた直後、リターンが減少していることが読み取れるが、サイズプレミアムはその後見事に持ち直している。広く知られたあとの全期間で見ても、1940年代半ばから1960年代にかけてのリターンとさして変わらないように見える。

　1985年、バー・ローゼンバーグ、ケネス・リード、ロナルド・ランステインは論文「パシュエイシブ・エビデンス・オブ・マーケット・インエフィシエンシー（Persuasive Evidence of Market Inefficiency）」を発表し、株式の平均リターンとBMRには正の関係があることを示した。1927〜1985年におけるバリュープレミアムは年5.8％であった。広く知られたあとの期間、つまり1986〜2015年ではプレミアムは2.8％まで減少した。**図8.2**を見ると、広く知られたあとはともにマイナスの領域まで落ち込んでいるが、下落幅としてはそれ以前のものともさして変わらない。その後のアンダーパフォーマンスは1990年代のハイテクバブル期と、2007年の金融危機の時期と一致する。

　1993年、ナラシムハン・ジェガデシュとシェリダン・ティットマンは「リターンズ・トゥ・バイング・ウィナーズ・アンド・セリング・ルーザーズ（Returns to Buying Winners and Selling Losers : Implications for Stock Market Efficiency）」という研究で、1927〜1993年までのモメンタムプレミアムが年率10.9％であったことを発見した。広く知られたあとの期間、つまり1994〜2015年におけるモメンタムプレミアムはそれより小さい年率5.5％であった。**図8.3**は、モメンタムが広く知られたあとはしばらくは有効であったが、その後大きく下落した様子を示している。この下落は、株式市場が回復し、低迷していた株式が劇的に上昇した2009年にモメンタムがマイナス82.9％と低下したことが要因である。前述のとおり、このクラッシュリスクは、モメンタムプレミアムの存在を説明するものである可能性がある。

　いずれの場合でも、広く知られたあとにファクタープレミアムが低

図8.2 BMRプレミアムのリターン（1927〜2015年）

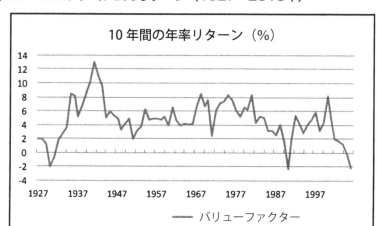

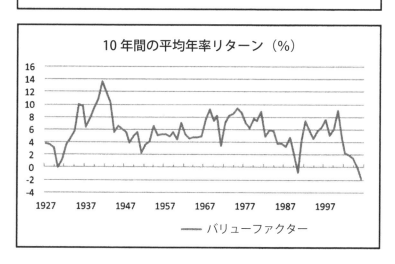

下している。しかし、それらが消滅してしまったのではないことも確かである。分散効果を合わせて考えれば、プレミアムの存在は、投資家が自らのポートフォリオでそれらのファクターへのイクスポージャーを検討する理由となる。

　プレミアムの減少が、学術論文の公表とは関係がないとする理由が

図8.3　モメンタムプレミアムのリターン（1927～2015年）

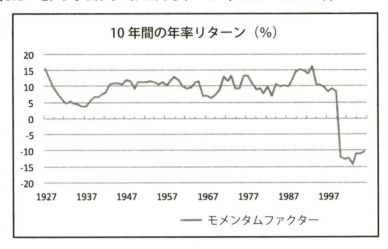

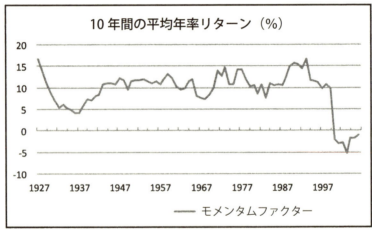

あることを理解する必要があろう。アメリカ株のリスクプレミアムが時間の経過とともに減少していることに対する説明として以下のものがある。

●SEC（米証券取引委員会）が投資家保護を強化したことで、株式投

資のリスクが低減し、その結果、株式のリスクプレミアムが低下した。

●大恐慌以降、FRB（米連邦準備制度理事会）が経済のボラティリティを抑えることに成功しているため、株式投資のリスクが下がり、より高いバリュエーションが正当化されるようになった。

●アメリカがより豊かな国家となった。富が増大するにつれ、資本の不足も生じなくなる。資産の希少性が低下すれば、それだけ高価ではなくなり、株式のバリュエーションは高まることになる。

●投資家は流動性リスクをとる見返りにプレミアムを求めている（流動性の低い投資は流動性が高いそれをアウトパフォームする傾向にある）。ほかの条件が同じであれば、投資家はより高い流動性を選好する。それゆえ、彼らは流動性の乏しい資産を保有することに対するリスクプレミアムを求めるのだ。アスク・ビッドのスプレッドという形で表される流動性のコストは時間の経過とともに低下している。これにはいくつかの理由があるが、株価の小数点化や高頻度取引による流動性の増大などがある。さらに、手数料も劇的に低下している。

●投資家が流動性の低い資産を間接的に売買できるような金融商品（先物やインデックスファンドやETF［株価指数連動型上場投資信託]）が登場したことで、流動性に対するリターンの感応度が下がっている。これらの金融商品のおかげで、投資家はかなり低い取引コストで流動性の乏しい銘柄を間接的に保有することが可能となり、そのことが流動性に対するリターンの感応度を低下させている。市場におけるこれらのイノベーションを考えれば、ほかのすべての条件が同じであれば、投資家が求める株式のリスクプレミアムは低下すると考えるべきである。

株式戦略を執行するコストが低減するにつれ、投資家が手にするこ

とのできる株式プレミアムの総額が大きくなっていることを、以上の
ポイントが示している。このように流動性が増し、投資家保護が強化
されるにつれ、プレミアムそのものは縮小することになる。

2014年の論文「ハブ・キャピタル・マーケット・アノマリーズ・ア
テニュエイティド・イン・ザ・リーセント・エラ・オブ・ハイ・リク
イディティ・アンド・トレーディング・アクティビティ（Have Capital
Market Anomalies Attenuated in the Recent Era of High Liquidity
and Trading Activities）」で、タルン・ローディア、アバニダール・
サブラマニアム、チン・トンは、流動性の増大がさまざまなファクタ
ーに与える効果という興味深い研究を行っている。彼らは、アメリカ
で株価を分数から小数点に切り替えた2001年１月をもって、流動性の
低い時代と高い時代とに分け、これら２つの時期における12のファク
ターやアノマリーのリターンを検証した。12のアノマリーとは、サイ
ズ、BMR、出来高、前月のリターン、モメンタム、アミフドの非流動
性、アクルーアルズ、資産の増大、株式発行、固有ボラティリティ、収
益性、期待外利益である。もちろん、これらのファクターの多くは、わ
れわれがこれまでの章で検証してきたものである。

彼らは、小数点化以降、12すべてのファクターやアノマリーがもた
らすエクセスリターンが減少し、12のうち５つで、その減少が統計的
に有意であることを発見した。彼らはまた、小数点化と出来高の増大
の影響とともに、ヘッジファンドの資産や空売り残（投資家がショー
トし、かつ、そのポジションが解消されていない株式の数量）の増大
の影響を検証することで、これらファクターに対するアービトラージ
ャーたちの注目が高まっていることの効果を検証している。彼らは、流
動性の向上と裁定取引の増大とがこれら戦略のエクセスリターンの減
少につながっていることを発見した。しかし、戦略の利益が減少する
一方で、包括的なポートフォリオにとってはいまだ統計的に有意であ
るとも記している。

どうしてアノマリーは持続するのか

これまで説明してきたとおり、ファクターのリターンは、それが広く知られるところとなり、流動性が高まることで取引が容易になっても有効であり続けるが、より高いリターンが持続することを可能としているのは何かという疑問が生まれる。ファイナンスの理論では、裁定取引に限界があるため、合理的な投資家がそれを追及することができないので、アノマリーは広く知られるところとなったあとでも持続し得ると説明している。以下に、例を挙げよう。

● 機関投資家（年金基金や寄付基金や投資信託など）の多くが、その約款によりショート（空売り）ポジションを取ることができない。
● 空売りは高くつく可能性がある。ショートポジションを取るためには株式を借りなければならないが、機関投資家からの株式の供給が少ない（彼らはそのような銘柄をアンダーウエートしている傾向にある）ことで多くの銘柄の借り入れコストが高いものとなる。ロング、ショートともに大きな数量での取引のコストが高くなる（とりわけショート）小型株でのアノマリーが最も大きくなる傾向にある。また、借り入れが可能な株式の数量が限られており、借り入れコストが高いことが多い。
● 損失が無制限となり得る空売りのリスクを投資家は引き受けたがらない。株価が高すぎると考えているトレーダーでさえ、自分たちが正しく、株価はやがて下落すると思っていても、株価が一時的に上昇するリスクに直面していることを理解している。株価がそのように動くと、追加資本が必要となり、トレーダーは損切りをせざるを得なくなる。
● レバレッジ（借り入れ能力）、取引コスト、税金（課税対象となる投

資家にとって）など、その他の制約も存在する。

　裁定取引にはこのような制約がかかるため、ミスプライシングは持続するし、非合理な投資家（一般に「ダム（dumb）マネー」とされる）から合理的な投資家への富の移転が遅々として進まないのだ。ともかく、これは理屈である。ヤンチャン・チュウ、デビッド・ヒルシュライファー、リャン・マーは2016年の論文「ザ・コーサル・エフェクト・オブ・リミッツ・トゥ・アービトラージ・オン・アセット・プライシング・アノマリーズ（The Causal Effect of Limits to Arbitrage on Asset Pricing Anomalies）」で、裁定取引の限界と10のアノマリーとの因果関係を研究した。それらのアノマリーとは、モメンタム、総利益率、資産の増大、資産投資比率、ROA、純営業資産、アクルーアルズ、ネット・ストック・イシュー、コンポジット・エイクティ・イシュー、ディストレスである。

　彼らは、SECによる試みであるレギュレーションSHOを用いて、資産価格のアノマリーと裁定取引の制約（特に、空売りの規制）との因果関係を見いだそうとした。レギュレーションSHOは2004年7月にSECが導入したものである。レギュレーションSHOでは、実験的にランダムに選択した銘柄群に対する空売り規制を取り除き、2004年6月時点のラッセル3000インデックスを構成する銘柄をもとに、NYSE（ニューヨーク証券取引所）やAMEX（アメリカン証券取引所）に上場する一部の銘柄で「アップティックルール」（株価が下落しているときに当該銘柄を空売りすることを禁じる）の適用を行わないことにした。また、NYSEやAMEXやナスダックも同様に、上場銘柄のうち売買高上位30％をパイロット銘柄として指定した。対象銘柄は、2005年5月2日から2007年8月6日まで、アップティックルール、また同様の目的によるビッドテストから除外された。この計画によって、パイロット銘柄はそれ以外の銘柄よりも容易に空売りすることが可能となった。つ

150

まり、この期間は、空売りの規制と資産価格のアノマリーとの因果関係を検証する理想的な環境となるわけだ。

　裁定取引の限界という仮説を検証するために、チュウたちは、それぞれの資産価格のアノマリーに対応した、パイロット銘柄と非パイロット銘柄からなるロング・ショートのポートフォリオを構築した。具体的には、パイロット企業をクロスセクションのリターンを推定する変数に応じて十分位に分類し、最も高いパフォーマンスを示す十分位（ロングレッグ）と最も低いパフォーマンスを示す十分位（ショートレッグ）とのリターンの差をもってアノマリーのリターンとした。そして、同様の方法をすべての非パイロット銘柄に適用したのである。彼らの発見を次にまとめておく。

●パイロット期間中のパイロット銘柄を用いて構築したロング・ショートのポートフォリオではアノマリーがかなり弱かった。
●10のアノマリーのうち4つにおいて、その因果関係は統計的に有意であった。10のアノマリーの線形結合モデルを検証すると、その効果は統計的にも経済的にも有意であった。
●レギュレーションSHOは、結合検証におけるアノマリーのリターンを月次77ベーシス、年9.2％減少させる。この結果は統計的にもかなり有意である。
●パイロット銘柄で構成したショート側のポートフォリオのリターンは、パイロット期間中にかなり高いものとなったが、これはショート戦略の収益性が低下したことを意味している。対照的に、ロング側のポートフォリオでは、パイロットプログラムの効果が見られなかった。これは、裁定取引の限界が存在することを示すものであり、またアノマリーのほとんどはショートサイドで説明されるとするほかの研究とも一致するものである。しかし、本書の主たる章で推奨してきたファクターのすべてがロングサイドで高いリターンをもた

らしており、さらにショートサイドではリターンが小さくなること
を記しておく。それらの章の「投資可能性」の項で、実際の投資信
託のリターンを引用しながら、どのようにしてプレミアムを手にす
ることができるかを説明してきたことも合わせて思い出してほしい。
さらに、ローネン・イスラエルとトビアス・モスコウィッツによる
2013年の論文「ザ・ロール・オブ・ショーティング、ファーム・サ
イズ、アンド・タイム・オン・マーケット・アノマリーズ（The Role
of Shorting, Firm Size, and Time on Market Anomalies)」でも、ロ
ングサイドでファクタープレミアムが獲得できることが示されてい
る。

●パイロット銘柄と非パイロット銘柄との間に見られた空売り規制の
差は2007年8月にレギュレーションSHOが終了すると解消され、パ
イロット銘柄からなるポートフォリオと非パイロット銘柄からなる
それとのアノマリーリターンの差も消滅した。

●アノマリーに対する空売りが容易になることの効果は、小型株や流
動性の低い銘柄でより顕著となったが、これは裁定取引の限界に関
する仮説と一致する結果である。

●検証結果は、CAPM（資本資産評価モデル）やファーマ・フレンチ
の3ファクターモデルに当てはめても有効であった。どちらの場合
も、経済的にも統計的にも有意であった。

　検証の結果、裁定取引の限界がもたらす影響を取り除こうとしたレ
ギュレーションSHOのパイロットプログラムは、空売りが難しい銘柄
に見られるミスプライシングの規模も縮小させることが明らかとなっ
た。チュウたちは次のように結論している。「検証の結果、裁定取引の
限界、特に空売りの規制が広く知られた10のアノマリーの発生に重要
な役割を果たしていることが明らかとなった。それゆえ、これらのア
ノマリーは、少なくともミスプライシングによってかなりの部分左右

されると考えられる」

　これらの発見は、行動ファイナンスの分野ですでに示されていた空売りのコストや規制が資産価格に影響をもたらし、アノマリーを持続させるとする膨大な証拠を補強するものである。投資家は、広く知られたマイナスのアノマリーの特徴を持つ銘柄を購入することを避け、またそのような銘柄を除外したロングオンリーのファンドに投資をすることで、この情報から利益を得ることができる。

　最後にこれらの発見に関して付け加えると、SECは2011年3月にレギュレーションSHOの修正を行った。そのなかには、空売りに関するサーキットブレーカーが発動されると、当該価格での空売りが規制されるSEC規則201（代替的なアップティックルール）も含まれている。また、SECは特定の注文を「空売り規制の適用除外」としたいブローカーディーラー向けのガイドラインも発表している。改めて記すが、空売りに対する何らかの制約がアノマリーの持続を可能とするのである。

　しかし、学術研究ではアノマリーが持続する理由に対して別の説明がなされている。

裁定取引の制約としてのベンチマーク

　マルコム・ベイカー、ブレンダン・ブラッドレー、ジェフリー・ワーグラーは2011年の研究「ベンチマークス・アズ・リミッツ・トゥ・アービトラージ（Benchmarks as Limits to Arbitrage : Understanding the Low-Volatility Anomaly)」で、アノマリーが持続することに対する別の説明を試みた。つまり、典型的な機関投資家は、レバレッジに頼ることなく、固定されたベンチマークに対するエクセスリターンの比率を最大化させることを求められているということだ。リスク資産に対する非合理な要求を補う立場にある多くの機関投資家には固定されたベンチマークが与えられるが、それは一般に時価総額加重のもの

153

である。つまり、アノマリーを追及しようとしてベンチマークから離れることは、キャリアをリスクにさらすことになるのだ。

　彼らはこう説明している。「機関投資家の株式運用にかかる典型的な契約では、レバレッジを用いることなく、特定の時価総額加重のベンチマークに対する『インフォメーションレシオ（IR)』を最大化することが厳格に求められている。例えば、S&P500がベンチマークであれば、ファンドマネジャーが獲得するリターンとS&P500のそれとの差異がインフォメーションレシオの分子となり、トラッキングエラーと呼ばれるこのリターンの差異のボラティリティが分母となる。ファンドマネジャーはレバレッジを用いることなく、銘柄選択を通じてこのインフォメーションレシオを最大化することが求められているのだ」

　ベイカー、ブラッドレー、ワーグラーは、投資家は究極的にはトータルリスクを何より懸念するので、トラッキングエラーを用いることには魅力的な側面があるとしている。トラッキングエラーと、広く知られたベンチマークとを比較することで、ファンドマネジャーの能力とポートフォリオのリスクとを測定することが容易となる。ファンドマネジャーをベンチマークに縛っておくことで、投資家はポートフォリオ全体のリスクを把握することが容易となるのである。

　そして、「これらの利点は高くつくものである」と彼らは記している。ベンチマークによって、機関投資家がアノマリーを追及しようとする可能性は低くなる。彼らはそのコストを計算して見せている。さらに、レバレッジを利用できないこと、そして「経験に照らしても、ファンドマネジャーに与えられた心理的影響が『ミスプライシング』を増幅させる」のだ。レバレッジの制限は「資産運用業界の大部分においては合理的な仮定であり、レバレッジが適用されている預かり資産の額はわずかにすぎないことを資料が示している」と彼らは記している。投資信託が概してローベータのアノマリーを追及しようとしないことを説明するにあたり、平均的な投資信託の市場ベータは論文執筆に先立

154

つ10年間で1.10であったことを彼らは確認している。

最後に、ベイカーたちはこう結論している。「高いパフォーマンスを求める投資家の非合理な要求と、ベンチマークを固定され、レバレッジを利用できない資産運用者とが組み合わさることで、リスクとリターンの関係はフラットになる。……しかし、洗練された投資家たちはかなりの程度、契約が求めるアクティブリターンの最大化がベンチマークとのトラッキングエラーを生み出しかねないことを知っているために、リスクをとることをためらうのである」。それゆえ、アノマリーは持続するのである。

まとめ

学術研究では、アノマリーが広く知られたあと、機関投資家はそれを求めて取引し、ヘッジファンドやアクティブ運用の投資信託が最も活発にそれを追い求めていることが見いだされた。また、リターンの予測可能性が完全に消滅してしまうという仮説を棄却できることも研究が示している。しかし、プレミアムは消滅しない一方で、その規模は3分の1ほど低減してもいる。さらに、裁定取引のコストが高い銘柄からなるポートフォリオは、広く知られたあとにその価値を減少させている。これは、コストが裁定取引を制限し、ミスプライシングが持続することを可能としているという考えと軌を一にするものである。

アノマリーに関する研究が公表されると、それがもたらすプレミアムを得ようとする投資家からの資金流入が増大し、それが将来の実現リターンを減少させてしまうということを承知しておく必要がある。つまり、将来のプレミアムがヒストリカルな記録と同様に大きなものとなると無批判に仮定してはならないのだ。

155

第9章
さまざまなファクターからなる
ポートフォリオを実践する
Implementing a Diversified Factor Portfolio

これまで、投資ファクターを個別に論じ、それらがわれわれの要件（持続性、普遍性、安定性、投資可能性、そして合理的な説明が可能かどうか）を満たすかどうかを検証してきた。本章では、これらのファクターがもたらすリターンを、その潜在的なリスクに注意を払いつつ獲得していく最適な方法を取り上げる。ここで「潜在的」という言葉を用いているのは何もわれわれのコンプライアンスチームを安心させるためではない。これまで見てきたとおり、あらゆるファクターは常に有効であるとは限らないということだ。それゆえ、アセットクラスだけでなく、利用するファクターも分散させたポートフォリオを構築することが投資家にとっては重要なステップとなるのである。

これまで議論してきたファクターへのイクスポージャーを高める1つの方法は、トータル・マーケット・ファンド（DFEOX、DFQTX、DFIEXといったDFAのコア株式ファンド）から、特定のファクターにティルト（イクスポージャーを傾ける）したファンドに切り替えるか、投資したいと考えるファクターへのイクスポージャーが大きいファンドに「サテライト」ポジションを加えるかすればよい。しかし、個々の投資をバラバラに考えるべきではない。リスクとリターンのバランスが取れた最適なポートフォリオを構築するためには、個別の要素すべてがどのように整合するかを検討しなければならない。ファク

157

ターを通じてポートフォリオを分散させることで、それを達成するための革新的な方法がもたらされることになる。

分散に対する異なる考え方

　分散は、投資における唯一のフリーランチと言われている。その効果は明白であるにもかかわらず、ポートフォリオを分散できない投資家が多い。その例の1つが、広く知られた「自国バイアス」である。このバイアスによって、投資家はグローバル市場全体に占めるウエート以上に、自国の株式市場にアロケーションを行ってしまうのだ。世界全体の株式時価総額に占めるアメリカ株の割合はおよそ50%にすぎないが、それにもかかわらず、ほとんどのポートフォリオにおける海外株式へのアロケーションは10%を下回るものである。

　いわゆる近代金融理論によって、投資家は分散について非伝統的な考え方をするようになり、それがリスク調整後のリターンを改善させる方法とされてきた。次の例を検討してほしい。ポートフォリオをグローバルかつアセットクラスにまたがって分散したいと考えている投資家Aが、バンガード・トータル・USストック・マーケット・インデックス・ファンド・インベスター・シェアーズ（VTSMX）とバンガード・トータル・インターナショナル・ストック・インデックス・ファンド・インベスター・シェアーズ（VGTSX）を取得したとする。どちらもトータル・マーケット・ファンドであるので、投資家は小型株と大型株、バリュー株とグロース株を保有していることになる。これは分散に対する伝統的な考え方である。

　近代の金融理論では異なる方法を提唱する。株式市場がどのように機能しているかを説明するにあたり、金融経済学者たちはいわゆるファクターモデルを構築した。これまで議論してきたとおり、分散された株式ポートフォリオのリターンの差の大部分を説明する5つのファ

クターとして、①市場ベータ、②サイズ、③バリュー、④モメンタム、⑤収益性・クオリティ——がある。これらのファクターはすべてロング・ショートのポートフォリオであり、ポートフォリオのリスクの大部分を決定するのはこれらのファクターに対するイクスポージャーであることを肝に銘じる必要がある。

第1章で取り上げたとおり、市場ベータは株式市場のリスクに対するポートフォリオのリスクを測定するもので、ポートフォリオと市場全体がどれだけ連動するかによって決まるものである。つまり、TSMファンド（トータル・ストック・マーケット・ファンド）は、その定義に従えば、市場ベータへのイクスポージャーは1となる。一方で、TSMファンドには小型株も含まれており、サイズファクターへのイクスポージャーがまったくない。この表面上の矛盾が多くの投資家を混乱させることになる。思い出してほしいのだが、概してファクターはロング・ショートのポートフォリオであることが混乱の原因である。つまり、改めて定義に従えば、TSMファンドに含まれる小型株はサイズファクターへのプラスのイクスポージャーを提供するが、TSMファンドの大型株はそれと同等のマイナスのイクスポージャーをもたらすのだ。これによって、サイズファクターへのイクスポージャーはゼロとなる。バリューファクターでも同じことが言える。TSMファンドに含まれるバリュー株はバリュー効果に対してプラスのイクスポージャーを提供するが、そこに含まれるグロース株がまったく同等のマイナスのイクスポージャーをもたらすことになる。その結果、バリューファクターに対するイクスポージャーはゼロとなる。モメンタムや収益性・クオリティのファクターについても同じである。つまり、ポートフォリオのリスク・リターンを決定するファクターのうち、TSMファンドで分散が図られるのは市場ベータだけということになる。

表9.1は、1964～2015年までのアメリカにおける各ファクター間の年間の相関をまとめたものである。相関係数は＋1から－1までであ

表9.1 ヒストリカルの相関係数（1964〜2015年）

ファクター	市場ベータ	サイズ	バリュー	モメンタム	収益性	クオリティ
市場ベータ	1.00	0.29	-0.27	-0.17	-0.27	-0.52
サイズ	0.29	1.00	0.01	-0.12	-0.22	-0.53
バリュー	-0.27	0.01	1.00	-0.20	0.09	0.04
モメンタム	-0.17	-0.12	-0.20	1.00	0.08	0.30
収益性	-0.27	-0.22	0.09	0.08	1.00	0.74
クオリティ	-0.52	-0.53	0.04	0.30	0.74	1.00

る。2つの資産がプラスの相関関係にあるならば、1つの資産が平均よりも高いリターンを上げると、もう1つの資産も平均以上のリターンをもたらすことになる。相関がマイナスであれば、1つの資産が平均を上回るリターンを上げると、もう1つのリターンは平均を下回る傾向を示す。つまり、相関が低ければ低いほど、分散効果が大きくなるわけだ。注目してほしいのが、モメンタムプレミアムと、市場ベータ、サイズ、バリューそれぞれのプレミアムとの負の相関である。これは、これら3つのファクターに対するイクスポージャーを持つポートフォリオにモメンタムファクターを加えることで分散効果が得られることを示している。

　ポートフォリオをサイズファクターとバリューファクターとに分散させるためには、投資家はポートフォリオを「ティルト」させ、小型株とバリュー株を市場よりもオーバーウエートさせなければならない。サイズファクターとバリューファクターは、それぞれ3.3％と4.8％の年平均プレミアムをもたらしているが、これらのファクターへのイクスポージャーを得るにあたり、アセットアロケーションに関する2つの選択肢が出てくる。1つ目の選択肢は、ファクターへのイクスポージ

ャーを利用する「従来の方法」であるが、これはポートフォリオの期待リターンを増大させることになる。そして、これらのファクターは相関が極めて低いので、ファクター間で分散させたティルト・ポートフォリオのリスク調整済みリターンは歴史的にも高いものとなる。

しかし、「ティルト」を活用する2つ目の方法がある。投資家は、期待リターンの増大に着目するのではなく、期待リターンはそのままにリスクの低減に焦点を当てることができる。これは、市場ベータへのイクスポージャーを下げると同時に、サイズとバリューのプレミアムに対するイクスポージャーを増大させることで達成される。保有する株式は市場ポートフォリオよりも期待リターンが高いので、投資家は市場ベータへのイクスポージャーを低下させても、同じ期待リターンを獲得することができるのだ。市場ベータへのイクスポージャーを下げるには、株式の保有を減らし、債券の保有を増やせばよい。そうすることで、ポートフォリオはファクターへのイクスポージャー（市場ベータへのイクスポージャーが下がり、ほかのファクターへのそれが上がる）という観点からすれば、より分散が図られたことになる。さらに、安全な債券へのアロケーションが増大するので、タームリスクに対するポートフォリオのイクスポージャーが上昇し、ファクターへの分散が高まることになる。

ほとんどの投資家が理解していないことであるが、株式は債券よりもボラティリティが大幅に高いので、株式と債券を60対40とする典型的なポートフォリオでは、そのリスクの60％以上が株式へのアロケーション（つまり、市場ベータ）に集中してしまう。実際に、市場ベータは、典型的な60対40のポートフォリオが持つリスクの実に85％ほどを占めることになり、ほかの株式のファクターに対するイクスポージャーは皆無である。保有する債券を、安全な米国債や政府機関債、FDIC（米連邦預金保険公社）が保証するCD（譲渡性預金）や適格性が最も高い地方債（AAA/AA格の一般財源債または収益事業債）に

161

表9.2　リターンとリスク

	平均リターン（%）	標準偏差（%）	シャープレシオ
市場ベータ	8.3	20.6	0.40
サイズ	3.3	13.9	0.24
バリュー	4.8	14.1	0.34
モメンタム	9.6	15.7	0.61
収益性	3.1	9.3	0.33
クオリティ	3.8	10.0	0.38
P1	6.5	8.8	0.74
P2	5.3	5.5	0.96
P3	5.6	5.6	1.12

限定したポートフォリオでは、タームリスクがポートフォリオ全体の残りのリスクである15%ほどを占めることになる。ポートフォリオを別の株式ファクターにティルトし、同時に市場ベータを引き下げることで、投資家は市場ベータにリスクが集中することを避け、タームファクターなどのほかのファクターにリスクを分散させることができる。こうすることでいわゆるリスク・パリティ・ポートフォリオ（リスクパリティという言葉は、株式や債券などのアセットクラス間のアロケーションを表現するために使われることがより一般的だが、ファクターについても用いることができる）、つまり、各ファクターへのアロケーションをより均等にしたポートフォリオを構築することになる。ファクター間での分散効果は、1927〜2015年を対象とした**表9.2**で見ることができる。ここでは、各ファクターのプレミアムの平均値、ボラティリティ、シャープレシオが記されているが、3つのポートフォリオに関しても同じ情報が掲載されている。ポートフォリオ1（P1）は、市場ベータ、サイズ、バリュー、モメンタムの4つのファクターに25

第9章　さまざまなファクターからなるポートフォリオを実践する

表9.3　各戦略が市場に対しアンダーパフォームする確率（%）

	1年	3年	5年	10年	20年
市場ベータ	34	24	18	10	4
サイズ	41	24	30	23	14
バリュー	37	28	22	14	6
モメンタム	27	14	9	3	0
収益性	37	28	23	15	7
クオリティ	35	25	19	11	4
P1	23	10	5	1	0
P2	17	5	2	0	0
P3	13	3	1	0	0

%ずつアロケーションしたもの。ポートフォリオ2（P2）は同じく4つのファクターに20%ずつアロケーションし、収益性ファクターへも20%アロケーションしたもの。ポートフォリオ3（P3）はP2と同じであるが、収益性のファクターではなく、クオリティのファクターを用いたものである。

収益性・クオリティを除くこれらのファクターの相関が低いことで、3つのポートフォリオのシャープレシオは個々のファクターのそれよりも劇的に増大することとなった。さらに、さまざまな投資期間に応じたアンダーパフォームの可能性を示した**表9.3**でも、ファクター間での分散効果が見てとれる。ちなみに、この**表9.3**も1927〜2015年を対象としている。

ご覧のとおり、いかなる投資期間で見ても、3つのポートフォリオがアンダーパフォームする確率は個々のファクターのそれよりも低いものである。

エリック・ヒャルマーソンは、2011年の論文「ポートフォリオ・ダ

イバーシフィケーション・アクロス・キャラクタリスティックス
(Portfolio Diversification Across Characteristics)」でファクター間の
分散効果に関する証拠を提示している。この論文で彼は、1951～2008
年までの期間で、7つの異なる株式の特徴に基づいて構築したロング・
ショートのポートフォリオ戦略のパフォーマンスを検証している。
　モメンタムやリバーサルに関する3つの戦略とは次のとおりである。

●前月（t-1）のリターンで定義される短期のリバーサル
●t-2からt-12までのリターンで定義される中期のリバーサル
●t-13からt-60までのリターンで定義される長期のリバーサル

　バリューファクターに関する3つの戦略とは次のとおりである。

●BMR（簿価時価比率）
●PCFR（株価キャッシュフロー倍率）
●EPR（株式益回り）

　最後の戦略はサイズファクターに基づいたものである。そして、単
独の特徴に基づいて構築したポートフォリオのパフォーマンスを、個々
の特徴に均等にウエート付けしたポートフォリオのそれと比較した。ヒ
ャルマーソンが発見したことを次にまとめておく。

●個々の特徴に基づいたポートフォリオ戦略は収益力のあるものであ
　った。
●等ウエートに分散したポートフォリオのシャープレシオは、個々の
　特徴に基づいたポートフォリオのそれよりも大幅に高いものとなっ
　た。
●特徴に基づいたロング・ショート戦略の分散効果は大きなものであ

第9章　さまざまなファクターからなるポートフォリオを実践する

ったが、これは個々の特徴に応じた戦略のリターンが低い、または
負の相関関係にあることに起因するものである。
●BMR、PCFR、EPRの3つバリュエーション比率に基づいたポート
フォリオのリターンはそれぞれかなり高い相関関係にある。
●バリュエーション比率は、短期のリバーサルとは負の相関関係にあ
り、モメンタムとは相関関係が弱く、長期のリバーサルとは概して
正の相関関係にあった。
●サイズファクターは長期のリバーサルと正の相関関係が強く、モメ
ンタムとは負の相関関係にあった。
●短期のリバーサルはモメンタムと強い負の相関関係にあり、長期の
リバーサルとは弱いながらも正の相関関係にあった。
●モメンタムと長期のリバーサルはかなり強い負の相関関係を示した。
●検証結果は統計的に有意である。

　彼の検証では、取引コストに関する分析が除外されているが、ヒャ
ルマーソンはそれらを勘案したとしても結果は同じであると考える明
白な理由が存在すると結論している。この検証結果は、多くのファク
ターに分散させることでより効率的なポートフォリオを構築すること
ができるという考えを支持するものである。
　つまるところ、TSMポートフォリオはすべての卵を、市場ベータと
いう1つのファクター（またはリスク）のカゴに入れているが、ティ
ルト・ポートフォリオはいくつかのリスクのカゴに分散させていると
言える。そして、ティルトさせることで市場ベータへのイクスポージ
ャーを引き下げることができるのであれば、ポートフォリオのターム
ファクターへのイクスポージャーは高まることになり、さらなる分散
効果を得ることができる。互いに低い、または負の相関関係にあるプ
レミアムをもたらす異なるリスクをとることが投資家のポートフォリ
オを分散させ、リスク調整済みリターンを改善させる堅実な方法であ

165

る。本章での議論の多くは、ファクターの分散に関する一般的な見解を示すためにロング・ショートのポートフォリオに基づいて展開した。ロングオンリーのポートフォリオを通じたさらなる議論については、ラリー・スウェドローとケビン・グローガンの著書『リデューシング・ザ・リスク・オブ・ブラック・スワンズ（Reducing the Risk of Black Swans：Using the Science of Investing to Capture Returns with Less Volatility)』があるが、そこではティルト・ポートフォリオ戦略に焦点を当て、どのようにして投資家はリターンを犠牲にすることなく、大きな損失を被るリスクを低減させることができるかを示している。

　簡単な例を挙げると分かりやすいかもしれない。1927～2015年の期間で、年に１回のリバランスを行うとしよう。S&P500を60％、５年物のＴノートを40％とするポートフォリオの年間リターンは8.6％、標準偏差は12.2％となる。ここで、株式へのアロケーションを40％まで減少させ、そのうちの半分をファクターにティルトした戦略（この場合、サイズとバリュー）に充てるとする。S&P500を20％、ファーマ・フレンチ・US・スモール・バリュー・リサーチ・インデックスを20％、５年物のＴノートを60％とするポートフォリオの年間リターンは8.9％、標準偏差は10.4％となる。つまり、２つ目のポートフォリオは明らかに低いリスクでより高いリターンを獲得しているのだ。

　ファクターを分散させることでいくつもの効果が得られる一方で、そこには「トラッキングエラーリグレット」と呼ばれるリスクが伴うことになる。それは**付録A**で論じることとする。

結論
Conclusion

　ファクター動物園には600以上が展示されているが、われわれは、①市場ベータ、②サイズ、③バリュー、④モメンタム、⑤収益性、⑥クオリティ、⑦ターム、⑧キャリー——だけに限定した。ファクター投資をかつてのディズニーランドに例えるならば、これら8つは、Eチケットに該当するであろう。

　ここまでの章で、査読済みの学術論文を引用しながら、ファクターティルトを用いることがどのように今日の投資家がより効率的なポートフォリオを構築する一助となるかを示すことができたと考えている。また、投資信託業界の競争の高まりを考えれば（一貫して経費率が下がることになる）、投資家はかなり低いコスト（さらに低下を続けるものと思われる）でそれらを達成することができる。引用した多くの論文の発表日を見れば分かるとおり、資産のリターンを説明するファクターの特徴に関する研究は目覚ましいものがある。将来どのような展開があるかは分からないが、ここで示したフレームワークが読者の理解を高め、将来の展開をどのようにポートフォリオに反映させるかを判断する役に立つことを望んでいる。さらに、ファクター投資という複雑極まる世界を少しでも解明できていれば幸いである。

　いくつか注意をしておきたいと思う。まず、これまで議論してきたとおり、われわれが推奨したものを含むすべてのファクターは長期間

167

アンダーパフォームを示したことがあるということだ。それゆえ、投資を行う前に、そのファクターの根拠が正しく、それが長期的に持続すると考える理由を確認してもらいたい。それを確信することができなければ、長期間のアンダーパフォームという避けることのできない時期に自らを律し続けることはできないであろう。規律は、投資で成功する鍵の１つである。最後に、将来どのファクターがプレミアムをもたらすかを知る術はないので、それらに広く分散したポートフォリオを構築することをお勧めする。分散は投資における唯一のフリーランチであることを肝に銘じてほしい。つまり、望むだけ手に入れることができるのだ。さて、これで終わりではない。読者のみなさんに向けたボーナスがある。

付録Aは、トラッキングエラーリグレットとして知られる困難な状況に関するものである。これは、株式市場のトータルインデックスを上回る分散を図ろうとする投資家が直面するものである。トラッキングエラーリグレットによって、投資家は事前の戦略と事後の結果とを混同する過ちを犯すことになるが、それがやがては最もよく練られた計画ですらをも破棄させることになってしまうのだ。

付録Bでは、スマートベータといったものが実際に存在はするが、そのほとんどがマーケティングの道具にすぎず、広く知られたファクターを再包装したものであることを説明する。

付録C、付録D、付録Eでは、ファクター動物園で最も人気のある、①配当、②低ボラティリティ（またはその親戚である、低ベータ）、③デフォルト（クレジット）の３つは時間を割いてまで見学する必要のない理由を説明する。

付録Fでは、タイムシリーズモメンタムと呼ばれる第２のモメンタムファクターについて議論する。これは、第４章で議論したクロスセクションモメンタムの縁戚に当たる。

付録Gでは、われわれが推奨したファクターへのイクスポージャー

168

を得ていれば、追加的なファクターに対するイクスポージャーを付加してもさして得るものはない理由を示していく。また、ファクターを個別に追い求めるべきか、それともマルチスタイルファンドを通じて追い求めるべきかという問題に取り組む。

付録Hでは、投資にかかるファクターがスポーツくじの結果をも説明できるかどうかという興味深い研究を取り上げる。もしそうであれば、結果を説明するファクターの能力に関する面白いサンプル外検証となるであろう。

付録Iでは、サイズプレミアムの新たな見方を示し、それでも有効であることを示していく。また、ファンドがどれだけプレミアムに対するイクスポージャーを持っているかを検討するのではなく、プレミアムの規模だけに目を向けることで、投資家が誤った結論を下してしまう様子を示していく。

最後に、**付録J**で、推奨したファクターに対するイクスポージャーを求めるにあたり、検討に値すると思われる投資信託およびETF（株価指数連動型上場投資信託）のリストを掲載しておく。

169

付録A トラッキングエラーリグレット──投資家の敵

　投資で成功するにはいくつか鍵となる要素がある。第一に、十分に検討した資産計画を立てること。この計画は、まず自分がどれだけのリスクを許容する能力があるか、意欲があるか、またその必要があるかとともに、その資金で何がしたいかを決めることから始まる。適切なリスクと目的とを見いだしたら、全体の資産計画（投資計画、財産、税金、リスク管理計画を統合する）を構築する。次に、許容できるリスクパラメーターの範囲内で自らの目的を達成する可能性が最も高い投資戦略を選択する。

　投資アドバイザーや信託管理人や投資家が慎重な投資計画を見いだすために利用できる2つの道具が、プルーデント・インベスター・ルールとも呼ばれる1992年の修正信託法と1994年の統一プルーデント・インベスター法（UPIA）である。これら2つはMPT（現代ポートフォリオ理論）を条文に取り込んでいる。MPTの根本原理は、適切な分散を図れば、期待リターンを引き下げることなく、アンダーパフォーマンスのリスクばかりか、リターンのボラティリティやバラツキを抑えることができる、というものである。

　それゆえ、分散されたポートフォリオはより効率的で、より慎重であると考えられる。統一プルーデント・インベスター法では「慎重な投資の定義には、受託者は投資を分散させなければならないという広く知られた要件が盛り込まれている」と記されている。

　分散の効果が広く知られていることは言うまでもない。実際に、分散は投資における唯一のフリーランチと言われている。それゆえ、投資家は国内株式のアセットクラス（小型株や大型株、バリュー株やグロース株、不動産など）やわれわれが議論しているその他のファクタ

171

ーに分散させるだけでなく、海外株式のアセットクラス（途上国市場の株式を含む）にまでアロケーションを広げるべきだとわれわれは勧めているのだ。

しかし、広範に分散させる戦略を採用する投資家はもう1つのリスクを負っていることを理解しなければならない。それは、トラッキングエラーリグレットとして知られる心理的リスクである。トラッキングエラーを、分散したポートフォリオがS&P500などの一般的なベンチマークにアンダーパフォームするリスクだと考えてみてほしい。トラッキングエラーリグレットは、投資家をして事前の戦略と事後の結果とを混同する誤りを犯させることになる。

戦略と結果を混同する

ナシーム・ニコラス・タレブは『まぐれ』（ダイヤモンド社）で、戦略と結果の混同について次のように述べている。「ある分野（戦争、政治、薬品、投資など）のパフォーマンスを結果で判断することはできない。それは機会（異なる手段を用いた場合の）費用で判断されるものである。このような代替的な出来事を歴史改変と呼んでいる。判断の質を結果だけで評価することができないことは明らかだが、この点を指摘するのは失敗した人々だけのようである（成功した人は自らの成功は判断の質によるものだとする）」

残念ながら、投資においては水晶玉は存在しない。それゆえ、戦略は結果が分かる前にその質と慎重さをもって判断されるべきであり、結果が分かったあとではないのだ。

2008～2015年が検証の機会となる

2008年以降、投資家はトラッキングエラーリグレットを無視する自

らの能力を試されている。2008～2015年にかけて、アメリカの主要な
アセットクラスのリターンは似たり寄ったりである。S&P500のリター
ンは年6.5％、MSCI USAラージ・キャップ・バリュー・インデックス
のリターンが5.1％、MSCI USスモール・キャップ・1750・インデッ
クスのリターンが7.7％である。期間を通じた４つの指数の総リターン
は、それぞれ66％、49％、82％、70％である。

　しかし、米国外株式はそれを大幅にアンダーパフォームしている。同
期間、MSCI EAFEインデックスは年０％のリターン、MSCIエマー
ジング・マーケット・インデックスは年マイナス３％（総リターンは
マイナス21％）のリターンであった。

　国際的な分散を図った投資家が落胆したことは言うまでもない。残
念ながら、この落胆によって、多くの投資家は国際分散という戦略を
破棄しようと考えるようになった。しかし、結果に基づいてその戦略
が残念なものであったと判断すべきなのだろうか。タレブが示したレ
ンズを通してこの質問に答えるならば、ノーである。

　賢くも正しいタレブの視点を得るためには、この期間の最初の時点
での投資家（水晶玉の効果を得ていない）を対象とすべきである。そ
の投資家には世界はどのように見えていただろうか。この疑問に答え
るために、過去５年間のリターンを見てみよう。

トラッキングエラーの利点

　振り返ってみると、2008年が始まる時点で自らの投資戦略を熟考し
ていた投資家は、次のようなリターンを見直していたことであろう。
2003～2007年までの５年間で、S&P500の総リターンは累計で83％であ
った。これは、MSCI EAFEインデックスがもたらした総リターン171
％の半分にも満たず、MSCI EAFEエマージング・マーケット・イン
デックスの391％の５分の１を上回る程度である。つまり、S&P500は

173

5年間でMSCI EAFEエマージング・マーケット・インデックスに308％もアンダーパフォームしていたのだ。

これがおかしい（もしくは、驚きではあるが、目にしているコインの側に依存している）と思うのであれば、DFAエマージング・マーケット・スモール・キャップ・ポートフォリオ・ファンド（DEMSX）は430％の総リターンを上げ、S&P500を347％もアウトパフォームしていたことを見ればよい。そして、DFAエマージング・マーケット・バリュー・ポートフォリオ・ファンド（DFEVX）はS&P500を463％もアウトパフォームしていたのだ。

米国内のアセットクラスに目を向けると、S&P500は、MSCI USスモール・キャップ・1750・インデックスに計40％、MSCI USスモール・キャップ・バリュー・インデックスに同じく28％、ラッセル2000バリュー・インデックスに25％もアンダーパフォームしていた。MSCI USプライム・マーケット・バリュー・インデックスには14％、ラッセル1000バリュー・インデックスには15％劣っていたのである。

ご覧のとおり、トラッキングエラーはどちらの側にも発生する。プラスのトラッキングエラーとマイナスのトラッキングエラーとを合わせて考えなければならないのだ。重要なことは、2003〜2007年のリターンを振り返った投資家が、国際的に分散したポートフォリオを構築する効果を問うていたかどうか、ということである。残念ながら、「相対主義」（自分のポートフォリオのパフォーマンスを友人のそれや一般的なベンチマークと比較しようとする）と「新近性」という2つの問題によって投資家は十分に検討した計画でさえ破棄してしまうことになるのだ。

相対主義

あまりに多くの投資家が、バンガードの創業者であるジョン・C・ボ

ーグルのいう「投資相対主義の時代（Age of Investment Relativism）」に陥っている。投資家の満足または不満（さらに言えば、戦略にこだわるために必要となる規律）は、何らかのインデックス（分散という知恵を受け入れている投資家には関係のないインデックス）に対する自らのポートフォリオの相対的なパフォーマンスに大いに左右されるようである。

残念ながら、相対主義というものは、感情が知恵や経験に打ち勝っているのだと説明することができる。金融市場の歴史は、今日のトレンドは長期的には単なる「雑音」でしかないことを示してきた。ボーグルは、とあるファンドマネジャーの言葉を引用してこう警告している。「相対主義はアインシュタインの役には立つが、投資には不要である」

新近性

新近性効果は、広く語られてきた認知バイアスの1つであり、最も直近の事象が個人の記憶と、その結果としての認識に最も大きな影響を与えるというものである。このバイアスは、投資家が直近のリターンに注目し、それを将来に投影することで投資行動に影響を与えることになる。これは最も一般的な誤りであり、投資家は直近で優れたパフォーマンスを上げたもの（価格が高く、期待リターンは低くなっている）を買い、振るわなかったもの（価格が低く、期待リターンは高くなっている）を売ることになる。高値を買い、安値を売ることが投資で成功する術ではない。しかし、これこそが多くの投資家が、新近性バイアスゆえに行っていることであることを研究が示している。そして、この行動によって、投資家は自らが投資しているファンド自体よりも低いリターンに甘んじることになるのだ。直近で比較的パフォーマンスが良かったものを機械的に売り、悪かったものを買う、規律

あるリバランス戦略に従うことが優れた方法となる。

　最後にもうひとつ議論すべき問題がある。

焦り

　投資のリターンを検討するにあたり、典型的な投資家は３〜５年を長期と考え、10年に至っては永遠だとするようだ。しかし、リスクのあるアセットクラスのリターンに関しては、３〜５年という短い期間のリターンは雑音以外のなにものでもないと考えるべきである。さらに10年でさえ、比較的短い期間なのだ。今世紀の最初の10年におけるS&P500のリターンは年マイナス１％であることを記せば十分であろう。株式投資家は、この10年の経験を理由に、株式が安全なＴビルをアウトパフォームするという信念を捨て去るべきではない。

　さらに印象的な例を挙げよう。2008年までの40年間で、アメリカの大型のグロース株と小型のグロース株は、長期のＴボンドにアンダーパフォームしていたのだ。長期にわたりアンダーパフォームしていたからといって、投資家がリスク資産は将来アウトパフォームすると期待すべきだとの考えを捨ててはいないと思っている。実際に、長期にわたる債券の強気相場の結果、利回りは歴史的な低さとなっており、潜在的リターンはますます低下している。同様に、国際投資に関して言えば、海外株式が避けることのできない低迷期にあるときに、国際的な分散を図ろうとする十分に検討された戦略を（おそらくは自国バイアスによって）放棄してしまおうとする。

　投資家は、リスク資産やファクターに投資するときには、それら資産やファクターが長期にわたりアンダーパフォームする可能性があることを考慮すべきだ、ということを理解しなければならない。株式のファクターを取り上げた本書の各章において、期間の長さを問わず、株式のファクターを含むあらゆるファクターがマイナスのプレミアムを

付録A　トラッキングエラーリグレット

生む可能性があることを示してきた。5年という期間において、アンダーパフォームする可能性が18%に満たなかった唯一のプレミアムはモメンタムのファクターである。このようにアンダーパフォームする可能性がないとしたら、そのファクターに投資することに伴うリスクはなくなり、プレミアムは消滅してしまうことであろう。

まとめ

　分散を図るということは、ポートフォリオの一部がポートフォリオ全体とまったく異なる動きをするという事実を受け入れることである。トラッキングエラーのリスクに対する自らの許容度を理解し、それに応じて投資をすることで、規律を保つことができるであろう。受け入れられるトラッキングエラーが小さければ小さいほど、ポートフォリオに占める株式はS&P500と似たものとなるはずである。一方で、市場と同等のポートフォリオを選択するとしたら、それはアセットクラスやファクターに基づいて分散したものではなく、また国際分散も図られていない。少なくともこれら2つの選択肢（トラッキングエラーを受け入れるか否か）にはフリーランチは存在しないのだ。

　このバランスを保つことは、株式と債券の適切なアロケーションを決めることと同様に重要である。国際的に分散したパッシブのアセットクラスやファクター戦略に規律をもって取り組めば、やがてその規律が報われることになるであろう。

177

付録B　スマートベータの真実

　「スマートベータ」という言葉をどう思うかと問われたノーベル賞受賞者のウィリアム・F・シャープは、吐き気がすると答えた。われわれの反応はそれほど過激ではないが、強く警告を発したい。その理由は、スマートベータと呼ばれる戦略の多くはマーケティングの道具にすぎないからだ。それらは、われわれが議論してきたさまざまなファクターに対するイクスポージャーを提供するクオンツ運用戦略を再包装し、名前を変えただけのものである。しかし、それがマーケティングの道具だからといって有効ではないということではない。実際に、われわれは彼らが追い求めているものと同じファクターの多くにイクスポージャーを持つよう主張している。つまり、われわれはことわざのとおり細事にこだわり大事を逸するような過ちは犯していないということを記しておきたい。

　「スマート」ベータなどというものは存在し得ないとする主張は、ベータはあくまでベータであり、ファクターに乗っているだけだと言っているのだ。ウィリアム・シャープは現代ポートフォリオ理論のCAPM（資本資産評価モデル）を構築するにあたり、「ベータ」という言葉を生み出した。シャープが説明しているとおり、ベータ（この場合、市場ベータ）とは市場全体の動きに対するポートフォリオの感応度のことである。そこで疑問が出てくる。では、そこでどうやってスマートになれるのか。スマートでもなければ、オルタナティブでもないし、ベターでもない。それはそれである。

　これまで議論してきたとおり、資産評価理論が発達し、新たなファクターが追加されるにつれ、アクティブ運用者によるCAPMに対するアウトパフォーム（アルファ）と思われるものは、ほかのファクター、つまりサイズ、バリュー、モメンタム、収益性・クオリティのベータ

179

に対するイクスポージャーの結果であることをわれわれは学んできた。

　マルチファクターモデルは元来のCAPMよりも優れたリターンの説明能力を持っているが、モデルが説明できないアノマリー（サイズ、バリュー、モメンタムもかつてはアノマリーだと考えられていたことを思い出されたい）はいまだ存在する。これらのアノマリーのなかには、宝くじのようなリターン分布を持ち、リスク・リターン特性の優れない資産もある。このような資産に対するイクスポージャーは、マイナスのアルファ（ベンチマークを下回るリターン）を生む結果となる。そう考えると、スマートベータなどというものは存在するのかという疑問に立ち返ることになる。われわれの意見は、単に意味論の問題かもしれないが、答えはイエスである。では、なぜそう考えるのかを見ていこう。

ファンド構築のルール

　数多くの異なるポートフォリオが、さまざまなファクターに対して同じイクスポージャーを持つということはあり得る。言い換えれば、それらのベータは同じなのである。では、初めに、アメリカ市場全体を保有する投資信託（ファンドA）を想定してみよう。定義に従えば、このファンドの市場ベータは1となる。ファンドBのファンドマネジャーは、宝くじのような分布を示す銘柄（IPO［新規株式公開］銘柄、「低位株」、破産した銘柄、極めて小規模のグロース株など）を選びだすことで、よりスマートなベータを生み出すことができると考えている。ファンドBの市場ベータも1となりそうであるが、長期的にはより高いリターンを生み出すことが期待できる。市場ベータが同じなのであるから、ファンドBのベータはよりスマート、より良いものと言っても良さそうである。もしくは、ファンドBが実際により高いリターンを生み出したとしたら、アルファがあるということだ。要は意味論の違

いであり、現実的な問題ではないのだ。

よりスマートなベータをファンドに持たせることが賢明なファンド構築のルールとなる。取引コストの管理については別記する。

取引コスト

インデックスファンドがその典型であるが、ファンドの唯一の目的がインデックスを再現することであれば、銘柄がインデックスに採用または除外されたときに取引を行うこととなる。これによって、ファンドは流動性を求める側（買い手）となるわけだ。また、そのファンドはほかのインデックスファンドが同じことをしているときに流動性を求めざるを得なくなる。さらに、ファンドはインデックスを構成する各銘柄を正確なウエートで保有しなければならないのだ。一方、投資対象としたアセットクラスのリターンを獲得することが目的であり、ランダムなトラッキングエラーを進んで受け入れるファンドは、より忍耐強くその取引執行を行い、流動性がタイトな状況を避けることができる。例えば、市場に発注を出すためにアルゴリズムに基づいた取引システムを利用して、取引コストを低減させることができる。またブロック取引を用いることで、大量の株式を即座に売却（取得）したいアクティブ運用者が提供するディスカウント（プレミアム）を利用することもできる。忍耐強く取引を行うことで取引コストを引き下げ、またブロック取引によって取引コストをマイナスとすることもできるのだ。

ベータをよりスマートなものとするもう1つの方法がある。

マルチスタイルファンドか、シングルスタイルファンドか

　少なくとも投資家は、広範なファクターにわたってポートフォリオを分散させることを検討すべきであると主張してきた。もしそうするとしたら、次に判断しなければならないのは、いくつものシングルスタイルのファンドに投資するか、多数のファクターに対するイクスポージャーを提供する1つのファンドに投資するかという問題である。どちらの方法も、ファクターに対する同様のイクスポージャーを提供することになる。しかし、適切に設定されたマルチスタイルファンドのベータはよりスマートなものとなる。マルチスタイルでは、取引を行う前に異なるスタイルが発するシグナルを相殺できることがその理由の1つである。バリューとモメンタムの双方にイクスポージャーを持ちたいと考えている投資家を想定してほしい。2つのファクターへのイクスポージャーを得るために、彼はバリューファンドとモメンタムファンドを取得する。XYZ株の株価が下落し、バリューファンドでは買いの水準に達する。同時に、当該銘柄の直近のパフォーマンスが振るわないので、モメンタムファンドでは売却することになる。マルチスタイルファンドは不要な回転とそれに伴うコストを回避するので、課税対象となる投資家にとっては税負担を小さくする可能性がある。シングルスタイルファンドのほうがシンプルではあるが、マルチスタイルファンドのほうが有利である。

インデックスの選択とファンド構築のルール

　よりスマートなベータのもう1つの例は、ベンチマークとなるインデックスとポートフォリオを構築するにあたってのルールの選択であり、そこには基準となるベンチマークにどれだけファンドを近似させ

るかという問題も含まれる。リターンはインデックスがどれだけ頻繁に銘柄入れ替えを行うかに影響を受けるので、これは重要な問題となり得る。ほとんどのインデックス（ラッセルやRAFIのファンダメンタルインデックスなど）は年単位で入れ替えが行われる。それ以上頻繁に入れ替えが行われることがないので、スタイルドリフトが大きなものとなりかねない。例えば、1990～2006年までの期間で、ラッセル2000インデックスでは6月末に行われる銘柄入れ替えにおいて、インデックスに残った銘柄の割合は20％であった。ラッセル2000バリュー・インデックスではその数値が28％である。その結果、ラッセル2000に基づいた小型株のインデックスファンドでは、小型株のリスクファクターに対するイクスポージャーが1年を通してより低いものとなってしまう。ラッセル2000バリュー・インデックスに基づいた小型株バリューファンドはサイズとバリューのプレミアムに対するイクスポージャーがより低いものとなる。これらリスクファクターに対するイクスポージャーが低下すると、期待リターンもより低いものとなってしまう。この問題を回避するために、ファンドは回転率と取引コストへの影響を勘案しながら、月次または四半期ごとに銘柄を入れ替えるという選択をすることができる。

　次に記すことが、スマートベータが単なるマーケティングの道具ではないことを示す好例となることを期待するのだが、ファンドを構築するルールの選択を通じて、よりスマートなベータを形にすることができる。この点は、4つの主要な小型株インデックスの回帰分析を行うことではっきりする。ラッセル2000、CRSP6-10、S&P600、MSCI USスモール・キャップ1750を取り上げる。**表B.1**はファーマ・フレンチのファクターを用いて4つのファクター（市場ベータ、サイズ、バリュー、モメンタム）の回帰分析を行った結果である。対象とした期間は1994（S&P600の起算日）～2015年12月までで、T値は括弧内に記している。

表B.1　小型株インデックスとファクターへのイクスポージャー（1994〜2015年）

インデックス	年間アルファ (%)	市場ベータ	サイズ	バリュー	モメンタム 決定係数 (%)	R^2(%)	年率リターン
CRSP 6-10	0.98 (1.8)	1.01 (90.3)	0.86 (60.3)	0.16 (10.1)	-0.14 (-15.1)	99	10.3
MSCI 1750	-0.01 (0.0)	1.04 (68.1)	0.61 (31.1)	0.26 (12.4)	-0.03 (-2.2)	97	10.3
ラッセル2000	-1.96 (-2.9)	1.01 (72.8)	0.79 (44.4)	0.26 (13.3)	0.01 (0.7)	97	8.4
S&P600	-0.31 (-0.3)	0.98 (47.4)	0.70 (26.5)	0.35 (12.1)	0.01 (0.7)	94	10.2

　この分析を始めるにあたり、決定係数（R^2）が極めて高く、モデルが十分にリターンを説明していることを記しておく。またすべての統計数値はその有意性が高いものであった。対象期間中、ファーマ・フレンチのデータを用いると、市場ベータプレミアムは6.3%、サイズプレミアムは1.2%、バリュープレミアムは1.3%、モメンタムプレミアムは4.4%であった。

　ご覧のとおり、4つすべてのインデックスは、市場ベータにほぼ同等のイクスポージャーを持っており、その範囲は0.98〜1.04となった。しかし、その他のファクターへのイクスポージャーにはかなり大きなバラツキが見られる。サイズファクターへのイクスポージャーは、CRSP6-10の0.86から、MSCI USスモール・キャップ1750・インデックスの0.61までの範囲にある。バリューファクターへのイクスポージャーはS&P600インデックスの0.35からCRSP6-10の0.16まで。モメンタムファクターへのイクスポージャーはラッセル2000インデックスの0.01からCRSP6-10の−0.14までとなった。

　CRSP6-10は最も高いサイズファクターへのイクスポージャー（それによるリターンが増大する）を示したが、バリューとモメンタムファ

クターへのイクスポージャーは最も低い（リターンを低減させる）。バリューとモメンタムへのイクスポージャーが低いことによるマイナスの影響は、サイズプレミアムへのイクスポージャーが高いことの効果で相殺されている。そして、インデックスは年0.98というアルファを生み出している。さらに、統計的にもおよそ5％の水準（T値＝1.8）で有意であった。

CRSP6-10と比較すると、MSCI USスモール・キャップ1750インデックスはサイズへのイクスポージャーの低さを、ほかの3つのファクターへの高いイクスポージャーが相殺している。その結果、CRSP6-10と同じ10.3％の年率リターンを生み出している。このインデックスのアルファは事実上、ゼロであった。

CRSP6-10とS&P600インデックスとを比べると、同じような様子が見えてくる。後者は、バリューとモメンタムに対する高いイクスポージャーが、サイズに対する低いイクスポージャーと市場ベータへのわずかに低いイクスポージャーとを相殺している。その結果、S&P600インデックスは、CRSP6-10にわずか0.1％アンダーパフォームとなった。S&P600の年間アルファは－0.31％とマイナスとなったが、このマイナスのアルファは統計的には有意でなかった。

ラッセル2000インデックスのデータはまったく異なるストーリーとなった。CRSP6-10と比較すると、市場ベータへのイクスポージャーは同じである。バリューとモメンタムファクターに対する高いイクスポージャーは、サイズファクターに対する低いイクスポージャーを補って余りあるものであった。これによって、ラッセル2000インデックスのリターンはより高いものとなるはずである。しかし、ラッセル2000のアルファは年－1.96％であり、リターンは8.4％とCRSP6-10やMSCI USスモール・キャップ1750インデックスを下回るものであった（公平を期するために記すと、ラッセル2000インデックスは極めて透明性の高い構築プロセスに従っており、それはベンチマークとして極めて有

用な特徴となり得るものであるが、必ずしも投資対象として優れているというわけではない。実際に、ラッセル2000をインデックス運用の対象とする、またはベンチマークとする資産額で言えば、最も人気のある小型株インデックスではある。しかし、そのことでフロントランニングの主たるターゲットとなり、インデックスのリターンを下げる結果となっている。ほかの小型株インデックスがもっと一般的になったとしたら、それらのインデックスも同様の害を被ることになる。これこそが、ベンチマークに厳格に従うことが、あらゆる種類のベータに対するイクスポージャーを得るよりスマートな方法ではないと考えるもう1つの理由である)。ご覧のとおり、ファンドを構築するルールを設定するにあたり、どのインデックスを採用するかによって、手にするリターンにこれほど大きな差異が生まれるのだ。

　以上の例が、投資家にとって、リターンを説明するそれぞれのファクターに対する自ら望むイクスポージャーの度合いに基づいて投資するファンドを選択することに加え、ファンドの構築方法と運用ルールとがどのようにリターンに影響を与え得るかを考えることが重要であることを示している。その影響は重大なものとなり得るのだ。

　われわれは、それが「スマートベータ」と呼ばれていようがいまいが、本書で推奨したファクターに対するイクスポージャーを提供する戦略を支持する。われわれの要件を満たしていない、独自の新たに発掘されたファクターを用いているファンドには注意を要する。慎重に物事を進め、また実践面の問題の細かな点にまで意識を払わなければならない。つまるところ、学術研究の成果を踏まえた賢明かつ忍耐強い取引戦略を用いることで、市場全体のポートフォリオや純粋なインデックスファンドを上回る結果を生み出すポートフォリオを構築できるのだ。言い換えれば、スマートベータが本当によりスマートなベータであることもあるというわけだ。

付録C　配当は有効なファクターたり得ない

　1961年の論文「デビデンド・ポリシー、グロース、アンド・ザ・バリュエーション・オブ・シェアーズ（Dividend Policy, Growth, and the Valuation of Shares）」で、マーティン・ミラーとフランコ・モジリアーニが配当政策と株式のリターンは無関係であるとしたことは広く知られている。50年以上にわたり、この定理が学術論文の分野で挑戦を受けることはなかった。さらに経験則がこの理論を支持しており、それゆえに配当というファクターを内包した資産評価モデルは存在しない。

　この教義は伝統的な金融論で長らく信じられてきたにもかかわらず、近年見られる最大のトレンドの１つが、配当額が比較的多い銘柄や増配している銘柄へ投資を行うといった配当戦略への投資である。メディアが大騒ぎしたことや、現在の歴史的にも低い金利環境が、これらの戦略への関心をさらに高めている。

　2008年の大不況以降、安全な債券がもたらす利回りが低いことで、これまで保守的であった投資家の多くがアロケーションを安全な債券からリスクのある有配株へとシフトさせている。これは、われわれが正しい方法であると考えるトータルリターンに基づく方法ではなく、インカムやキャッシュフローに基づく投資方法を採る投資家に特に顕著である。

学術論文

　ジェイコブ・ボウドウク、ロニ・マイケリー、マシュー・リチャードソン、マイケル・ロバーツは、2007年の論文「オン・ザ・インポータンス・オブ・メジャーリング・ペイアウト・イールド（On the

187

Importance of Measuring Payout Yield : Implications for Empirical Asset Pricing)」で、配当利回りは1972～2003年までのサンプルデータにおいて、将来のリターンを予測するにはさして役に立たなかったことを発見している。そして、2003年の論文「プレディクティング・ザ・エクイティ・プレミアム・ウィズ・デビデンド・レシオス（Predicting the Equity Premium with Dividend Ratios)」の著者であるアミッド・ゴヤールとイボ・ウエルチも、配当利回りには予測能力がほとんどないことを発見している。彼らはこう結論づけている。「配当利回りには1990年代以前でさえも予測能力はなく、その能力があるように思われたのは1973年と1974年のたった２年だけである」

　この20年ほど、ファイナンスの世界では、市場ベータ、サイズ、バリュー、モメンタムの４つのファクターからなるカーハートの４ファクターモデルが主要なモデルとされてきた。このモデルは、分散されたポートフォリオのリターンの差異をおよそ95％説明することができる。収益性と投資（投資の少ない銘柄は投資の多い銘柄をアウトパフォームする）とを加えたｑファクターモデルなどの競合するモデルでも説明能力が高まることはなく、また、それ以前のモデルに存在していたアノマリーのほとんどすべてを解消することもできていない。理論や調査が示しているとおり、配当というファクターを含めた資産評価モデルが存在しない点が重要である。

　リターンを決めるにあたり配当が重要な役割を果たしているのであれば、現在の資産評価モデルは有効ではなくなる。言い換えれば、配当を加えることで、現在用いられているファクターの説明能力が向上するのであれば、配当をファクターの１つとしたモデルが構築されていたはずである。すでに広く知られているファクターに「乗っている」ことが分かっている（イクスポージャーをもっている）銘柄の期待リターンが配当政策によって変化しなかったのであるから、配当ファクターは存在しないことになる。例えば、高配当戦略のリターンは、す

188

でに一般的となっているファクター、とりわけバリューファクターへのイクスポージャーによって十分説明が可能である。これは、増配戦略でも同じであり、そのリターンは収益性・クオリティファクターへのイクスポージャーで十分に説明できる。この点を説明するために、大変人気のあるバンガードのデビデンド・アプリシエーション・ETF（VIG）に目を向けてみよう。データは2006年6月以降のものである。2016年2月までの期間で5つのファクターによる回帰分析を行うと、一般的なファクターに対するデビデンド・アプリシエーション・ETFのイクスポージャーは次のとおりであった。市場ベータ（0.93）、サイズ（−0.09）、バリュー（0.14）、モメンタム（−0.01）、クオリティ（0.34）。市場ベータが0.93ということは、このファンドはアメリカ株式市場全体（市場ベータは1）よりも市場リスクが少しばかり低いということである。サイズファクターがわずかにマイナスということは、当該ファンドが保有する銘柄は平均よりも少しばかり大きなものということである。バリューは0.14なので、ファンドが保有する銘柄はバリューファクターに幾ばくかのイクスポージャーを持っていると言える。モメンタムへのイクスポージャーは事実上、ゼロである。そして、デビデンド・アプリシエーション・ETFはクオリティのファクターに対するイクスポージャーがかなり大きい。モメンタムへのイクスポージャーを除けば、その他のイクスポージャーはすべて統計的にも有意である。バリューに対するイクスポージャーのＴ値は3を超えた。クオリティのファクターではＴ値は6を超えている。重要な点は決定係数が95％であることで、このモデルがファンドのリターンを十分に説明していることを示している。

　アメリカ株のおよそ60％、米国外株のおよそ40％が配当を支払っていないので、これらの発見は重要な示唆を持つ。つまり、配当をファクターとしてポートフォリオを構築し、無配の銘柄を除外すると、ポートフォリオの分散がかなり小さなものとなってしまうのだ。分散の

乏しいポートフォリオは、リターンがばらつく可能性がより高いものとなっても、期待リターンが高まることはないので（各ファクターへのイクスポージャーが同じであれば）、より非効率なものとなる。

　配当には説明能力がないことを理論も証拠も示しているのであれば、これほど多くの投資家が配当を好むのはなぜだろうか。古典的な金融論からすれば、この選好はアノマリーということになる。「フリクション」（取引コストや税金など）と呼ばれるものを考慮しなければ、配当とキャピタルゲインとは互いに完全な代替関係にあるはずなので、この行動は理解できないものである。簡潔に記せば、現金配当はその額だけ企業の株価を押し下げることになる（株価の下落幅は歴史的に配当額よりもわずかに少ないものとなる傾向にあるが、これは税金による影響が大きいことを記しておく）。これは1ドルには1ドルの価値はないと考えないかぎり、正しいはずである。つまり、投資家は、現金配当と、その額に等しいだけの株式を売却することで得られる「自家製の」配当との違いには無関心であるはずなのだ。フリクションを別とすれば、互いを完全に代替する。つまり、フリクションを考慮しなければ、配当は毒にも薬にもならないので、投資家がそれを選好するはずがないのである。

　ウォーレン・バフェットが2011年9月にこれを指摘している。バークシャー・ハサウェイの自社株買い計画を発表したあと、現金配当を提案しないのかとバフェットに迫った者たちがいた。株主への手紙のなかで、彼は自社株買いが投資家の利害に最も合致すると考える理由を説明している。また、現金を好む投資家は株式を売却することで事実上の配当を生み出すことができるとも説明している。

　行動ファイナンスの分野を先導するハーシュ・シェフリンとメーヤ・スタットマンは、1984年の論文「エクスプレイニング・インベスター・プリファレンス・フォー・キャッシュ・デビデンド（Explaining Investor Preference for Cash Dividend）」で、現金配当を選好する行動上のア

ノマリーを説明しようとしている。

　彼らはまず、消費を抑制する能力という点を取り上げ、投資家は満足を先送りできないという問題を抱えている可能性があると説明した。この問題に取り組むにあたり、彼らはキャッシュフローを投資ポートフォリオからもたらされる金利と配当だけに制限する「キャッシュフロー」アプローチを採用した。自己創造の配当を利用する「トータルリターン」アプローチでは、自らを律しようとしても、その誘惑にはあらがえない個人が生み出す矛盾を解決することができないのだ。配当を選好することは最適なことではない（税務上の理由によって）かもしれないが、行動上の問題を考えれば、その個人にとっては合理的なものと考えることもできる。言い換えれば、投資家は消費を先送りしたくても、それができないので、消費する機会を限定する状況を生み出し、欲望を抑えようとするわけだ。

　シェフリンとスタットマンは、次にプロスペクト理論と損失回避に基づく説明を行っている。プロスペクト理論では、人々は利益と損失に異なる評価を下すとされている。そして、彼らは認識した損失ではなく、認識した利益に基づいて判断を下す。つまり、利益可能性として表現されたものと、損失可能性として表現されたもの、２つの同価値の選択肢を与えられると、人々は前者を選択するのである。損失回避とは、人々が利益を獲得するよりも、損失を回避することを優先する傾向のことである。ほとんどの研究で、損失が与える心理的影響は利益のそれよりも２倍ほど強力であるとされている。配当を受け取ることには株式の売却は伴わないので、売却を通じた自己創造の配当が必要となるトータルリターンアプローチよりも選好されるのだ。株式を売却すると損失を実現させなければならない可能性があり、人々はその痛みに耐えられない（損失回避を示す）のである。彼らは、市場が上昇していようがいまいが、株式の売却で利益が出ようが出まいが、現金配当は同額の株式の売却を完全に代替するということを理解でき

191

ていない。まったく違いはないのだ。それは、どのようにとらえるか
というだけの問題である。中身よりも形式を重視しているのだ。現金
配当を受け取ろうが、同額の株式を売却しようが、当該銘柄への投資
額は変わらないのだ。配当であれば、保有株数は減少しないが、株価
は配当額だけ低くなる。自己創造の配当であれば、保有株数は減少す
るが、株価は下落しない（支払い配当がないので）。どちらの場合でも、
当該銘柄への投資額は同じである。次に、この理屈の裏にある計算を
示していこう。

現金配当と自家製配当の裏にある計算

　現金配当と自家製の配当とが同値であることを示すために、１つの
点を除きすべてがまったく同じである２つの企業を検証してみよう。企
業Ａは配当を支払っており、企業Ｂは配当を支払っていない。議論を
簡単にするために、企業Ａと企業Ｂの株式は簿価（通常、株式がその
ように取引されることはないが、検証結果は同じである）で取引され
ているとする。

　２つの企業の当初の簿価は10ドルである。どちらも１株当たり２ド
ルを稼ぎ出す。企業Ａは１ドルの配当を支払い、企業Ｂは配当を支払
わない。企業Ａの投資家は１万株を保有し、１万ドルの配当を受け取
って、それを消費に充てている。１年が経過した時点で、企業Ａの簿
価は11ドル（当初の簿価10ドル＋２ドルの利益－１ドルの配当）とな
る。投資家は11万ドル（11ドル×１万株）の株式と１万ドルの現金を
保有し、計12万ドルとなる。

　では、企業Ｂの投資家を見てみよう。１年が経過した時点での企業
Ｂの簿価は12ドル（当初の簿価10ドル＋利益２ドル）であるので、こ
の投資家のアセットアロケーションは12ドルの株式と０ドルの現金、と
なる。彼は消費に必要となる１万ドルを生み出すために株式を売却し

なければならない。そこで、833株を売却し、9996ドルを手にした。この売却によって、彼が保有する株数は9167株となる。しかし、その株式は12ドルの価値があるので、彼のアセットアロケーションは11万4ドルの株式と9996ドルの現金となり、企業Aの投資家とほぼ同じ結果となる。

2つの方法が同じであることを示すもう1つの方法として、企業Aの投資家が配当を費消してしまうのではなく、再投資に充てるとしてみよう。株価は11ドルであるので、1万ドルで909.09株を取得することができる。つまり、彼は10909.09株を保有しているのだ。株価が11ドルであるから、彼のアセットアロケーションは企業Bのそれと同じであり、12万ドルの株式となる。

すべての利益を留保した企業Bは将来の利益成長が見込まれることを理解することが重要である。それは、同社はより多くの投資資本を持っているからである。市場は株式を正確に価格付けすると仮定すれば、保有資本が増大したことで、保有株式の少なさを補って余りあるだけの利益が生み出されることになる。

シェフリンとスタットマンの論文に立ち返ると、彼らは1982年の証券会社向けのハンドブックを引用して、こう指摘している。「多額の配当を支払う株式を取得することで、ほとんどの投資家たちはその期待収入ゆえに、自らを慎重だと納得してしまう。彼らは潜在的な利益を超過利益と考えてしまうのだ。株式の価値が取得価格を下回ると、彼らは、損はしても配当がリターンをもたらしたのだと自らを元気づけるのだ」。彼らは、投資家は売却で利益を得ると、それを「超過利益」だととらえるが、損失が発生すると、投資家はそれを「自らを［元気づける］希望の兆し」とすると指摘しているのである。投資家の心理に与える影響は損失のほうが大きく、また彼らはそれを回避しようとするのであれば、彼らが損失を実現させることを回避し、現金配当を選好することも理解できる。

193

シェフリンとスタットマンは３つ目の説明として後悔回避を挙げている。彼らは２つのケースを検証するよう提案している。

1．配当として600ドルを受け取り、それをテレビセットの購入に充てる
2．600ドル分の株式を売却し、それをテレビセットの購入に充てる

テレビを買ったあとで、株価が大幅に上昇する。ケース１とケース２のどちらが後悔の度合いが大きいだろうか。現金配当も自己創造の配当も同値なのであるから、ケース１よりもケース２のほうが後悔の度合いが大きいなどというはずはないのだ。しかし、行動ファイナンスによる研究では、ほとんどの人々が株式を売却したことにより大きな後悔の念を抱くことが示されている。つまり、後悔回避を示す投資家は現金配当を選好するということである。

シェフリンとスタットマンは、行動を取らない場合よりも、行動を取った場合のほうが、人々が感じる後悔は大きくなると説明している。自家製の配当を生み出すために株式を売却するには、現金を生み出すという判断を下さなければならない。しかし、配当を通じて資金がもたらされる場合、行動を取る必要はなく、それだけ後悔の念が小さくなるわけだ。これもまた、現金配当が選好される理由の１つとなる。

彼らはまた、配当に対する選好が投資家のライフサイクルを通じてどのように変化するかを説明してもいる。前述のとおり、元本には手を付けずに、ポートフォリオがもたらすキャッシュフローだけを消費するという考えを正当化するには自己制御という行動上のメカニズムが必要となる。労働によって収入を得ている若い投資家は、高配当戦略はマイナスの貯蓄を促すことになるので、配当の低い銘柄からなるポートフォリオを好むかもしれない。一方で、労働による収入のない、引退した投資家は同じ理由から高配当戦略を好み、不利な貯蓄（資本

付録C　配当は有効なファクターたり得ない

を費消する）を思いとどまるのだ。証券会社の研究によれば、年齢と配当に対する選好には実際に強い正の関係があることが分かっている。

　つまるところ、現金配当に対する選好は、投資家が「合理的」判断を下すことを前提とした古典的な経済理論では説明できないアノマリーなのである。しかし、自己制御という問題（衝動買いにあらがえないなど）に直面した投資家は、少しばかりコストが増大するにせよ、行動上の問題を回避することで得られる効果を考えれば、現金配当を求める戦略は自分たちにとって合理的であると考えるかもしれない。

現実世界にはフリクションが存在する

　残念ながら、われわれが住む世界にはフリクションが存在する。そして、フリクションが存在する世界では、配当よりもキャピタルゲインのほうが好ましいと考えるようになる。そのまた逆も真である。配当に対して長期のキャピタルゲインよりも高い税率が課される——かつても、現在もそうだが、REITやビジネス・ディベロップメント・カンパニー（BDC）など非適格配当を支払う法人において——のであれば、課税対象となる投資家がキャピタルゲインを選好することは言うまでもない。現在の税制でも、課税対象となる投資家はキャピタルゲインを好む。自己創造の配当を生み出すときには、長期のキャピタルゲインとして扱われる銘柄だけを売却することができ、税金も、売却額全体ではなく、利益となった部分にだけ課されることになる。配当の場合、その全額が課税対象となる。さらに、投資家は簿価が最も高い株式を選んで売却することで、税金を最小化することもできる。もし売却で損が出れば、投資家は税額控除という効果を手にすることにもなる。税制優遇のある口座であっても、国際的に分散を図る（慎重な戦略を採る）投資家は、当該口座においては配当にかかる外国税額控除がゼロであるので、キャピタルゲインを好むのである。最後に、消

195

費に必要な額以上の現金配当がなされているならば、キャピタルゲイン重視のトータルリターンアプローチは、配当の「超過」額に対する課税を回避することの時間価値だけでなく、その配当によって投資家により高い税率が課されるようになることを防ぐことができるという利点がある。

　投資家が配当を選好するもう1つの理由は取引コストである。すべての資産を税制優遇のある口座で保有し、またすべての資産が国内のものであると仮定しよう。この場合、税金がフリクションをもたらすことはない。自己創造の配当を生み出すことで、キャッシュフローアプローチ（配当でキャッシュフローを獲得する）を採れば回避することができた取引コストが発生するとしたら、それが原因となって現金配当が選好されることになり得る。しかし、手数料率が極めて低く、コストをかけずに多くの投資信託を取引できる今日の環境では、これは問題とはなりにくいであろう。

　結論に至る前に、比較的最近発表された論文による発見を議論したいと思う。これは、配当戦略を検討している投資家にとって重要な示唆となるものだ。1つ目が、2014年の論文「エンハンシング・ザ・インベストメント・パフォーマンス・オブ・イールドベースド・ストラテジーズ（Enhancing the Investment Performance of Yield-Based Strategies）」で、1972〜2011年を対象としたものである。著者のウエズリー・グレイとジャック・ボーゲルは、配当利回りの定義を3つの代替的な指標にまで広げることで、配当利回りによる説明能力が向上することを発見した。3つの代替的な指標とは次のとおりである。

●PAY1　配当＋自社株買い
●PAY2　配当＋自社株買いの純額（自社株買い額から新株発行額を
　　　　差し引く）
●SHYD　利回り計算の一部として負債の純返済額を含めた株主の利

回り（負債の純返済額は時価総額に対して企業が抱える負債額の比率の前年との差異で算出される）

グレイとボーゲルの発見をまとめると次のとおりである。

● PAY2の利回り（配当＋自社株買いの純額）に負債の純返済額を加えると、投資パフォーマンスが向上する。
● 高利回り戦略が体系的にアウトパフォームすることを示す証拠は存在しない。
● 1972〜2011年までの期間で、SHYD指標が最も高かった企業は月次平均1.3％のリターンを上げ、月次0.25％となった３ファクターのアルファは統計的にも有意であった。これは、月次リターンが平均1.2％であり、アルファが月次0.17％で統計上有意であったシンプルな配当利回り戦略（DIV）と比べても優れている。
● PAY1、PAY2とSHYDを10年ごとに見ると、過去４回のうち３回で、シンプルな配当利回り戦略をアウトパフォームしている。
● SHYDはどのような期間で見ても、最もパフォーマンスが高い。

　グレイとボーゲルは、利回りのカテゴリーでは、配当性向が低い企業は、それがより高い企業をアウトパフォームすることを発見した。彼らは、利回りを算出するにあたって負債の純返済額を加えることで、高配当戦略は大幅に改善されると結論している。自社株買いと債務の増減額とを組み合わせることで効果的な利回りを生み出すことができるということは直感的にも分かりやすいので、彼らの発見も驚くべきことではない。自社株買い、債務の返済、配当の支払いは、すべて投資家に効果的に現金を還元する術である。また、配当だけでは有効なファクターたり得ない理由でもある。これらの指標は、収益性・クオリティを示すものであると考えてもよいであろう。利回りが高くとも配

当性向が低いということは、配当は今後も安定し、また増大すると考えることもできる。

　自社株買いは良いことであるという考えが長らく存在するが、1983年以前は、規制によって企業が積極的に自社株買いをすることができなかった。この変化を受けて、グスタボ・グルロンとロニ・マイケリーは2002年の論文「デビデンツ、シェアー・リパーチェシーズ、アンド・ザ・サブスティテューション・ハイポセシス（Dividends, Share Repurchases, and the Substitution Hypothesis）」で次のような発見をしている。「自社株買いは［原文ママ］アメリカの企業にとって重要な収益還元方法となっただけでなく、企業はさもなければ配当の増大に充てたであろう資金を自社株買いに充当している」。彼らは「企業は配当を自社株買いに置き換えつつある」と結論した。

　最後に取り上げる論文は、有配株の金利リスクに対する感応度について取り組んでいる。

有配株と金利リスクへの感応度

　伝統的なファイナンス理論のレンズを通して見れば、配当を支払っている銘柄は、そのキャッシュフローのデュレーションが無配株よりも短いので、金利に対する感応度は低くなる。高成長企業は配当がより少なく、将来の成長率がより高くなる傾向にある。これによって、当該企業のキャッシュフローの分配は、最も遠い将来へと偏ることになる。対照的に、配当がより多い企業は、留保率がより低く、将来の成長率もより低いものとなる傾向にある。つまり、そのような企業のキャッシュフローは比較的短期間に分配されるのだ。結果として、バリュエーションモデルに従えば、配当のより少ない銘柄のデュレーションはより長くなる傾向にあるとなる。つまり、有配株、特に配当が比較的大きいそれは、金利リスクに対する感応度が低くなると期待でき

るのだ。しかし、ハオ・ジャンとツェン・ソンは、1963〜2014年を対象に行った2015年の研究「エクイティ・デュレーション（Equity Duration : A Puzzle on High Dividend Stocks）」で、データは伝統的な理論とは対極の結果を示していることを発見した。

「金利に対する感応度という点で、ポートフォリオのデュレーションは配当利回りに対して単調に上昇する。高配当株は、長期債の利回りが増大するとリターンが減少し、低配当株は金利がはねると、より高いリターンをもたらす傾向にある」ことを彼らは発見したのだ。検証期間において、金利が1％下落すると、高配当株のリターンは1.35％上昇する。対照的に、低配当株のそれは1.12％低下する傾向にある。どちらも1％の水準で統計的に有意であった。高配当株と低配当株の推定デュレーションにおける2.46％という差は、統計的にも極めて有意である。彼らは、配当の代替指標として配当性向（配当額を株式の簿価で割る）を用いても、同様のパターンが見られることを発見した。さらに、検証期間を通じて、高配当株のデュレーションが長くなる傾向があるだけでなく、当該期間の後半に向かうほど、その効果が強くなることを発見している。

ジャンとソンは、これらの結果は高配当株のより高い市場ベータ（株式のリスクに対するイクスポージャーがより高い）が要因ではないことを発見した。実際に、それらの銘柄の株式市場ベータは低い傾向にあった。また、「株式市場全体と債券市場のリターンの相関がマイナスからプラスまで大きく変化するにもかかわらず、高配当株のデュレーションは過去50年間、安定的に長いものであった」ことを発見している。

配当割引モデルとデュレーションに関連して、議論すべきもう1つの問題がある。つまり、それはキャッシュフローの不確実性を考慮していないということだ。リスクのある有価証券は、無リスクの有価証券と比べて将来の現金の支払額が現在価値全般に与える寄与が小さい

ので、金利の変化に対する感応度が低くなるはずである。キャッシュフローのリスクと配当との関係は、配当に関する論文で十分に議論されてきた。企業は、大きな不確実性に直面し、また利益が低下することで将来の配当を減少させなければならない可能性があると、より高い配当を支払うことを渋るようになると指摘する研究がある。これによって、配当と企業のキャッシュフローリスクとに負の関係が導き出される。配当がより大きい銘柄のキャッシュフローリスクはより低くなる傾向にあるならば、金利の変化に対する感応度は比較的大きなものとなる。有配株はより安全な投資だという投資家の考えが割引率を引き下げ、キャッシュフローのデュレーションを増大させるが、そうすることで金利リスクへの感応度が高まるのである。こう理解すれば、データが伝統的な理論と矛盾する理由を説明することもできる。

ジャンとソンの発見によれば、2008年以降、有配株がもたらす現金に対する投資家の需要が増大したことで、それら銘柄のバリュエーションが上昇し、期待リターンの算出に用いられる割引率（と将来の期待リターン）が低下し、それゆえにデュレーションが増大したと説明することもできる。

ジャンとソンは、興味深いことに概して機関投資家は高配当株を避ける傾向にあることを発見した。これは、高配当株を好むのは個人投資家であるとする研究結果とも軌を一にするものである。実際に、ジャンとソンは、金利が高い環境下（長期金利が高かった四半期のうち上位20％）では、検証したすべての種類の機関投資家（銀行、保険会社、投資信託、年金基金、寄付基金、投資顧問）は、高配当株を市場よりもアンダーウエートする傾向にあることを発見している。一方で、金利が低い環境下（長期金利が低かった四半期のうち下位20％）では、機関投資家の高配当株を避けようとする傾向は弱まり、投資信託や保険会社は高配当株を市場よりもオーバーウエートする傾向にあった。このパターンは、投資信託で特に顕著である。金利が高いと、彼らは高

配当株を市場よりもアンダーウエートし、金利が低いと、高配当株をオーバーウエートする。

　彼らは、投資信託にみられる高配当株への選好は、株式のインカムファンドの行動による影響が大きいようだとしている。株式のインカムファンドは、配当が最も大きい部類の株式をオーバーウエートし、最も小さいそれをアンダーウエートするのだ。さらに、彼らは、株式のインカムファンドにおける高配当株と低配当株のアロケーションは、金利水準に依存していることを発見した。金利が低いとき、インカムファンドは高配当株を保有したがる強い傾向を示す。しかし、金利が高いと、インカムファンドは高配当株のオーバーウエートを渋る傾向にあるのだ。

　ジャンとソンはまた、投資信託の投資家は金利が低いときに、不適当なまでに多くの資金をインカムファンドに投じることも発見している。すべての株式ファンドに比べてインカムファンドに投じられる超過資金と、長期金利とのタイムシリーズ相関は－50％にもなり、統計的にも１％の信頼水準で有意である。インカムファンドの資金フローに対する彼らの分析に従えば、「資金フローはファンドの純リターンだけでなく、配当利回りにも反応し、またファンドに与える配当の影響は金利水準に大いに依存している。特に、金利が低いときは、インカム（配当）を生み出し、トータルリターンを高めることができる能力のあるファンドに顧客の資金は向かうことになる。競争による圧力があるなか、インカムファンドが低金利下で配当への触手をさらに伸ばそうとするのは当然である」。金利が上昇すれば、想定外のマイナスの結果を生みかねないのであるから、選好がシフトするというこの発見は配当戦略に重大な示唆を与えるものである。

　もう１つ取り上げるべきことがある。高配当戦略はバリュー戦略の一種だということだ。それを念頭に、さまざまなバリュー戦略のリターンを比較することで、高配当戦略がどれほど有効かを知ることがで

きる。1952〜2015年までの期間で、配当利回りのプレミアムは2.4%であり、PBR（株価純資産倍率）のプレミアムが4.1%、PCFR（株価キャッシュフロー倍率）のプレミアムが4.7%、PER（株価収益率）のプレミアムが6.3%であった。配当利回りのプレミアムが最も小さかったばかりでなく、そのＴ値も統計上有意とは言えないものである。配当利回りのプレミアムのＴ値はたった1.2であり、ほかのＴ値はそれぞれ2.4、2.9、3.4であった。つまり、プレミアムが最も小さいばかりでなく、そのプレミアムも統計上はゼロに等しい、ということである。

　以上をまとめると、ポートフォリオの構築に配当をファクターとして用いることはできないということを、理論と調査結果が示している。分散効果の減少や税務という点での配当戦略の負の側面を考えると、シェフリンとスタットマンが指摘する心理的優位性を強く求めないのであれば、ファクター動物園に展示された配当を見にいく理由はないであろう。

付録D 低ボラティリティファクター

　金融経済学者が初めて開発した公式のCAPM（資本資産評価モデル）の大きな問題の1つが、それが推定するリスクとリターン関係は正であるということにある。しかし、経験則に従えば、実際の関係はフラットか、負ですらある。過去50年以上にわたり、最も「ディフェンシブ」（ボラティリティが低く、リスクが少ない）な銘柄は、最も「アグレッシブ」（ボラティリティが高く、リスクが大きい）な銘柄よりも高いリターンと、高いリスク調整済みリターンをもたらしている。さらに、少なくともボラティリティに基づいたディフェンシブな戦略では、ファーマ・フレンチの3ファクターまたは4ファクターの大きなアルファがもたらされる。

　ボラティリティが低い銘柄のパフォーマンスが優れていることは、1970年代にフィッシャー・ブラック（1972年）たちが論文で紹介しているが、それはサイズやバリューのプレミアムが「発見」される以前のことである。低ボラティリティのアノマリーは世界中の株式市場に存在することが示されてきた。興味深いことに、この命題は株式だけでなく、債券においても真なのである。言い換えれば、普遍性があるということだ。

　われわれの分析は、低ボラティリティに焦点を当てるが、ボラティリティと市場ベータ（市場ベータについては第1章で議論した）とは密接に関連している。また、どちらに関する証拠も同じようなものであるので、低ベータファクターに関する推奨内容も低ボラティリティに関するそれと同じとなる。

203

アノマリーを説明する

デビッド・ブリッツ、エリック・ファルケンステイン、ピム・バン・ビレットは、2014年の研究「エクスプラネーション・フォー・ザ・ボラティリティ・エフェクト（Explanation for the Volatility Effect : An Overview Based on the CAPM Assumptions）」で、ボラティリティの効果を説明する論文を広く見直している。彼らはまず、経験的に証明されるCAPMの誤りは、モデルにおける１つかそれ以上の非現実的な仮定に起因すると説明している。モデルは市場がどのように動き、また価格がどのように決まるのかを、私たちが理解することを助けることができるものの、定義により、それは不完全または誤りなのだ。さもなければ、物理学のように、それを法則と呼ぶことになるのだが。

CAPMでは、その仮定の１つとして、レバレッジや空売りに限界はないとしている。現実世界では、多くの投資家がレバレッジの利用を制限され（約款によって）、またそれを用いることを回避している。空売りについても同じで、供給の少ない銘柄を借り入れるコストは非常に高いものとなりかねない。そのような制約ゆえに、アービトラージャーが価格の誤りを修正することができなくなるのだ。CAPMにおけるもう１つの仮定が、市場にはフリクションが存在しない、つまり取引コストも税金も存在しないというものである。もちろん、現実世界ではコストが発生する。さらに、最もミスプライシングの大きい銘柄は、空売りのコストが最も高い銘柄でもあることを示す証拠も存在する。

低ボラティリティのアノマリーを説明するならば、リターンを増大させようとする投資家は制約やフリクションに直面すると、株式のリスクプレミアムをより多く獲得するために高ベータの有価証券にポートフォリオをティルト（イクスポージャーを傾ける）させようとするとなる。この高ベータの有価証券に対する需要の増大と低ベータに対

する需要の低下とが、CAPMモデルによる推定に対して、リスクと期待リターンとの関係がフラット（もしくは、逆）になる理由を説明できるかもしれない。

規制上の制限もアノマリーの要因となり得る。ブリッツ、ファルケンステイン、バン・ビレットはこう説明している。「規制当局は通常、ソルベンシー・マージンの要件を決めるにあたり、株式の種類を区別することはなく、株式に投じられた総額だけを検討対象とする。その例が、バーゼルⅡとバーゼルⅢの枠組み（株式保有に対する資本要件を一律23.2％としている）における標準的なモデルであり、オランダの年金基金におけるソルベンシーⅡ（株式保有に対する資本要件を一律32％としている）とFTK（株式保有に対する資本要件を一律25％としている）である。このような規制のもと、株式へのイクスポージャーを最大化し、それに付随する資本要件を最小化したいと考える投資家は、株式市場でもボラティリティが高い銘柄群に引きつけられることになる。そうすることで、実質的に資本要件当たりの株式イクスポージャーが最大となるわけだ」

学術論文では、空売りに対する規制によって株式は割高となり得ると長らく推定されてきた。ブリッツ、ファルケンステイン、バン・ビレットも、リスクの高い銘柄がそうなると説明している。「空売りが少ない、またはまったく存在しない市場では、特定の銘柄に対する需要は最も楽観的な期待を有する少数派によってもたらされる。この現象は勝者の呪いとも呼ばれている。見解の相違はリスクとともに大きくなり、リスクの高い銘柄を保有する者たちが最も大きなバイアスを抱いているので、それらはリスクの低い銘柄よりも割高になりやすいのだ」

CAPMにおける仮定には、投資家はリスク回避的であり、資産の期待効用を最大化し、リターンの平均値と変化にだけ気を払うというものがある。しかし、そのような仮定が有効ではないことをわれわれは

承知している。現実世界では、宝くじのような投資、つまり正の歪度と高い尖度を示す投資を「好む」、または選好する投資家が存在する。それゆえ彼らは「非合理にも」、リターンが振るわなくともボラティリティの高い銘柄（宝くじのような分布を示す）に投資するのだ。彼らはプレミアムを払ってギャンブルをやっているのである。「宝くじ」に分類される株式には、IPO（新規株式公開）銘柄、収益性のない小型グロース株、低位株、破産した銘柄などがある。裁定取引の限界とコスト、そして空売りに対する懸念によって、合理的な投資家がミスプライシングを調整することができないのだ。

またCAPMでは、投資家は個人が有する資産の期待効用を最大化すると仮定している。しかし、個人が気にするのは相対的な富であることを研究が示している。例えば、「大多数の人々は、他人が20万ドル稼いでいるときに11万ドル稼ぐことよりも、他人が９万ドル稼いでいるときに10万ドル稼ぐことを好む。人々は相対的に高ければ、絶対的には低くてもかまわないのだ」とする研究結果を彼らは引用している。ブリッツ、ファルケンステイン、バン・ビレットは、絶対リターンを重視する投資家と相対リターンを重視する投資家との双方が存在するということは、証券市場線が部分的にフラットになる（ベータの増大に合わせてリターンが単調に増大せず、ベータの最も高い銘柄のリターンが最も低くなる）ということであり、その度合いも相対的なリターンを求める投資家の数と絶対リターンを求める投資家の数とに依存すると記している。ボラティリティの結果はベータのそれと極めて似かよっていることを記しておく。またCAPMでは、エージェントはオプションバリューを最大化すると仮定している。しかし、あらゆるたぐいのバイアスに左右される生きた投資家が住む現実の世界では、これも有効ではない。その例として、彼らは、ナーディン・ベイカーとロバート・ホーゲンによる2012年の論文の考察をまとめ、次のように記している。「ファンドマネジャーは通常、基本給を受け取り、パフォー

マンスが非常に高かったときにボーナスを手にする。この報酬体系は
ポートフォリオのリターンに対するコールオプションのようなもので
あり、よりボラティリティの高いポートフォリオを構築することでそ
のオプションの価値は増大するのだと彼らは主張している。言い換え
れば、リスクを求める行動を取るインセンティブを持つプロの投資家
と、CAPMが想定するように、よりリスク回避的であろうとする顧客
との間に利益相反がある、ということだ」

　ブリッツ、ファルケンステイン、バン・ビレットは、次のように考
えることでオプションという議論を一歩進めることができると説明し
ている。「一流のファンドマネジャーが手にする報酬は、二流のファン
ドマネジャーのそれよりもかなり大きなものである。例えば、一流の
ファンドマネジャーは、『ブルームバーグ・マーケッツ』誌の表紙を飾
るなど、外部の投資家から不相応なまでの注目を集めることになる。ト
ップのファンドマネジャーになるためには、極端なまでに大きなリタ
ーンを生み出さなければならない。ほどほどにアウトパフォームする
だけでは、それが能力によるものか運によるものかを区別することが
事実上不可能であり、極端なリターンを上げることで将来の潜在的な
投資家や本当に能力のある従業員候補にシグナルを送ることができる
という追加的な効果が得られるのだ。短期間に極端なリターンを実現
することに注力するファンドマネジャーは、そのようなリターンを可
能とするリスクの高い銘柄がもたらす、より低い長期的な期待リター
ンを喜んで受け入れる可能性がある」

　またCAPMでは、投資家は完全な情報を持っており、手にした情報
を合理的に消化できると仮定している。これもまた、現実世界ではあ
り得ないことであることは分かっている。投資信託と個人投資家の双
方が、ニュースで取り上げられることが多い銘柄を保有する傾向にあ
ることを研究が示している。言い換えれば、彼らは異常なほどの出来
高となった注目株や、直近で大きなリターンをもたらした銘柄を買う

傾向にあるのだ。投資家は自分たちが取得できる何千もの銘柄をすべて調査することは難しいので、注目株を買うことになるのかもしれない。そのような買いによって、株価は一時的に上昇し、その後のリターンが振るわないものとなる。通常、注目株はボラティリティが高く、一方で、ボラティリティの低い退屈な銘柄は投資家から無視されることになる。それゆえ、注目株を買うこの現象がボラティリティ効果の存在を支持するもうひとつの説明となる。

投資家（アクティブ運用のファンドマネジャーを含む）は自信過剰であることも研究で示されている。ここでもまた、合理的な情報処理が行われるとするCAPMの仮定が当てはまらない。ボラティリティ効果に対する影響としては、仮にアクティブ運用のファンドマネジャーに能力があるとするならば、その能力に対して最大の報いをもたらすのは市場でもボラティリティの高いセグメントであるので、そこで活動するのが合理的となることがある。しかし、その結果、ボラティリティの高い銘柄への需要が過剰なものとなるのだ。

論文では、数多くのあり得る説明がなされている。明らかであろうことは、その多くは制約やエージェンシー問題ゆえにファンドマネジャーはボラティリティの高い銘柄を志向するということだ。そう考えると、これらの問題に影響を与えるような事象は起こりそうもなく、アノマリーが持続する可能性は高そうだということになる。さらに、人間の性質は容易には変わらない。それゆえ、投資家が「宝くじ」投資を好まなくなるとする理由も見当たらないのだ。そして、裁定取引の限界と、追証の懸念やその費用によって、アービトラージャーがミスプライシングを調整することが難しくなるのである。

証拠

1968〜2015年を対象とした、2016年の論文「アンダスタンディング・

ディフェンシブ・エクイティ（Understanding Defensive Equity）」で
ロバート・ノビー・マルクスは、ボラティリティや市場ベータに基づ
いて株式を五分位に分類すると、最も高い五分位に属する銘柄が劇的
なまでにアンダーパフォームする一方で、ほかの4つの五分位に属す
る銘柄のパフォーマンスは市場並みであることを発見した。実際に、ボ
ラティリティが2番目に高い五分位（第4五分位）のリターンが最も
高く、次が第3五分位、第2五分位、そして最後が第1五分位であっ
た。この非線形の関係は、十分位や五分位や四分位のそれぞれでリタ
ーンが線形となる、われわれが推奨した各ファクターが示した傾向と
はまったく異なるものである。ボラティリティやベータで分類されて
いるので、シャープレシオやCAPMアルファなどのリスク調整済みの
指標はもっと単調なものとなる。

　ノビー・マルクスはまた、ボラティリティが高く、市場ベータが高
い銘柄は、小型で、収益性のないグロース企業に著しく偏っているこ
とを発見した。この偏りは、「ジャックポット」とか「宝くじ」と呼ば
れる最も積極的な銘柄の絶対パフォーマンスが振るわないことを説明
するものである。時価総額全体に占める割合が極めて小さい、これら
リスクの高い（小型で、収益性のないグロース株）銘柄のアンダーパ
フォーマンスこそが、ディフェンシブ銘柄の異常なパフォーマンスを
左右するのだ。またノビー・マルクスは、株式の収益性はそのボラテ
ィリティの重要な負の予測因子であり、低ボラティリティにとって、最
も重要な予測因子であることを発見している。

　また彼は、収益性をファクターに加えれば、ディフェンシブ（低ボ
ラティリティ）戦略のパフォーマンスは、サイズ、収益性、そして相
対バリュエーションという一般的なファクターを調整することで説明
できることを発見した。また、ディフェンシブ戦略は、大型株（彼が
用いたサンプルデータによると、ボラティリティの低い銘柄はボラテ
ィリティが高いそれよりも30倍も大きく、ロング・ショート・ポート

フォリオにおけるサイズファクター（SMB）へのイクスポージャーは
－1.12）、バリュー株（ロング・ショート・ポートフォリオのHML（バ
リューファクター）へのイクスポージャーは0.42）、そして収益性のあ
る銘柄に大きくティルトすることも発見している。収益性へティルト
することで、ディフェンシブ戦略がどれほどバリューにティルトして
いるかが分かりづらくなる。バリューと収益性は強い負の相関関係を
示すので、収益性を調整しなければ、ディフェンシブ戦略のバリュー
に対するイクスポージャーは低下してしまう。ノビー・マルクスはま
た、ファーマ・フレンチの３ファクターのアルファのうち６分の５（月
次68ベーシスのうち57ベーシス）は、戦略のショートサイドにある積
極的な銘柄がもたらしたもので、実際、本当のディフェンシブ銘柄に
起因するのは６分の１（または、月次12ベーシス）にすぎないことを
発見した。低ベータ戦略でも同様の結果であるという。

　ノビー・マルクスの研究では、小型のグロース株のリターンが振る
わないというアノマリーは株式の簿価がマイナスとなる傾向にある収
益性のない銘柄の影響を受けているとされている。小型株のディフェ
ンシブ戦略で成功するには、これらリスクの高い銘柄を避けることが
必要となる。リターンのおよそ半分がロングサイドとショートサイド
のそれぞれから上がるほかのファクターとは異なり、低ボラティリテ
ィと低ベータによるリターンの大半はショートサイドからもたらされ
るものであるが、それは低ボラティリティ戦略そのものに要因がある
のではない。言い換えれば、サイズ、相対バリュエーション、収益性
を勘案することで、ディフェンシブ戦略のパフォーマンスを説明する
ことができるのである。

　この点を説明するために、ノビー・マルクスは1968年初頭に小型の
グロース株（平均すると、上場銘柄の37.7％に相当するが、時価総額
では全体の5.3％にすぎない）を用いたディフェンシブ戦略に投じた１
ドルが、取引コストを無視すれば2015年末までに431ドルまで増大する

ことを示した。小型のバリュー株や大型のグロース株によるディフェンシブ戦略に投じた１ドルは、それぞれ2.79ドルと1.23ドルにしかならなかった。大型のバリュー株によるディフェンシブ戦略に投じた１ドルは、2015年末にはたった0.27ドルしか投資家の手元に残らず、検証期間を通じて資本の73％が失われたことになる。対照的に、Ｔビルに投じられた１ドルは10.30ドルまで増大した。

ノビー・マルクスはこう結論している。「最も積極的な銘柄の絶対パフォーマンスが振るわないことが再確認された一方で、ディフェンシブな株式戦略のパフォーマンスは既知のファクターのクロスセクションのリターンの組み合わせによって説明される」。彼はこうも付け加えている。「しかし、ディフェンシブ戦略はこれらプレミアムを追い求めるには非効率な方法であり、収益性のない小型グロース株を排除しようとする安易なディフェンシブ戦略は取引上も非効率で、大きなリバランスが必要となり、それに伴う取引コストも大きなものとなる」

さらなる証拠

ノビー・マルクスの発見は、低ボラティリティ戦略を実践するには問題があるとする研究を後押しするものである。例えば、シー・リー、ロドニー・Ｎ・サリバン、ルイス・ガルシア・フェイヨは2014年の研究「ザ・リミッツ・トゥ・アービトラージ・アンド・ザ・ローボラティリティ・アノマリー（The Limits to Arbitrage and the Low-Volatility Anomaly）」で、低ボラティリティ銘柄をロングし、高ボラティリティ銘柄をショートするポートフォリオを構築することで得られるエクセスリターンは、基本的にポートフォリオを構築した最初の月だけで見られるものであり、流動性の乏しい銘柄（低位株や高ボラティリティ銘柄など）に伴う高い取引コストによってその多くが食われてしまうことを発見した。彼らはまた、時価総額加重のポートフォ

211

リオに見られる異常なリターンは、低位株（５ドル以下）を除外することで大幅に低下し、また等ウエートのポートフォリオではまったく見られないことを発見した。実際に、ボラティリティが最も高い五分位に属する銘柄の平均株価が７ドルを少し上回るだけであり、ほとんどとは言わないまでも、多くの銘柄が「低位株」と考えられるであろう。最後に、低リスクの効果は1990年以降、目に見えて弱まっていることも発見された。その年、低位株の取引に関連した不正行為を撲滅することを目的とした新たな規制が議会を通過したのだ（ハイテクバブルの崩壊以降、多くの高ベータ銘柄が姿を消し、アメリカ株式市場の上場銘柄数が著しく減少したことを付け加えたい）。彼らは、「低リスクの取引戦略の現実的な収益性には疑義が生じる」と結論している。

1991年７月から2012年12月までを対象としたブラッドフォード・ジョーダンとティモシー・リーレイによる2016年の研究「ザ・ロング・アンド・ショート・オブ・ザ・ボル・アノマリー（The Long and Short of the Vol Anomaly）」は、高ボラティリティ銘柄と空売り残の多い銘柄は将来のリスク調整済みパフォーマンスが振るわないとする、それまでの研究に触発されたものである（「一般通念」に従えば、空売り残が多いということは将来買い戻しが行われるので強気のシグナルとなるわけだが、現実には空売り残の多い銘柄のパフォーマンスは平均的に振るわないものである）。しかし、これまで、この２つをまとめて検証した者はいない。彼らは、過年度のボラティリティが高い銘柄は、平均的にボラティリティが低い銘柄をアンダーパフォームするが、ボラティリティの高い銘柄のうち、空売り残の少ない銘柄は実際に大きなプラスのリターンをもたらすので、この２つを比較するのはミスリードであることを発見した。言い換えると、空売り残の多い銘柄は大きなマイナスのリターンをもたらすということだ。つまり、ボラティリティが高いことそれ自体が将来のパフォーマンスが振るわないことを示すのではない。実際に、1991年７月から2012年12月までの期間で、ボ

ラティリティが高く、空売り残の少ない銘柄による４ファクター・アルファは年11％と、CRSPバリュー・ウエーテッド・インデックスを年７％上回った。まったく対照的に、ボラティリティが高く、空売り残の多い銘柄をロングするポートフォリオの４ファクターアルファは年マイナス９％である。

　もうひとつ重要な発見は、ボラティリティが高く、空売り残が少ない銘柄は、ハイテクバブルの崩壊や大恐慌といった混乱期に市場をアウトパフォームすることである。「ハイテクバブル」の間、ボラティリティが高く、空売り残が少ない銘柄からなる等ウエートのポートフォリオは、CRSPバリュー・ウエーテッド・インデックスを年複利で3.5％上回っていたが、金融危機時には、この差異が10.8％まで広がったのだ。

　重要なことは、ジョーダンとリーレイの発見はロングオンリーの戦略に示唆を与えるもので、ボラティリティが高く、空売り残の少ない銘柄を買うことで、ショート戦略に伴う高いコストや裁定取引の限界を回避することになるということだ。ボラティリティが高く、空売り残の少ない銘柄は平均的な銘柄よりも流動性に乏しい（つまり、実行コストによって、リターンのすべてを実現させることができない）が、流動性が高い銘柄と低い銘柄との間でパフォーマンスには大きな違いが見られなかったという。また、空売り残が少ない銘柄は、概して出来高が多い、より大型の銘柄である。ボラティリティが高く、空売り残が多い銘柄は平均すると、５億5600万ドルの規模であり、ボラティリティが高く、空売り残の少ない銘柄はおよそ20億ドルであった。つまり、ロングオンリーの投資家は流動性の低い銘柄を除外し、回転に伴うコストを最小化すべく忍耐強い取引戦略を用いることができるということだ。

　彼らは「ボラティリティが高いということは必ずしも悪いことではない」という結論に至った。一方で、こう説明している。「①評価が難

213

しく、ボラティリティが高い銘柄で、プラス・マイナスの双方にバリュエーションの誤りが見られる、②空売り筋はそのようなバリュエーションの誤りを見いだし、つけ入ることを得意としている」

DFA（ディメンショナル・ファンド・アドバイザーズ）やほかの企業も、ストラクチャード・ポートフォリオ戦略を実践するにあたり、空売り残に関する情報を長い間利用していることは特筆に値する。個別株が貸株市場で「スペシャル」となる（借り入れ金利が極めて高くなる）と、彼らは当該銘柄を15日間、取得候補のリストから外すのだ。とりわけ個別株の借り入れコストが高くなると、近い将来のリターンが振るわないと予想されることを彼らは知っているのだ。これは、当該銘柄をショートすれば利益が得られるという意味ではないことに注意が必要だ。借り入れコストが極めて高いのであるから、すべてのコストを勘案すると、アルファは生まれないのである。しかし、株式を買い増すことを避けることで、彼らのポートフォリオはアンダーパフォームせずに済むのである。

もうひとつ取り上げるべき問題がある。低ボラティリティ戦略にはタームファクターへのイクスポージャーがあるのだ。

タームリスク

低ボラティリティ戦略がタームリスク（デュレーションファクター）に対するイクスポージャーを持っていても驚くには値しない。概して、ボラティリティが低い、またはベータが低い銘柄はより「債券に近い」のである。それらはたいてい大型株で、収益性があり、配当を支払う企業の株式であり、成長機会に乏しい企業の株式である。言い換えれば、それらは、リスクと機会ではなく、安全性という特徴を有する銘柄である。つまり、それらは長期債のリターンと高い相関関係を示すのだ。ロニー・シャーは2011年の論文「アンダスタンディング・ロー・

ボラティリティ・ストラテジーズ（Understanding Low Volatility Strategies：Minimum Variance）」で、1973〜2010年6月の期間で、低ベータ戦略にはタームリスクへのイクスポージャーがあることを発見した。「イクスポージャーの度合い」は0.09（T値＝2.6）と統計的にも有意であった。さらなる証拠として、ツェマン・チョウ、ジェイソン・C・シュウ、リーラン・クオ、フェイフェイ・リーは2014年の研究「ア・スタディ・オブ・ローボラティリティ・ポートフォリオ・コンストラクション・メソッズ（A Study of Low-Volatility Portfolio Construction Methods）」で、BAB（Betting Against Beta）ファクターとデュレーションファクターの相関が0.2であることを発見した。1929年以降のアメリカのデータと、1988年以降のグローバルのデータを用いた2014年の論文「インタレスト・レート・リスク・イン・ローボラティリティ・ストラテジーズ（Interest Rate Risk in Low-Volatility Strategies）」で、デビッド・ブリッツ、バート・バン・ダー・グリエント、ピン・バン・ビレットも同様の結果を見いだしている。しかし、低ボラティリティ戦略における債券へのイクスポージャーが、長期的な付加価値のすべてを説明することはないと彼らは付け加えている。

タームリスクに対するプラスのイクスポージャーを考えれば、ボラティリティの低い銘柄が、われわれが1982年以降経験している、周期的に訪れる債券の強気相場から恩恵を受けてきたことが分かる。しかし、金利が歴史的な低水準にある現在では、そのような上昇が繰り返されることはない。

低ベータへの支持

前述のアンドレア・ファラッツィーニとラッセ・ペダーセンによる2014年の「ベッティング・アゲンスト・ベータ（Betting Against Beta）」では、低ベータ戦略を強く支持する結果が示された。彼らは、アメリ

カ株では、BAB（Betting Against Beta）ファクター（低ベータの資産を保有し、レバレッジを用いてベータを1まで増大させ、一方で、高ベータの資産をショートし、レバレッジによってベータを1とする）のシャープレシオが、1926〜2012年3月までの期間で0.78となることを発見した。これは、同期間におけるバリュー効果のシャープレシオのおよそ2倍、モメンタムのそれよりも40％高いものである。また、BABファクターが、市場ベータ、バリュー、サイズ、モメンタム、流動性ファクターに対する実際のイクスポージャーを勘案したあとでも、極めて高いリスク調整済みリターンをもたらすことを発見した。実際に、1926〜2012年までを20年ごとに4つの期間に分けてみても、BABは大きなプラスのリターンをもたらしている。さらに、19カ国の株式市場を分析しても、同様の結果が明らかとなった。彼らはまた、BABのリターンは、サイズによって分類した十分位でも、固有リスクによって分類した十分位でも、国や時期にかかわらず一貫した結果を出しており、さまざまな定義でも堅牢な結果を示しているとしている。これらの一貫した結果は、それが偶然でもデータマイニングによるものでもなさそうだということを示している。

　さらなる証拠として、ファラッツィーニとペダーセンは検証したすべてのアセットクラス（株式、Tボンド、クレジット市場、通貨ならびにコモディティの先物市場）で、アルファとシャープレシオがベータの増大に従ってほぼ単調に低下することを発見した。彼らはこう結論している。「これは、証券市場線が比較的平坦であるのはアメリカ株式市場に限ったことではなく、普遍的で、グローバルな現象であることの証拠となるものである。ゆえに、要求リターンにみられるこのパターンは、一般的な経済的原因によるものと思われる」

　低ボラティリティ戦略を支持する証拠は米国外株式でも見られる。2007年の論文「ザ・ボラティリティ・エフェクト（The Volatility Effect: Lower Risk without Lower Return）」で、デビッド・ブリッツとピ

ン・バン・ビレットは、低ボラティリティは世界の先進国における大型株でも有効であり、1986～2006年の期間において、ボラティリティが最も低い銘柄と最も高い銘柄とのスプレッドは年5.9％であることを発見している。リスクが最も低い十分位のシャープレシオは0.72であり、市場全体が0.40、ボラティリティが最も高い十分位のそれが0.05であった。アメリカ、ヨーロッパ、日本の市場でも結果は同じである。また、2013年の研究「ザ・ボラティリティ・エフェクト・イン・エマージング・マーケッツ（The Volatility Effect in Emerging Markets）」で、デビッド・ブリッツ、ジュアン・パン、ピン・バン・ビレットは、途上国市場にも検証の手を広げている。30の途上国市場で、1988～2010年までのデータを用いると、年間のスプレッドが2.1％になることを彼らは発見した。興味深いことに、最もボラティリティが高い五分位に至るまでリターンはボラティリティとともに増大するが、最もボラティリティが高い五分位のリターンはほかよりも小さなものとなった。

　以上の証拠が、低ベータファクターの普遍性と、その一貫性と安定性を強く支持している。これまで議論してきたとおり、裁定取引の限界とその他の制約とが、プレミアムが持続する理由に対する直感的な説明となる。つまり、低ベータは、おそらくすべての要件を満たすのだ。だが、この戦略を採用する前に、少なくとも株式に適用するにあたっての注意を記しておきたいと思う。

低ボラティリティ戦略はすでに食い尽くされたのか

　低ボラティリティ戦略のプレミアムは、広く知られた多くのアノマリーやファクターと同様に、すでに食い尽くされている可能性がある。2008年の大不況を原因とする弱気相場と合わせて、プレミアムに関する研究が公表されたことで、低ボラティリティ戦略の人気が劇的に増

大した。例えば、2016年4月時点で、5つのETF（株価指数連動型上場投資信託）があり、預かり資産（AUM）は20億ドルにもなる。

●パワーシェアーズ・S&P500・ロー・ボラティリティ・ポートフォリオ（SPLV）――68億ドル
●アイシェアーズ・エッジ・MSCI・ミニマム・ボラティリティ・USA・ETF（USMV）――124億ドル
●アイシェアーズ・エッジ・MSCI・ミニマム・ボラティリティ・エマージング・マーケット・ETF（EEMV）――34億ドル
●アイシェアーズ・エッジ・MSCI・ミニマム・ボラティリティ・グローバル・ETF（ACWV）――28億ドル
●アイシェアーズ・エッジ・MSCI・ミニマム・ボラティリティ・EAFE・ETF（EFAV）――67億ドル

　資金が流入したことで、ディフェンシブ（低ボラティリティまたは低ベータ）銘柄のバリュエーションが上昇し、本来大きなものであったバリュープレミアムに対するイクスポージャーがほぼゼロか、マイナスにまで低下し、それゆえに期待リターンが減少している。具体的には、低ボラティリティ銘柄が買い上がられるにつれて、低ボラティリティのポートフォリオはそのバリューの特徴を失うことになり、将来のリターンが低下してしまうのである。

　最も規模の大きい2つの低ボラティリティETFのバリュエーション指標を具体的に見てみよう。アイシェアーズ・エッジ・MSCI・ミニマム・ボラティリティ・USA・ETF（USMV）とパワーシェアーズ・S&P500・ロー・ボラティリティ・ポートフォリオ（SPLV）である。これらのバリュー指標を、市場全体に連動するアイシェアーズ・ラッセル1000・ETF（IWB）とアイシェアーズ・ラッセル1000・バリュー・ETF（IWD）のそれと比較してみよう。**表D.1**は、2016年4月末

付録D　低ボラティリティファクター

表D.1　バリュー指標

	USMV	SPLV	IWB	IWD
PER	21.2	19.9	18.3	16.5
PBR	3.1	3.1	2.4	1.6
PCFR	11.9	11.6	9.3	7.9

時点のモーニングスターのデータに基づいたものである。

　これらの戦略に対する需要が、その本質を変えてしまったことがデータから明らかとなる。かつては、USMVとSPLVのバリュエーション指標はラッセル1000よりもバリュー寄りであった。しかし、いまやそれらの指標は、バリュー志向のファンドのものとは思えないものとなっている。PER（株価収益率）、PBR（株価純資産倍率）、PCFR（株価キャッシュフロー倍率）などをはじめ、BMR（簿価時価比率）、PSR（株価売上高倍率）などのすべてがアイシェアーズ・ラッセル1000・バリュー・ETFを上回っているのだ。実際に、これらの指標を見ると、どちらのファンドも市場並みであるアイシェアーズ・ラッセル1000・ETFよりもかなり「グロース的」だと言える。言い換えれば、事前のバリュープレミアムが存在するので、この時点で低ボラティリティが予測するのは、より高いリターンではなく、将来のボラティリティが低いということだけである。

　投資家は常にバリュエーションのより低い銘柄を買いたがるが、バリュエーションが低ボラティリティ戦略にどれほど大きな影響を与えるかはわれわれには分からない。ピン・バン・ビレットによる2012年の論文「エンハンシング・ア・ロー・ボラティリティ・ストラテジー・イズ・パティキュラリー・ヘルプフル・フェン・ジェネリック・ロー・ボラティリティ・イズ・エクスペンシブ（Enhancing a Low Volatility Strategy is Particularly Helpful When Generic Low Volatility is

219

Expensive)」がこの問題を解く手がかりとなる。1929～2010年のデータを用いると、低ボラティリティ戦略は平均的にバリューファクターへのイクスポージャーを持つ傾向にあるが、そのイクスポージャーは時間によって変化することを彼は発見した。低ボラティリティファクターは全体の62％がバリューレジームにあり、38％がグロースレジームにある。

　このレジームシフトは低ボラティリティ戦略のパフォーマンスに影響を与える。ボラティリティの低い銘柄にバリューに対するイクスポージャーがあると、それらは市場をアウトパフォームし、市場の7.5％に対して、年平均9.5％のリターンを上げる。また、低ボラティリティファクターのボラティリティはより低く、標準偏差は市場の16.5％に対して年13.5％である。しかし、ボラティリティの低い銘柄にグロースに対するイクスポージャーがあると、リターンは市場の12.2％に対して年平均10.8％となる。低ボラティリティファクターの年間ボラティリティは低いままであり、市場の20.3％に対して15.3％となる。その結果、いずれのレジームでもリスク調整済みリターンはより大きなものとなった。つまるところ、いずれのレジームでも、ボラティリティが低いということは将来のボラティリティが低いことを予測する。しかし、低ボラティリティがバリューファクターに対してマイナスのイクスポージャーを持つ（2016年半ばのように）と、リターンは市場を下回るものになることが予想される。

　ボラティリティが高く（または高ベータ）、リスクの高い銘柄を除外したファンドに投資することが有効であることを証拠が示している。言い換えれば、間接的な方法（ディフェンシブ戦略で行うような）ではなく、サイズ、バリュー、収益性に直接、投資すれば良いのだ。

　最後に、このアノマリーは、ボラティリティの低い（もしくは低ベータ）銘柄のアウトパフォーマンスに関するもの、と言うよりも、ボラティリティの高い（もしくは高ベータ）銘柄のアンダーパフォーマ

ンスに関するものだということを肝に銘じておく必要がある。つまり、高ボラティリティや高ベータの銘柄を避け、それらを除外したファンドに投資することで、このアノマリーを利用することができるのである。

　われわれの結論は、低ボラティリティは、裁定取引の限界と宝くじ銘柄を好む一部の投資家の存在が原因の1つとなる、独特のファクターでありそうだというものだ。低ボラティリティは、歴史的にターム、バリュー、収益性のファクターと、それに付随するプレミアムに関連した特徴を持つ。しかし、用心しなければならない。金利が歴史的な低水準にあるので、タームプレミアムがかつてのような利益をもたらしそうにないのである。さらに、近年、低ボラティリティに対する需要が増大したことで、過去数十年で見られたようなバリューに対するイクスポージャーが失われているのである。

　低ボラティリティと、これらほかのファクターとの相互作用については さらなる研究が求められる。それがどのような結果になるかは分からないが、バリュエーションの高さと、金利の低さとを合わせて考えれば、心配にならざるを得ないのだ。

付録E　デフォルトファクター

　デフォルトプレミアム（DEFとも呼ばれる）は、長期の投資適格債（20年物）のリターンから長期国債（同じく、20年物）のリターンを差し引くことで定義される。1927～2015年までで、デフォルトプレミアムは年平均0.3％であった。社債には、アメリカ政府が保証する債券よりも高いデフォルトリスクがあることは言うまでもなく、それゆえプレミアムの源泉が議論の俎上に乗ることはなかった（この点はわれわれが検証してきたほかのファクターとは異なる）。

　その源泉が議論されることはない一方で、クレジットリスクを引き受けても、そのプレミアムはたった0.3％と、歴史的にも十分に報われることはなかった。さらに、当該期間におけるプレミアムのT値はたった0.61と、統計的にはゼロと変わらないのだ。債券投信について言えば、投資適格社債のリスクを引き受ける見返りとしてのプレミアム（米国債、政府機関債、政府支援機関債と比べて）は歴史的にもほとんどゼロに等しく、マイナスとなることすらある。政府機関とは、連邦住宅金融公庫やテネシー渓谷開発公社などであり、政府支援機関（GSE）とは、連邦住宅抵当金庫や連邦住宅貸付抵当公社などのことである。以上が、ファクター動物園の債券部門で訪問する価値があるのはタームファクターだけだとわれわれが主張する理由の１つである。

　0.3％というわずかなデフォルトプレミアムは、社債取引にかかる高いコストや、社債ファンドの高い経費率に見合うものではないことを記しておかなければならない。米国債市場は世界でも最も流動性のある市場であり、それゆえ、取引コストも最も低いものである。米国債は、国内投資家にとってはいかなるクレジットリスクも付随しないので、デフォルトのリスクを分散させる必要はない。しかし、社債に投資するとしたら、デフォルトのリスクを分散させる必要がある。投資

223

信託を保有することの主たる効果は分散にあるが、そうすることでファンドの経費率だけでなく、取引コストも負担することになる。その結果、机上で見るよりもさらにプレミアムは小さくなってしまうのだ。一方で、投資家は政府から直接米国債を買うことで、投資信託の費用を回避することができる。

　デフォルトファクターを回避するのに都合の良い、もう1つの問題がある。投資家は、資金を401kや、ほかの同様の年金制度または529計画などで保有しないかぎり、FDIC（連邦預金保険公社）が保証するCD（譲渡性預金）を買うことができるのだ。通常これは、アメリカ財務省や政府機関（CDの満期は一般的に10年までであるが）のそれよりも利回りが高く、クレジットリスクを回避することもできる。例えば、本書執筆時点で、5年物と10年物のCDは、同様の米国債よりもおよそ0.75％利回りが高い。これはデフォルトプレミアムよりもかなり大きなもので、社債投信を保有することで発生するファンドの経費も取引コストも負担することはない。投資信託の効果があるとすれば、その利便性だけである。

　社債は、満期が同じ政府債券よりも利回りが高くなるが、歴史的に、その利回りの増分は、貸し倒れ、通常は国債ファンドよりも高くなる社債ファンドの経費率（発行者である企業のクレジットリスクを分析しなければならないことが要因である）、その他社債に付随する特性（繰り上げ償還オプションなど）などによって相殺されてきた。また、繰り上げ償還オプションによって、発行企業は債券を買い取る事前償還の権利を有することになる。金利が著しく下落したことで、債券を償還し、その時点のより低い金利で新たな債券を再発行したほうが効果的であるならば、発行企業はオプションを行使するのである。高利回り債を保有し、その繰り上げ償還を受けた投資家は、新たな、より低い金利で新しい債券を取得しなければならなくなるのだ。米国債には、この繰り上げ償還の特性はほとんど見られない。

付録E　デフォルトファクター

表E.1　アウトパフォーマンスの確率（%）

	1年	3年	5年	10年	20年
デフォルト	53	54	56	58	61

　デフォルトファクターのもう1つの問題は、われわれが推奨してきたどのファクターよりも、一貫性が乏しいということである。**表E.1**は、1927～2015年までのデフォルトプレミアムの一貫性を示したものである。タームプレミアム（**表6.1**参照）や、議論してきたどのファクターよりも大幅に低いことに注意してほしい。

　同期間におけるデフォルトプレミアムのシャープレシオは0.06であり、われわれが推奨してきたファクターのうち、シャープレシオが最も低かったもの（0.24であった）よりも、さらに小さいのである。

　比較的短期間のデータではあるが、バークレイズ・グローバル・アグリゲート・コーポレート・インデックスとバークレイズ・グローバル・トレジャリー・インデックスの年平均リターンの差をもって、グローバルのクレジットプレミアムを測定することができる。2001～2015年におけるプレミアムは年0.9%と、われわれが推奨してきたどのファクターよりも小さなものであった。ここでもまた、プレミアムの計算には実践にかかるコストは勘案しておらず、また、リスクのない、FDIC保証のCDから得られるより高い（国債よりも）リターンも無視している。これらの問題を考慮すれば、プレミアムの多くは相殺されてしまうであろう。

　実現するプレミアムが極めて小さいことに加えて、社債のもう1つの問題は、デフォルトリスクと株式に付随するリスクとの相性が悪いことだ。デフォルトのリスクには、株式のリスクが頭をもたげてきた、まさにそのときに姿を現すという不快な傾向があるのだ。

225

2001年の論文「エクスプレイニング・ザ・レート・スプレッド・オン・コーポレート・ボンズ（Explaining the Rate Spread on Corporate Bonds）」で、エドウィン・J・エルトン、マーティン・J・グルーバー、ディーパック・アグラワル、クリストファー・マンは、クレジットスプレッドの大部分は、株式のリスクプレミアムに関連するファクターに帰することを示した。これは、直感的にも分かりやすい。債券も株式も企業に対する投資であるので、双方とも事業がうまくいかなくなるリスクを抱えているのだ。彼らは、期待損失は社債スプレッドの25％にすぎないことを発見した。Aランクの10年物社債の場合、デフォルトリスクで説明されるのは、スプレッドの18％であった。彼らはまた、ファーマ・フレンチの3ファクターモデルによって、税金やデフォルトによる期待損失では説明できないスプレッドのうち85％を説明できることを発見した。さらに、信用格付けが下がれば下がるほど（満期が長くなればなるほど）、モデルの説明能力が増大することも発見している。つまり、高利回り債の期待リターンの多くは、債券ではなく、株式に付随するリスクプレミアムによって説明できるのだ。そのようなリスクはシステマティックなものであり、分散によって解消することは出来ない。

理論によって支持される証拠

高利回り債に株式の要素が見られる——事実上のハイブリット証券となっている——ことは、理論によっても支持されている。マーティン・フリードソンは1994年の論文「ドゥ・ハイイールド・ボンズ・ハブ・アン・エクイティ・コンポーネント（Do High-Yield Bonds Have an Equity Component?）」でこう説明している。「実際に、社債は純粋な金利商品と、発行企業の株式のプットに対するショートポジションの組み合わせである。発行企業の資産価値が、その負債の価値以下ま

で低下するとプットが行使されるのだ。言い換えれば、デフォルトに
よって、株主は持ち分を債券保有者に譲り渡し、そして彼らが企業の
所有者となるのである。格付けの高い企業では、プットは大幅にアウ
ト・オブ・ザ・マネーとなっており、行使される可能性は低い。結果
として、オプションが債券の価格変動に与える影響はほとんどなく、金
利の変動により敏感になるのである。しかし、投資不適格の債券の場
合、デフォルトは十分あり得ることであり、株式のプットが債券価格
に与える影響は大きなものとなり得る。株式オプションとしての要素
が価格変動に与える影響がより大きいので、投資不適格の債券は、投
資適格の債券よりも、国債（純粋な金利商品）と連動しなくなる」

金利リスクを隔絶する

2016年の論文「ザ・クレジット・リスクプレミアム（The Credit
Risk Premium)」の著者であるアタクリット・アスバナントとスコッ
ト・リチャードソンは、クレジットプレミアムを興味深い方法で見直
している。彼らが起こしたイノベーションは、まずタームリスクの影
響を取り除いたことにある。過去の研究においては、たいていの場合、
リスクプレミアムを長期社債のリターンと長期国債のリターンとの差
として計算していた。しかし、これら2種類の債券は金利に対する感
応度が異なるので、これでは問題があるのだ。長期社債の利回りが高
くなると、長期国債に比べてそのデュレーションが短くなる。歴史的
なタームプレミアムを前提とすると、満期（デュレーションではなく）
を合わせることで、クレジットプレミアムを実際よりも低く評価して
しまうことになる。彼らはまた、最も安全な発行者（投資適格債）に
だけ目を向けると、クレジットプレミアムを過小評価しかねないとも
指摘している。

われわれは、彼らがまったく考慮していない2つの点を付け加えた

い。第一に、ほとんどの長期社債には繰り上げ償還の特徴があり、そ
れが金利に対する感応度に影響を与えるということだ。社債のプレミ
アムの一部は、非対称な繰り上げ償還のリスク（それゆえ、デフォル
トリスクとは無関係）の見返りである。それゆえ、サンプルデータの
後半（1988年以降）で、彼らは繰り上げ償還オプション調整後デュレ
ーションを用いているが、そうすることで繰り上げ償還の要素を勘案
しているのだ。第二の点は、米国債の利息には、州または地方レベル
での税金がかからないが、社債の利息は課税されるということだ。投
資家にはこの税金の差に相当する補償が必要であり、その結果、社債
にはデフォルトリスクとは無関係のタックスプレミアムが乗ることに
なる。

　アスバナントとリチャードソンの発見を次にまとめる。

●金利に対する感応度を隔離することで、彼らは「デフォルトリスク
　を負担することに対するプラスのプレミアムの存在を確認した」。彼
　らはこれをクレジット・エクセス・リターンと呼んでいる。
●1936〜2014年の期間における投資適格社債のクレジット・エクセス・
　リターンは年平均1.4％であり、シャープレシオは0.37であった。

　アスバナントとリチャードソンはまた、クレジット・エクセス・リ
ターンは株式のエクセスリターンに対して一貫して正のイクスポージ
ャーがあることを発見した（相関はおよそ0.3）。言い換えれば、彼ら
は株式のプレミアム（市場ベータ）はデフォルトプレミアムのかなり
の部分をとらえることができるとする過去の研究結果を確認したのだ。
彼らはまた、クレジットリスクのプレミアムは、長期にわたり経済成
長とともに変化し、テールリスクに影響を受けることを発見した。こ
こでもCDを通じて得られる、より高い利回りや投資信託の経費や取
引コストは考慮していないことに注意を要する。CDを通じて追加的

な利回り（例えば、0.75％）が得られること、また社債ファンドの取引コストや経費率を前提とするならば、デフォルトプレミアムの1.4％など霧散しかねない。

デフォルトプレミアムには株式同様のリスクが含まれるとする証拠を、ジェニー・バイ、ピエール・コリン・デュフレーヌ、ロバート・ゴールドステイン、ジーン・ヘルウェージが2015年の研究「オン・バウンディング・クレジットイベント・リスク・プレミア（On Bounding Credit-Event Risk Premia）」で提示している。彼らは、社債のスプレッドのうちどれだけがクレジットイベントのリスクと関連し、どれだけがコンテージョンイベントのリスク（市場全体にかかわるイベントのリスク）と関連しているかを測定する歴史的証拠を検証した。

2001〜2010年を対象とする彼らの研究では、CDSスプレッド（企業レベルでは債券のイールドスプレッド）が100ベーシス以上跳ね上がる、または３日間のうちにそれ以上の上昇を示した場合をクレジットイベントと定義している。彼らはまた、イベントが起こる以前のCDSスプレッドが400ベーシス以下、または債券価格が80ドル以上であることを要件とした。彼らがこのような要件を選んだのは、たとえサンプルに含まれた債券のすべてがイベント以前で投資適格であったとしても、格付けが市場に後れを取ることがよくあるからである。言い換えれば、スプレッドが大きい投資適格債は、実際のところ市場参加者にはもはや投資適格とは認識されていないということである。この研究ではCDSのサンプルを用いた128のイベントと、社債データを用いた330のイベントを対象とした。

過去の研究と同じように、バイたちはクレジットイベントのリスクが説明できるのはプレミアムのほんのわずかな割合にすぎないことを発見した。プレミアムの大部分は、コンテージョンイベントのリスクによって説明される。つまり、クレジット市場は、株式市場のポートフォリオのパフォーマンスが振るわないときに、同様のパフォーマン

229

スを示す傾向にあるということである。彼らは「コンテージョンイベントのリスクは、中規模の企業にとっても経済的に重要であることが示唆される」と記した。そして、こう結論づけた。「本来、短期債の大きなスプレッドを説明できるのはコンテージョンリスクではなく、個別のクレジットイベントのリスクだけなのだが、われわれの発見は、短期債のスプレッドはクレジットイベントのリスクによるものではなく、むしろ、流動性や税効果などのクレジット以外のファクターによるものであることを示唆している」

つまるところ、コンテージョンリスクを説明できないことが、クレジットイベントの予想プレミアムに対する上向きのバイアスにつながり、またそのバイアスは非常に大きなものとなるようである。投資家は、短期社債には株式と似たようなリスクが伴うということをこの研究から学ぶことができる。つまり、高利回り債やより長期の投資適格債へのアロケーションを行うことを選択した投資家は、それらは国債と株式の特徴を組み合わせた、ハイブリットな投資対象だと考えるべきだ、ということである。

分散効果

利回りのより高い債券をポートフォリオに含めることを支持する主張がなされる理由の1つが、株式や米国債と高利回り債との相関が比較的低いことで分散効果がもたらされるというものである。しかし、このように相関が低いことには極めて合理的な理由があるが、それはポートフォリオにクレジットリスクをとり込むことを支持するようなものではない。

付録E　デフォルトファクター

高利回り債──相関が低い理由を説明する

　高利回り債が投資適格債（これまで説明してきたとおり、株式とも）と比較的低い相関関係にある理由は容易に理解できる。これまで議論してきたとおり、格付けの低い債券の利回りが上昇すると、そのデュレーションも短くなり、投資適格債に比べて金利変動への感応度が下がる。そして、格付けの低い債券は繰り上げ償還される（投資適格債よりも、繰り上げ償還されやすい）ことがしばしばあるので、その実効デュレーションはより短いものとなる。さらに、それら債券の信用格付けは上昇する可能性が高く、この潜在的な反応の違いがリターンの相関を低下させるのだ。格付けの低い債券は、投資適格債よりも株価の変化に敏感である（ごくまれに、金利の変化にだけ反応する）。もちろん、Ｔボンドは金利の変化にだけ反応する。

ほかの検討事項

　アメリカの投資家にとって国債の利点の１つは、クレジットリスクは事実上存在しないので分散させる必要がないことである。存在するリスクは金利（もしくはターム）リスクだけである。米国債から投資適格債、さらにジャンクボンド（格付けが低く、利回りが高い債券）へと移るにつれ、分散すべきリスク（個々の企業の特有のリスク）を負うようになる。投資家はリスクを分散しても、より高い期待リターンをもって報われることはない。信用格付けが低くなればなるほど、株式に似た投資となり、クレジットのスペクトラムを下るにつれ、分散の必要性はより高まることになる。ポートフォリオの構築という点では、ひとたび米国債以外の債券に手を出すと、慎重にクレジットリスクを分散させることが必要になるということである。そして、それはまた、米国債やFDICが保証するCDにだけ投資していれば避けること

231

ができた投資信託の経費を負担するということでもある。つまり、より利回りの高い債券の価格に織り込まれたリスクプレミアムの幾ばくかは、コスト負担の増大によって損なわれてしまうのである。

アスバナントとリチャードソンは、デフォルトリスクは過小評価されていると主張しているが、個人投資家が利回りのより高い社債をポートフォリオに組み込むべきとする説得力ある理由をわれわれは知らない。しかし、機関投資家が直面する制約によって、社債を好む者がいることを指摘したい。約款によって、ポートフォリオの株式へのアロケーションを60%以下とするよう求められている年金基金を想定してほしい。そして、基金はすでにその株式へのアロケーションの限界に達していると仮定する。だが、リターンを増大させるために、この基金は株式のリスクに対するイクスポージャーを高めたいと望んでいる。彼らは国債へのイクスポージャーを低下させ、社債に対するそれを増大させることで、その目的を達成できるのだ。機関投資家の制約が生み出すこの「選好」が、実現したデフォルトプレミアムが小さい理由を説明する一助となり得る。

株式と債券の時変相関

長期で見ると、短期・中期・長期にかかわらず米国債と株式の相関はほぼゼロであった。しかし、時間の経過とともに相関は大きく変化する。ナレシュ・バンサル、ロバート・コノリー、クリス・ストライバーズの2015年の論文「エクイティ・ボラティリティ・アズ・ア・ディタミナント・オブ・フューチャー・タームストラクチャー・ボラティリティ（Equity Volatility as a Determinant of Future Term-Structure Volatility)」は、株式市場と債券市場との相互作用がどのようなものかを理解するのに役立つ。彼らは、株式のリスクが期間構造の動きを理解する一助（債券市場だけに目を向けるよりも）となり、株

式と債券のリターンの相関は、株式の実現ボラティリティが高くなると、大幅にマイナスとなることを発見した。

株式市場でストレスが高まっている、またはボラティリティが上昇しているときに負の関係性が強くなるという彼らの発見は、質への逃避という観点から想定できることである。株式市場のリスクが高まっていると認識されると、リスクのより低い安全な国債へと避難する投資家もいる。それゆえ、株式市場と債券市場のボラティリティの時変相関には一過性の特徴が見られるのだ。

バンサルたちは、米国債は株式市場の悪い結果に対する優れた分散手段となり、その分散効果は、株式の実現ボラティリティがより高い期間のあとで比較的大きなものとなることを発見した。株式が極端なリターンを示すと、平均的な米国債のリターンも、反対方向に大きなものとなる。

彼らはこう結論している。「われわれが見いだした両時系列データ間の関係性は株式のリスクによって、債券市場だけに目を向けるよりも期間構造の動きが理解しやすくなるという考えを支持するものである」

重要なことは、彼らが発見した分散効果は適格性の最も高い債券にだけ当てはまるということである。S&P500が37.0%も下落した2008年の出来事がその最たる例であろう。バンガード・インターミディエートターム・トレジャリー・ファンド・インベスター・シェアーズ（VFITX）は嵐からの避難場所となり、13.3%のリターンを上げた。一方で、バンガード・インターミディエートターム・インベストメントグレード・ファンド・インベスター・シェアーズ（VFICX）は6.2%下落し、同じくハイイールド・コーポレート・ファンド・インベスター・シェアーズ（VWEHX）は21.3%の下落となった。債券がポートフォリオにもたらすと思われた安全性が最も必要なときに、クレジットリスクが顕在化し、株式ポートフォリオの損失を抑えるどころか、悪化させているのだ。

われわれは、利回りのより高い債券のマイナスの特徴をまだ指摘していない。多くのリスク資産と同様に、高利回り債のリターンは正規分布には従わないのだ。

リターンの非正規分布

これまで議論してきたとおり、行動ファイナンスの分野では、概して人々は正の歪度を持つ資産を好むことが認められてきた。これは、そのような特性を示す資産の低い期待リターン、さらにはマイナスのそれをも人々が進んで受け入れてきたことで証明されている。その古典的な例が宝くじであり、期待リターンはマイナスとなるが、歪度は正となる。言うまでもなく、宝くじに当たる（プラスの結果）幸運な人物はごくまれであり、大部分の人々は外れる（マイナスの結果）。しかし、プラスの結果によってもたらされる効用は、マイナスの結果による損失をはるかに上回る大きさとなる。

一方で、ほとんどの人々が負の歪度を持つ資産を好まない。ケガや家事など、めったに起こらない出来事に対して保険を買うのはこのためである。そのような出来事は起こる可能性が低い一方で、その潜在的な損害は大きなものとなる。投資家にとって問題となるのは、高利回り債が負の歪度を示すことである。また、尖度も大きい（「ファットテール」と呼ばれる異常値で、標準偏差よりも、極めて低いリターンや極めて大きなリターンが発生する割合が高い）のだ。

1984〜2015年までの期間で、バークレイズ・インターミディエート・US・トレジャリー・ボンド・インデックスの歪度は月次0.1、尖度は月次3.4であった。対照的に、バークレイズ・インターミディエート・クレジット・インデックスは歪度が月次−0.8、尖度が7.6であり、バークレイズ・US・コーポレート・ハイ・イールド・インデックスは歪度が月次−0.9、尖度が月次11.3であった。ご覧のとおり、クレジットリス

クに対するイクスポージャーが高まれば高まるほど、歪度はマイナス
となり、尖度は大きくなるのである。高利回り債の尖度が極めて大き
いのは、格下げ、デフォルト、破産のリスクを反映しているのである。
そして、歪度と尖度のデータを組み合わせると、高利回り債には株式
との共通点がたくさんあることが容易に見て取れるが、それゆえ高利
回り債には株式のリスクに対するイクスポージャーがあることも当然
である。しかし、それに見合うだけの「価値」を投資家にもたらさな
いことも分かるであろう。

　投資を検討するうえで唯一正しい方法は、それへのアロケーション
を加えることが、ポートフォリオ全体のリスクとリターンにどのよう
な影響を与えるかを評価することである。そのような視点から、クレ
ジットリスクを加えることの影響を検証してみよう。

クレジットリスクがポートフォリオに与える影響

　S&P500に60％をアロケーションする４つのポートフォリオを比べて
みよう。データは1984〜2015年までの32年間を対象としたものである。
ポートフォリオＡの債券部分は、バークレイズ・インターミディエー
ト・US・トレジャリー・インデックスである。ポートフォリオＢは、
バークレイズ・インターミディエート・US・トレジャリー・インデッ
クスに30％を、バークレイズ・US・コーポレート・ハイ・イールド・
インデックスに10％をアロケーションする。ポートフォリオＣは、バ
ークレイズ・インターミディエート・US・トレジャリー・インデック
スに20％を、バークレイズ・US・コーポレート・ハイ・イールド・イ
ンデックスに20％をアロケーションする。ポートフォリオＤは、40％
の債券のアロケーションをすべてバークレイズ・US・コーポレート・
ハイ・イールド・インデックスに充てる。

　結果を見直す前に、まずは３つのインデックスのパフォーマンスを

表E.2 年率リターンと標準偏差とシャープレシオ（1984〜2015年）

	年率リターン（%）	年率標準偏差（%）	シャープレシオ
S&P500インデックス	10.85	17.08	0.50
バークレイズ・インターミディエート・US・トレジャリー・インデックス	6.53	5.14	0.73
バークレイズ・US・コーポレート・ハイ・イールド・インデックス	8.84	15.46	0.38

表E.3 ポートフォリオのリターン（1984〜2015年）

	年率リターン（%）	年率標準偏差（%）	シャープレシオ
ポートフォリオA	9.52	10.46	0.62
ポートフォリオB	9.74	11.42	0.59
ポートフォリオC	9.93	12.52	0.56
ポートフォリオD	10.24	15.00	0.50

検証してみよう。

　高利回りのインデックスは、中期国債のインデックスよりも年率2.31％も大きいリターンをもたらすにもかかわらず、そのシャープレシオは中期国債のインデックスのおよそ半分である。標準偏差はS&P500のそれに近似しているので、年率リターンが2.01％低いことで、シャープレシオはS&P500を24％下回ることとなった。

　では、4つのポートフォリオの分析に移ろう。

　予想どおり、高利回りインデックスのリターンがほかよりも高いので、ポートフォリオDの年率リターンが最も大きくなる。しかし、高利回りインデックスへのアロケーションを増大させるにつれて、ボラ

ティリティがより高く、S&P500との相関もより大きくなることで、シャープレシオは低下していく。当該期間における国債インデックスとS&P500の相関は事実上ゼロ（年0.01）であった。対照的に、高利回りインデックスとS&P500との相関は、年0.58と高いものであった。

S&P500に80％、バークレイズ・インターミディエート・US・トレジャリー・インデックスに20％アロケーションしたポートフォリオのリターン（10.27％）はポートフォリオDのそれとほとんど同じであるが、年間の標準偏差はたった13.71％（ボラティリティがおよそ9％低い）、シャープレシオは0.54（およそ8％高い）となったことは興味深い。

最後に、FDICが保証するCDを取得できる個人投資家にしてみれば、満期が同じ国債とそれとを置き換えることができるのだから、デフォルトリスクを引き受けることはますます好ましくないように思われる。

結論として、ポートフォリオにデフォルトリスクを加えることは歴史的にも、ポートフォリオのリスク調整済みリターンを改善する効果的な方法ではない、と言える。それゆえ、ファクター動物園ではこの展示物を避けて通ることを勧める。

付録F　タイムシリーズモメンタム

　タイムシリーズモメンタムとは、ある資産のトレンドを、その資産自体の過去のパフォーマンスと比較して分析するものである。これは、資産のパフォーマンスを別の資産のそれと比較するクロスセクションモメンタムとは異なる。タイムシリーズモメンタムは本書においてクロスセクション分析の対象とならないファクターの1つだが、それこそが付録に回した主たる理由である。イアン・ドゥスーザ、ボラファト・スリチャナチャイコック、ジョージ・ジャグオ・ワン、チェルシー・ヤチョン・ヨウは、2016年の研究「ジ・エンデュアリング・エフェクト・オブ・タイムシリーズモメンタム・オン・ストック・リターンズ・オーバー・ニヤリー・100イヤーズ（The Enduring Effect of Time-Series Momentum on Stock Returns over Nearly 100-Years)」で、タイムシリーズモメンタム（トレンドフォローとも呼ばれる）は、ポートフォリオで採用するにあたってのわれわれの要件をすべて満たす数少ないファクターの1つであるという肯定的な見方を示している。彼らの研究は、1927～2014年までの88年間を対象としたものである。彼らの発見を次にまとめる。

●過去12カ月間（直近の1カ月は除外する）にプラスのリターンをもたらした銘柄をロングし、同期間でマイナスのリターンとなった銘柄をショートする時価総額加重戦略は、月平均0.55％のリターンをもたらし、極めて有意（T値＝5.28）でもあった。また、それは上昇相場でも下落相場でも見てとることができ、下落相場では月次平均0.57％（T値＝0.29）、上昇相場では0.54％（T値＝5.30）をもたらした。さらに、検証期間を4つの期間に分けてみても、そのすべてで持続しており、1927～1948年までの月次平均リターンが0.69％（T

値 = 2.41)、1949～1970年までが0.47％（Ｔ値 = 3.60）、1971～1992年までが0.69％（Ｔ値 = 3.84）、1993～2014年までが0.42％（Ｔ値 = 1.91）であった。それゆえ、持続性に関する要件は満たしている。

●タイムシリーズモメンタムは、1975～2014年までの期間で、13の米国外株式市場のすべてでプラスのリスク調整済みリターンをもたらしている。そして、13カ国のうち10カ国において、統計的にも95％の信頼水準で有意であった。時価総額加重戦略のリターンが最も大きかったのはデンマークで、月次1.15％のリターン（Ｔ値は5.06）となった。それゆえ、普遍性の要件も満たしている。

●株式のタイムシリーズモメンタムは、モメンタムの形成期間とポジションの保有期間を16の異なる組み合わせで見てみても収益性があった。それゆえ、堅牢な要件を満たしている。

●株式のタイムシリーズモメンタムはクロスセクションモメンタムを完全に包含するが、クロスセクションモメンタムがタイムシリーズモメンタムをとらえることはできない。さらに、市場ベータ、サイズ、バリューといったほかの一般的なファクターではタイムシリーズモメンタムをほとんど説明することができない。それゆえ、ほかのファクターに包含されることはない。

●クロスセクションモメンタムとは異なり、タイムシリーズモメンタムは１月（季節性）に損失を出したことも、クラッシュ（クロスセクションモメンタムでは市場が反転すると発生する）したこともない。

●タイムシリーズモメンタムでは、プレミアムの少なくとも一部は投資家の過少反応を説明する２つの有力な理論（段階的情報拡散モデルと、鍋のなかのカエルと呼ばれるモデル）によって説明される。例えば、タイムシリーズモメンタムが段階的な情報の流れに起因するものであれば、小型株（情報がよりゆっくりと拡散する）でのタイムシリーズモメンタムがより大きくなるはずである。実際に、小型

株のグループでモメンタムによる利益が最も大きくなり（月次0.78％、Ｔ値5.52）、大型株のグループでモメンタムによる利益が最も小さくなる（月次0.47％、Ｔ値4.33）ことを彼らは発見した。第４章で議論したように、鍋のなかのカエルを例とする仮説では、投資家は少しずつ継続的にもたらされる情報には、ある時点で大量にもたらされる情報よりも気づきにくいとされる。鍋のなかの水の温度が急激に上昇すればカエルは鍋から飛び出すが、ゆっくりと熱すると水温の上昇に過少反応し、やがては料理されてしまうという例え話である。鍋のなかのカエルの仮説のとおり、投資家がゆっくりともたらされる少量の情報に過少反応するならば、リターンの持続性は高くなるはずである。彼らはまた、継続的に情報がもたらされる銘柄に比べて、情報が突発的にもたらされる銘柄のモメンタムによる利益は単調に増大することを発見した。つまり、タイムシリーズモメンタムが説明に関する要件を満たしているということである。

ドゥスーザ、スリチャナチャイコック、ワン、ヨウは、２つ（タイムシリーズとクロスセクション）のモメンタムを組み合わせた戦略も検証している。このデュアルモメンタム戦略では、モメンタムの最も強いポートフォリオを買い、それが最も弱いポートフォリオを売るので、基本的にマーケットニュートラル戦略になる。デュアルモメンタム戦略の平均リターンは年率22.4％であった。しかし、この戦略ではボラティリティが高くなる（年37.5％）。データは統計上有意であり、さまざまな形成期間と保有期間で見ても有効である。

さらなる証拠

さまざまな出典のヒストリカルデータを用いた2014年の研究「ア・センチェリー・オブ・エビデンス・オン・トレンドフォロイング・イ

ンベスティング（A Century of Evidence on Trend-Following Investing）」で、ブライアン・ハースト、ヨウ・フア・オイ、ラッセ・H・ペダーセンは、1880年1月から2013年12月までの期間において、67の市場で、4つの主要なアセットクラス（29のコモディティ、11の株価指数、15の債券市場、12の為替）にまたがる、1カ月、3カ月、12カ月のタイムシリーズモメンタム戦略を構築した。

　彼らの研究結果には、4つのアセットクラスの取引コストの見積額に基づいた実行コストが含まれている。さらに、信託報酬をヘッジファンドの伝統的な手数料である資産価値の2％、利益額の20％と仮定した。このAQRの研究員たちの発見を次にまとめる。

●大恐慌、度重なる好不況、戦争、スタグフレーション、2008年の世界的な金融危機、金利の騰落期など、あらゆる期間を通じてパフォーマンスには明らかな一貫性が見られた。
●全期間を通じた総利益は年率14.9％、純利益（手数料控除後）は11.2％となり株式のリターンよりも高くなったが、ボラティリティはおよそ半分であった（標準偏差は年9.7％）。
●10年ごとに見ると、すべての期間で純リターンはプラスであり、それが最も低くなったのは1910年から始まる期間で、5.7％であった。また、純リターンが1桁となった期間はたった5回だけである。
●株式におけるタイムシリーズモメンタム戦略のパフォーマンスと債券におけるタイムシリーズモメンタム戦略のパフォーマンスには相関関係がないも同然であった。つまり、この戦略は大きな分散効果をもたらし、シャープレシオは0.77と高いものとなった。仮に将来のリターンがそれほど高いものではないとしても、この分散効果があれば、当該戦略に対するアロケーションは正当化される。

　AQRの研究員たちの見解は次のとおりである。「多くの研究が示す

ところでは、株価のトレンドが存在するのは、投資家が示すアンカリングやヘーディングといった（ここでわれわれは、気質効果と認証バイアスを付け加えたい）長きにわたる行動上のバイアスと、中央銀行や企業のヘッジプログラムなど利益を求めない市場参加者の取引行動がその一因にある。例えば、中央銀行が通貨や金利のボラティリティを低減させるために介入すると、彼らが金利を落ち着かせるという情報が価格に織り込まれ、それゆえトレンドが生まれるのである」

AQRの研究員たちは続けてこう述べている。「トレンドフォロー戦略が歴史的に優れたパフォーマンスを上げてきたということは、これら行動上のバイアスや利益を求めない市場参加者が長い間、存在してきた可能性を示すものである」

トレンドフォローは、最近の出来事である2008年の世界的な金融危機を含めた株式市場が極端な騰落を示すときに、とりわけ優れたパフォーマンスをもたらしたと記している。実際に、過去135年間で、伝統的な60対40のポートフォリオが10回の最大ドローダウンを経験するなかにあって、タイムシリーズモメンタム戦略はそのような厳しい期間のうち8回はプラスのリターンを上げ、そのような時期にあっても大きなプラスのリターンを上げていることを発見した。

AQRはまた、「管理報酬2％と成功報酬20％」の手数料体系の費用控除後でもこのような結果が達成されていると記している。今日、本当に安いとまでは言えなくとも、もっと低い経費で入手できるファンドがある（AQRのマネージド・フューチャーズ・ストラテジーⅠ・ファンド［AQMIX］の経費率は1.21％、また同ファンドのR6版であるAQMRXの経費率はさらに低い1.13％である）。さらに、実際の取引コストは、サンプル期間（1880～1992年）のほとんどで用いられた見積もり額の6分の1程度であり、直近の期間（1993～2002年）でも見積額の半分ほどであることをAQRは発見した。以上の結果から、タイムシリーズモメンタムは投資可能性や実行可能性の要件も満たしている

243

と言える。

　タイムシリーズモメンタムのさらなる証拠は、アキンディノス・ニコラオス・バルタスとロバート・コソウスキーによる2013年の研究「モメンタム・ストラテジーズ・イン・フューチャーズ・マーケッツ・アンド・トレンドフォロイング・ファンズ（Momentum Strategies in Futures Markets and Trend-Following Funds）」に見られる。彼らが検証したのは、「先物市場におけるタイムシリーズモメンタム戦略とCTA（商品投資顧問業者）との関係で、これはヘッジファンドのユニバースの一部であり、2008年の金融危機時に収益を上げた数少ないヘッジファンドのスタイルの１つである。それゆえ、多くの注目を集め、後に大量の資金が流入した」。その後の数年間も資金が引き続き流入したことで、当該業界の規模は大幅に拡大し、2011年末時点までに２兆ドルあるヘッジファンドの預かり資産（AUM）のうち、CTAのファンドが3000億ドルを超えるまでになったと彼らは記している。彼らの研究は、1974年12月から2012年１月までの期間で、いくつかのアセットクラスにおける71の先物取引を対象としたものである。具体的には、26のコモディティ、23の株価指数、７つの通貨、15の中期および長期債といった具合である。彼らの発見を次にまとめる。

●タイムシリーズモメンタムは、月次や週次や日次の周期で見ても、大きな効果を発揮する。
●リバランスの頻度が異なる戦略の相関は低いので、異なるパターンのリターンをとらえることになる。
●さまざまな戦略が年率2.1以上のシャープレシオを達成し、市場が騰落するときに優れたパフォーマンスを示すが、これは株式市場が弱気なときに良き分散手段となる。
●コモディティ先物に基づいたモメンタム戦略は、ほかの先物戦略との相関が低い。それゆえ、もたらすリターンが比較的低くとも、追

加的な分散効果をもたらすことになる。

　重要なことに、彼らはモメンタムの収益性は流動性に乏しい取引に限ったことではないことを発見した。むしろ、モメンタム戦略は市場で取引される先物や先渡し取引を通じて行われるのが普通であり、それらは比較的流動性が高いと考えられている。また株式の現物や債券市場に比べて、その取引コストも比較的小さなものである。実際に、「たいていの資産で、ストラテジーの構築に必要となる取引数が、CFTC（米商品先物取引委員会）が公表した1986〜2011年までの取組高を超えることはない」ことを彼らは発見している。また、「この仮説に従って先物取引に投じられた想定元本は、世界的なOTCデリバティブ市場のなかではわずかなものにすぎない（2011年末時点で見ると、コモディティで2.3％、通貨で0.2％、株式で2.9％、金利で0.9％である）」ともしている。そして、彼らはこう結論した。「パフォーマンスフローの回帰と超過未決済残玉シナリオ仮説に基づいたわれわれの分析では、タイムシリーズモメンタム戦略に取引量の制約があるとする経済的・統計的に有意な証拠は発見できなかった」

　しかし、2008年の素晴らしいパフォーマンス後、トレンドフォローのCTAファンド全体のパフォーマンスは比較的低調である。例えば、2009年1月から2013年6月までの期間で、SG CTA・トレンド・サブインデックスの年率リターンは、それ以前の5年間が8.0％であったのに対して、マイナス0.8％となった。これはアメリカがゆっくりと回復し、ユーロ地域の危機の先駆けとなった期間に起こったことである。パフォーマンスが比較的振るわないことに加え、優れたパフォーマンスに追随した巨額の資金が流入したことで、投資家たちは、トレンドフォロー戦略はすでに飽和状態になったのか、将来は有効ではないのかと疑問を抱くようになる。

　マーク・C・ハチンソンとジョン・オブライエンは2014年の論文「イ

245

ズ・ディス・タイム・ディフェレント？　トレンドフォローイング・アンド・ファイナンシャル・クライシス（Is This Time Different? Trend Following and Financial Crisis）」でタイムシリーズモメンタムを取り上げている。およそ1世紀にわたるトレンドフォローのデータを用いて、彼らはアメリカのサブプライム危機とユーロ危機後、この戦略に何が起きたのか、またそれは金融危機後の典型的な事例なのかどうかを調査した。

　彼らは「グローバルおよび地域的な金融危機の一覧のリストを割り出すことは容易でない」と記している。そこで彼らは『熱狂、恐慌、崩壊——金融恐慌の歴史』（日本経済新聞社）と『ディス・タイム・イズ・ディフェレント（This Time Is Different : Eight Centuries of Financial Folly）』という金融危機に関して最も引用される2つの研究で取り上げられた危機を利用することにした。検証された6つの世界的危機とは、1929年の大恐慌、1973年の石油危機、1981年の第三世界の債務危機、1987年10月の大暴落、2000年のハイテクバブルの崩壊、2007年に始まるサブプライムとユーロ危機である。対象とした地域的な危機は次のとおりだ。スペイン（1977年）、ノルウェー（1987年）、北欧（1989年）、日本（1990年）、メキシコ（1994年）、アジア（1997年）、コロンビア（1997年）、アルゼンチン（2000年）。それぞれの危機の開始日は、危機に先立って株式市場が高値を付けた翌月としている。前述のどちらの研究でも、危機の長さ、または終了日については何ら参考になるものがなかったので、それぞれの危機がいつ終わったかを定義しようとするのではなく、彼らは先の株式市場の高値から24カ月後と48カ月後という、2つの固定した期間に焦点を当てた。

　グローバルな分析を行うために、ハチンソンとオブライエンは、1921年1月から2013年6月までをサンプル期間として、21のコモディティ、13の国債、21の株価指数と9つの為替レートから構成されるデータベースを用いた。彼らは、取引コストの見積り額と、資産の2％と利益

246

の20％という典型的なヘッジファンドの手数料とを反映させて検証した。彼らの発見を次にまとめる。

●タイムシリーズモメンタムは長期にわたって大きな成功を収めている。1925～2013年までのグローバルなポートフォリオの純リターンは平均12.1％であり、ボラティリティは11％であった。シャープレシオは驚くことに1.1となった（これはほかの研究の結果とも一致する）。
●危機時には先物市場のリターンに対するこの戦略の予測能力は大幅に低下する。
●正常時には、市場リターンは最大12カ月間で大きな時系列相関を示した。
●世界的な金融危機後、トレンドフォローのパフォーマンスは平均すると4年間振るわない傾向にある。このようにタイムシリーズによるリターンの予測能力が欠落することで、トレンドフォローがリターンを生み出す機会が減少する。
●危機時のパフォーマンスと正常時のパフォーマンスとを比べると、危機の発生から最初の24カ月の平均リターン（4.0％）は、正常時のリターン（13.6％）の3分の1以下となる。危機の発生から48カ月後のパフォーマンス（6.0％）は、正常時のそれ（14.9％）の半分以下である。
●株式、債券、通貨を通じて、結果は一貫したものであった。例外はコモディティで、危機の前後でリターンの大きさはさほど変わらない。
●地域的な危機時に、その地の資産で構成されたポートフォリオを検証しても、その効果は同じであることを発見した。

行動に基づくモデルは、モメンタムを投資家の過信とリスク回避の

低下とに結びつけるが、どちらも資産価格のリターンの予測可能性につながるものであると彼らは記している。そのようなモデルでは、市場が下落すると過信は弱まり、リスク回避は高まるはずなので、金融危機後にリターンの予測能力が低下することも合理的なように思われる。また、彼らが記しているように、「金融市場が危機に陥ると政府が介入の度合いを高める傾向にあり、その結果、価格のパターンが途切れる」ということは特筆に値する。そのような介入によって、急激な反転が起こり、トレンドフォローにとってはマイナスの結果につながるのだ。

ハチンソンとオブライエンはこう結論している。「これらのたぐいの戦略［トレンドフォロー］は、危機時にはかなり脆弱で、そのパフォーマンスは市場が正常な状態にあるときの3分の1ほどになってしまう。地域的な危機でも同様の結果が得られたが、その影響はより短期間で収束するようである。われわれの分析では、通常の市場環境であれば広く見られ、トレンドフォローの基礎となるタイムシリーズモメンタムの予測能力が失われてしまうことが経験的にも示されている」

まとめ

投資スタイルとしてのトレンドフォローは長らく存在してきた。前述の研究によるデータは、過去に論文で示された大量の証拠を上回るサンプル外の証拠を提示するものである。また、トレンドフォローがグローバル市場で普遍的に見られる特徴であることを示す、一貫した長期にわたる証拠にもなる。

トレンドが継続することを期待すべきかどうかという問題に取り組むにあたり、ハーストたちはこう結論している。「市場がたいていの場合トレンドを示す傾向にある理由は、投資家の行動上のバイアス、市場のフリクション、ヘッジ需要、そして中央銀行や政府による介入な

どで説明できそうである。そのような市場介入やヘッジプログラムは今でも広く行われており、投資家は前世紀を通じて価格変動に影響を与えてきたのと同様の行動上のバイアスに引き続き悩まされるであろうから、トレンドフォロー投資が継続するお膳立ては整っているのだ」

つまるところ、分散効果とダウンサイド（テールリスク）ヘッジの特性を考えれば、ポートフォリオの幾ばくかをトレンドフォロー戦略に充てる効果は大きなものであると思われる。だが、トレンドフォロー戦略は回転率が高いので、税務上は非効率とならざるを得ない。つまり、トレンドフォロー戦略は税制優遇のある口座で行うことが望ましいのである。

付録G ファクターを増やすことで得られるファンドリターンの限界効用

　ユージン・E・ファーマとケネス・R・フレンチは2015年の論文「インクリメンタル・バリアブルズ・アンド・ザ・インベストメント・オパチュニティ・セット（Incremental Variables and the Investment Opportunity Set）」で、複数のファクターやスタイルに対するイクスポージャーを提供するファンドを検討している投資家に重要な視点を提示している。

　論文のなかで、ファーマとフレンチはこう記している。「資産評価に関する研究の多くが、クロスセクションの期待リターンの説明力を高める変数を求めるものである。研究者たちは、候補とした変数が平均リターンで大きなスプレッドを生み出せば、成功だと主張することが多い。しかし、すでにリターンを予測することが知られている変数を含めたモデルが生み出したリターンのスプレッドに、その変数がどれだけ追加的な寄与をもたらしたかを測るほうが適切であろう」

　論文の重要なメッセージは、たいていの場合、価格形成におけるクロスセッション回帰分析で明白な限界的説明能力を持つファクター（モメンタムや収益性のような、これまで議論してきたシステマティックな変数）や大きなプレミアムを示すファクターには、説明能力を持つことが分かっているほかのファクター（サイズやバリューなど）に対するイクスポージャーをすでに持っているポートフォリオのリターンを限界的に改善する力はほとんどないということだ。

　どのファクターにイクスポージャーを持たせるかを決定したら、次に判断すべきは、そのファクターを個別のファンドでとらえようとするか、マルチスタイルファンドを通じてとらえようとするかである。例えば、投資家は、それぞれサイズ、バリュー、モメンタムのファクタ

251

ーをとらえようとする３つのファンドを保有することができる。一方で、３つのファクターすべてをとらえる１つのマルチスタイルファンドに投資することもできるのだ。

ロジャー・クラーク、ハリンドラ・デ・シルバ、スティーブン・ソーレイが2016年の論文「ファクター・ポートフォリオス・アンド・エフィシエント・ファクター・インベスティング（Factor Portfolios and Efficient Factor Investing）」で説明しているとおり、個々のファクターに基づくポートフォリオを組み合わせるよりも、個々の有価証券を組み合わせることで最適なポートフォリオをひとつ構築したほうがはるかに良いのだ。これは直感的にも分かりやすい。例えば、サイズとバリュー、２つのファクターに投資することにしたとする。有価証券を基準にポートフォリオを構築するということは、小型株とバリューの双方の特徴を有する銘柄を取得するということである。しかし、ファクターを基準にすると、大量の小型株と、大量のバリュー株をそれぞれ取得することになるのだ。小型株にはグロースに対するイクスポージャーが大きい（バリューが低い）銘柄もあり、バリュー株には大型株であるもの（小型ではない）もある。これでは最適とはならない。

ファクターに対してロングとショートのポジションを取る戦略も最適とは言えない。あるファクターではロングした有価証券が、ほかのファクターではショートの対象となることもあり得る。つまり、ファクターを個別に追いかけると、投資家はネットポジションがないにもかかわらず、手数料を二重に支払うことになるばかりか、無駄な取引コストを負担することになるのだ。マルチスタイルファンドを利用するのが最適であることは明白である。

ファクターの組み合わせ方にはトレードオフがある。例えば、負の相関関係にあるバリューとモメンタムについて考えてみてほしい。理想を言えば、両方のファクターに大きなイクスポージャーを持つ銘柄から構成され、負のイクスポージャーを持つ銘柄を回避したポートフ

ォリオが望ましいところである。そうするにあたっては、バリューの大きい（しかし、モメンタムは弱い）銘柄を避け、またモメンタムの強い（しかし、バリューは小さい）銘柄を避けるといった方法を採ることになる。しかし、除外する銘柄が多くなればなるほど、有価証券の分散が小さくなってしまう。さらに、バリュー（モメンタム）の大きい銘柄の多くはモメンタム（バリュー）が弱いので、イクスポージャーが最も大きい銘柄がポートフォリオに含まれないことになってしまう。ポートフォリオはファクターで見るとより中庸なものとなるのだ。それゆえ、ファクターに対するイクスポージャーや保有銘柄数、回転率、流動性などの問題を含め、ファクターを注意深く組み合わせることが求められるのだ。

　そして、これによってファーマとフレンチが取り上げた問題に立ち返ることになる。つまり、追加的なファクターに対するイクスポージャーを増やすことの追加的な効果はどうなるかということだ。ここでもまた直感が一助となる。シンプルな3ファクターモデルでさえ、分散されたポートフォリオのリターンの違いの90％以上を説明できる。それにモメンタムを加えると、その割合は90％代半ばまで上昇する。ファーマとフレンチが論文で説明しているとおり、限界的な説明能力を持つ変数を加えることで、ほかの説明変数の価値は常に低下する。言い換えれば、ポートフォリオがすでに市場ベータ、サイズ、バリューに対するイクスポージャーを持っているならば、モメンタムに対するイクスポージャーを加えても、リターンはさほど増大しない（モメンタムがもたらす年9.6％というプレミアムどころか、ロングオンリーのポートフォリオによるその半分のプレミアム分の幅も増えない）ということだ。

　ポートフォリオにすでに組み込まれているファクターと正の相関を持つファクターに対するイクスポージャーを加えたとしても、その新しいファクターの説明能力の一部は、元々のファクターに対するイク

スポージャーによってすでに織り込まれているのである。ファーマとフレンチはこう説明している。「すでにモデルに組み込まれた変数の効果が希薄化することで、追加的な変数が多変数モデルの期待リターンスプレッドにもたらす寄与はたいていの場合、限られたものとなる」

つまり、新しいファクターに対するイクスポージャーが、そのファクターが持つプレミアムのすべてをポートフォリオのリターンにもたらすことはできないのだ。また、付け加えられたファクターがモメンタムとバリューのように、既存のファクターと負の相関関係にあるとしたら、1つのファクターに対するイクスポージャーを増大させること（期待リターンを高める）が、ほかのファクターに対するそれを減少させる（期待リターンの一部を低減させる）ことになるのだ。

しかし、これはポートフォリオの効率性が改善しないという意味ではない。完全な相関関係にないファクターを加えることで分散効果を得ることができる。負の相関関係にあるファクターを加えることで、**付録A**で議論した「トラッキングエラーリグレット」として知られる難病にかかるリスクを低減させることができるというもう1つの効果もある。投資家は、自らの差別化したポートフォリオがS&P500のようなインデックスに代表される「市場」をアンダーパフォームすると後悔の念を抱く。実際に、多くの投資家にとっては、市場ベータ、サイズ、バリューという3つのファクターの枠を超えるとすれば、さらなるファクターに対するイクスポージャーを加えることによる最大の限界効用は、トラッキングエラーリグレットを最小化できることかもしれない。

最後に、もう1つの検討事項として、さらなるファクターへのイクスポージャーを加えることで、ポートフォリオの回転率が上昇し、取引コストが増え、租税効率が悪化しかねないという問題がある。

付録H　スポーツくじと資産評価

　バリュー戦略とモメンタム戦略を組み合わせることで、それらが高い負の相関関係にあるので、ポートフォリオがより効率的になることを学術論文が発見した。重要なことは、これが世界的にも、またアセットクラスを通じても有効であるということである（つまり、株式だけでなく、債券やコモディティや通貨にも当てはまる）。これまで議論してきたように、バリューやモメンタムファクターの存在とその説明能力に議論の余地はないが、それらプレミアムの源泉については、それを説明しようとする2つの競合する理論が存在する。効率的市場仮説の父であるユージン・ファーマに代表されるリスクに基づく説明と、ロバート・シラーたちによる行動に基づく説明である。ファーマとシラーはともに2013年にノーベル経済学賞を受賞しているのが興味深い。

　行動に基づく研究では、認証バイアス（投資家がニュースに過少反応したり、過剰反応をしたりすることになる）や、誤った信念ゆえに価格はその本源的価値から乖離するとしている。また、アービトラージャーが、費用や裁定取引の限界が原因となって市場を効率的に保つことができないために、ミスプライシングが持続することになる。

　エール大学教授のトビアス・モスコウィッツは、スポーツくじの分野でのモメンタムやバリューの効果を検証することで、リスクによる説明と行動による説明に光明を投じようとした。行動に基づく評価モデルが有効であるならば、それは投資からスポーツくじに至るまであらゆる市場のリターンを説明できるはずだという仮説を立てたのだ。もしそうでないならば、市場ごと、または資産の種類ごとに異なるモデルが必要であることになる。

255

なぜスポーツくじなのか

　スポーツくじは素晴らしい実験場となる。その主たる理由は、マクロ経済のリスクによってファクターの存在を説明することができないことにある。要するに、行動に関する説明だけが可能だからだ。

　投資の分野におけるバリューやモメンタムのファクターが行動の誤りに基づくものであるならば、そこで具現化しているものと同じ行動上の誤りがスポーツくじの世界でも姿を現すはずである。さらに、スポーツくじ（ターミナルバリュー［最終価値］が即座に判明する）は、賭けの結果が出ると価格の誤りがすぐに判明するので、行動に基づく理論にとっては優れたアウト・オブ・サンプルを検証する場を提供する。そこで、スポーツくじと投資に共通するパターンを見いだせるのかという疑問が出てくる。

　その答えを導き出すために、モスコウィッツはさまざまなスポーツくじの市場に目を向け、似かよった関係やパターンが見られるかどうかを検証した。彼が取り上げたのは、大リーグ（MLB）、アメリカンフットボール（NFL）、バスケットボール（NBA）、アイスホッケー（NHL）の4つのスポーツと3つの異なるくじの種類である。これによって、計12の検証が可能となり、一貫性があるように思える関係が単なる偶然の一致にすぎないという可能性も大幅に低減させることができる。3つの種類とは次のとおりである。

A．ポイントスプレッド　例えば、あるチームに3 1/2を与えるとする。これに賭けたとして、試合の得点差が3 1/2未満となったら、賭けは負けである。

B．オーバーアンダー　このくじは総得点数に関連するものである。例えば、NBAのバスケットの試合では、オーバーアンダーは200点である、オーバーに賭けて、総得点数が200点未満となったら、賭

けは負けである。

C. マネーライン　例えば、フェイバリット（強いチーム）に賭ける
としたら、100ドル勝つために180ドルを賭けなければならないか
もしれない。また、アンダードッグ（弱いチーム）に賭けるとし
たら、100ドル賭けただけで170ドルを手にできるかもしれない。

　AとBのくじでは、100ドル勝つためには、通常、110ドル賭けなけ
ればならない。これは、ブックメーカーの取り分、またはテラ銭と呼
ばれるものである。つまり、取引コストが高いのだ。

　モスコウィッツが検証に用いたデータは、1999～2013年の期間のお
よそ12万通りのくじで、ラスベガス最大のブックメーカーやオンライ
ンギャンブルのブックメーカーから入手したものである。モスコウィ
ッツは、3つの種類の賭け金がもたらすリターンを、当該期間を通じ
て分析した。つまり、ブックメーカーが設定するオープニングプライ
ス、その後、試合が始まり賭けが締め切られるまでに参加者たちの行
動によって設定されるオッズ、そしてターミナルバリューである。

　彼は、行動に基づくモデルがリターンを説明するのか、または市場
は効率的なのかを検証した。言い換えれば、市場が効率的ならば「セ
ンチメント」（「アニマルスピリッツ」とも根拠なき熱狂とも呼べるか
もしれない）が結果を予測することはない。それができるのは新たな
情報（主要プレーヤーのケガが公表されるなど）だけである。

　一方で、新たな情報はゆっくりとしか浸透しない（市場が過少反応
している）、または過剰な反応がある（価格が過大に上下する）ならば、
われわれが金融市場で目にしているものと同様の、行動による説明が
可能となる。

　データマイニングのリスクを低減させるために、モスコウィッツは
さまざまなモメンタムやバリュー指標を用い、さまざまな投資期間を
設けて検証を行い、その結果の平均値を求めている。また、異なる指

257

標として、偶数年や奇数年だけを用いた結果の検証も行っている。

モメンタムとバリューを測定する

　ファイナンスの世界にはモメンタムとバリューを測る一般的な指標が存在するが、スポーツくじの世界にはそれがない。モメンタムに関しては、適切かつ便利な指標を比較的容易に思い浮かべることができる。例えば、1つのチームや、過去1試合、2試合、または8試合（例えば、NBAでは8試合はシーズンのおよそ10％に当たる）におけるくじ別の勝ち、得点差、配当金といった指標に基づいたパフォーマンスの遅行指標をモスコウィッツは検証している。

　バリューのほうが測定は難しい。モスコウィッツはバリュー指標の1つとして長期的なリバーサルを用いることを選択している。株式に関して言えば、過去5年間のパフォーマンスが振るわなかった銘柄がバリュー株と考えられる。つまり、バリューの指標として、彼は過去1シーズン、2シーズン、3シーズンにおけるパフォーマンスを用いたのだ。

　別のバリュー指標として、モスコウィッツは、チームの簿価、チケット販売、総収益（入場料とお土産の売上、放映権、その他利権）、選手の年俸などを含めたチームのさまざまな簿価を取り上げ、それらをスプレッドコンタクトの現時点でのスプレッドで割った値を用いている。モスコウィッツはまた、ピタゴラス勝率として知られるサイバーメトリック（スポーツの統計分析）のスコアも利用している。これは、過去の勝敗、得点差、スケジュールの難易度に基づく各チームの勝率の期待値であり、パワーランキングと似たものである。彼は、各チームの指標の差を、現時点におけるベッティングラインやくじの価格で割ることで（EPR［株式益回り］に類似している）、相対的な強さを示す指標として利用した。

付録H　スポーツくじと資産評価

スポーツくじにおけるモメンタムとバリュー指標をファーマとセイラーに尋ねる

　とりわけ興味深いのが、データを解析するに先立ち、モスコウィッツが同僚であるユージン・ファーマ（効率的市場仮説およびリスクに基づくプレミアムの説明の「応援団長」）とリチャード・セイラー（市場は非効率だとする見解と行動に基づくプレミアムの「応援団長」）に指標の選択に異議があるかどうか尋ねていることである。

　ファーマとセイラーは、事後（結果を見たあと）ではなく、事前の評価に基づいて判断するよう求められた。2人とも、バリューとモメンタム指標の選択は概ね正しく、金融市場における定義とも軌を一にしていることに同意した。モスコウィッツの発見を次にまとめる。

●スポーツくじがもたらすリターン全体は、費用を差し引く前ではフラットであり、費用を控除したあとではわずかにマイナス（テラ銭が原因）となったが、これは、ホームチーム、優勝候補のチーム、または終わっているチームに体系的に賭けても利益は見込めないということである。この点について、市場は効率的である。

●予想どおりだが、モスコウィッツはスポーツくじの結果と株式市場のリターンには相関関係がないことを発見した。これは、スポーツくじが実際に独立したものであることを証明している。

●「トレード」の開始から「トレード」の終了までにベッティングラインが動くと、オープンからクローズまでのリターンは、オープンからエンドまでのリターンとわずかながら正の相関にあるが、クローズからエンドまでのリターンとは負の相関にある。

●スポーツくじ市場では、価格に対して過剰反応する傾向が見られた。過剰反応はターミナルバリュー（試合が終わるとき）で明らかとなる（反転する）。

259

●モメンタムが存在し、それがリターンを予測することを示す明白な
パターンが存在する。金融市場と同様に、ギャンブラーたちは価格
を押し上げる。そして、また金融市場と同様に、予測値が存在する
（ターミナルバリューで反転が起こるということは、過剰反応が遅行
しているということである）。言い換えれば、オープニングプライス
（ブックメーカーが設定する）は、試合の開始で賭けが締め切られる
ときの価格よりも正しいということである。これは、異なるスポー
ツや異なる（相関関係のない）くじにおいても真である。そして、ア
イスホッケーを除けば、Ｔ値も有意な水準であった。

●バリューにも明白なパターンが存在するが、正反対のものである。低
いベットは時間が経過するにつれ、さらに低くなり、試合の結果が
公表される最終日に本当の価値が明らかとなるとリバーサルが発生
する。モメンタムとバリューとが負の関係にあることは金融市場と
同じである。しかし、バリューベットに明白なパターンが存在する
が、その結果は、モメンタムのような統計上の高い有意性を示すも
のではない。また、モメンタムの定義は容易に思いつくが、バリュ
ーについてはそれほど明確ではない。

●モスコウィッツはサイズの効果も検証した。サイズを測るために、彼
は年間のフランチャイズバリュー、入場料収入、総収入と選手の年
俸を利用した。これら指標は、チームが属している地元市場のサイ
ズと高い相関関係にある。このデータには説明能力も予測値も存在
しないことが分かった。

●モメンタムとバリューが生み出すリスク（ボラティリティ）１単位
当たりのリターンは、金融市場のそれのおよそ５分の１であるが、こ
れは金融市場におけるリターンプレミアムの大半はほかの（リスク
に基づく）源泉からもたらされている可能性を示している。また、ス
ポーツくじ市場で用いた指標にはノイズが多く、それゆえ明確な説
明がなし得ない可能性がある。

付録H　スポーツくじと資産評価

　モスコウィッツは異なる視点からもデータを検証している。彼は「過剰反応があるということは、バリュエーションがより不明確か、あいまいなときに、その効果が大きくなるということでもある」と記している。どのチームもシーズンが幕を開けるころはその仕上がり具合がより不明確なので、モスコウィッツはシーズンが始まったころの試合と、ベッティングプライスのボラティリティが高くなった試合とを個別に検証した。その結果は過剰反応と一致することを彼は発見する。モメンタムとその後の反転が強くなるが、一方でバリューの効果は小さくなっていく。

　モスコウィッツは、同様の考えを、直近の決算発表が行われたあとの時間の経過を用いて、有価証券のリターンに適用してみた。彼は、「決算発表の直後は、それによって重要な関連情報が手に入るので、バリュエーションはより確かなものとなる」ことを発見している。企業を２つのグループ、つまり直近で業績を発表した企業と、最後の決算発表が数カ月前であった企業（不確実性が高まる）とに分けると、決算発表から時間が経過している企業はモメンタムによる利益とその後の反転が大きなものとなり、決算発表を行ったばかりの企業におけるモメンタムによる利益は無視し得るほどのものであることをモスコウィッツは発見している。

　バリューについてはまったく反対である。バリューによる利益は業績を発表したばかりの企業で最も大きく、決算発表からしばらくたっている企業には見られなかった。モスコウィッツはこう説明している。「これらの結果はスポーツくじ市場における結果と合致し、遅延過剰反応理論とも軌を一にしており、スポーツくじが金融市場における新たな検証と、モメンタムとバリューに関する一連の新しい結果とを提供している」

　彼はこう結論づけた。「さまざまなスポーツや、そこでのさまざまな

261

くじで、驚くほど一貫したパターンが見いだされたのであるから、この結果が偶然の産物である可能性は極めて低い。その証拠は投資家の過剰反応が生み出すモメンタムやバリューのリターンプレミアムと軌を一にするものであり、行動に基づく理論のサンプル外検証となる。さらに、スポーツくじ市場ではリターンが取引コストによって帳消しにされてしまうので、アービトラージャーが価格に見られるこれらのパターンを解消することができず、それらは持続することになる」

どのような結論が導きだせるか

モスコウィッツが発見したことの特徴を考えると、どのような結論を導き出すことができるだろうか。第一に、モメンタムやバリューの効果はベッティングのオープンからクローズまでの間、ベッティングプライスを動かす。それらのパターンは試合の結果が出るまでには完全に反転するが、それは金融市場でのモメンタムやバリュープレミアムの発生の仕方と一致する。

次に、モメンタムやバリューはスポーツくじ市場でも予測能力があり、それらのファクターは金融市場で見られるものと同様の負の関係（モメンタムが価格を引き上げると、バリューが価格を引き下げる）にある。これは、これらのファクターが金融市場における少なくとも何らかの行動上の要素を包含しているとする考えを支持するものである。

言い換えれば、リスクに基づく説明と行動に基づく説明は実際には競合せず、補完関係にあるということだ。白か黒かということではなく、2つの競合する理論を組み合わせることで、より正確な説明が可能となるのである。われわれはこう考えている。バリューやモメンタムのプレミアムはフリーランチではない（他者の行動上の欠点に乗じるのであればフリーランチとなろう）が、食べ放題のデザートなのかもしれない。

第三に、モスコウィッツが記しているように、検証の独立性（4つ
の異なるスポーツと3つの異なるくじを用いた計12のスポーツくじ市
場）を考えれば、それは驚くべき一致であり、検証結果が単なるラン
ダムなものと考えるのは難しい。

　また、興味深いことに、フリクションによって「スマートマネー」
（アービトラージャー）がミスプライシングを調整することができない
投資の世界と同様に、スマートマネーが個々のギャンブラーによる価
格の誤りを調整することを妨害するフリクション（ブックメーカーの
スプレッドというスポーツくじのコスト）が存在する。言い換えれば、
スマートマネーがその存在を知悉しているときでさえ、フリクション
によってミスプライシングは持続することが可能となるのだ。さらに、
戦略を実行するコストを勘案したあとでさえ、スポーツくじ市場は、金
融市場と同様に相当に効率的であると考えられることが示された。

　「フレンドリー」な賭けができる（テラ銭を取るブックメーカーが存
在しない）としたら、バリューとモメンタムの2つの戦略を組み合わ
せることで、ブックメーカーがオープニングラインを設定したあとに
発生するミスプライシングに付け入ることができることが示されたの
だ。

　最後に、予想どおり、オンラインギャンブルとの競争によって、ス
プレッドはブックメーカーが伝統的に設定してきた10%を下回るよう
になってきているとモスコウィッツは記している。しかし、スプレッ
ドが低下しても（7%ほど）、ミスプライシングを追及するにはまだ高
すぎる。最後に面白い本を紹介しよう。モスコウィッツの共著にスポ
ーツと統計学に関する優れた1冊がある。『オタクの行動経済学者、ス
ポーツの裏側を読み解く――今日も地元チームが勝つホントの理由』
（ダイヤモンド社）はスポーツファン必読の1冊であろう。

付録Ｉ　サイズプレミアムを再評価する

　マルチファクターのポートフォリオを実践する投資家やアドバイザーの多くが、サイズプレミアムよりもバリュープレミアムをとらえることに集中する傾向にあるが、それはただバリュープレミアムが歴史的により大きかったというだけの理由であることが多い。サイズプレミアムのヒストリカルレコードが小さく、また変化が大きいがゆえに、存在そのものを疑問視する者もいる。いずれの場合でも、サイズプレミアム、具体的にはサイズファクターの構造が十分に理解されていない可能性がある。この点を明らかにするために、まずは基本的な定義から始める。

　ユージン・ファーマとケネス・フレンチが定義したサイズファクターは、すべての銘柄を時価総額（NYSE［ニューヨーク証券取引所］上場銘柄の時価総額による）に従って十分位に分類し、第6〜第10十分位（小型株）の年間リターンの加重平均から、第1〜第5十分位（大型株）のそれを差し引くことで算出される。言い換えれば、サイズでランク付けされた下位50％の銘柄から、上位50％の銘柄を差し引いたものである。バリューファクターと比べてみると、バリューファクターは、BMR（簿価時価比率）に基づいて銘柄を分類し、第1〜第3十分位（バリュー株）の年間リターンの加重平均から、第8〜第10十分位（グロース株）のそれを差し引くことで求められる。言い換えれば、バリュエーション指標でランク付けされた上位30％の銘柄から、下位30％の銘柄を差し引いたものである。こう考えると、第4〜第7十分位がコア銘柄となる。30対40対30の構造は、モメンタムや収益性・クオリティ、低ベータまたは低ボラティリティなど、ほかの既存のリスクファクターでも活用されている。サイズファクターだけが例外なのだ。

265

表I.1　CRSP10分位——年率リターン（1926〜2015年）

	1−2	3−5	6−8	9−10
年率リターン（%）	9.47	10.99	11.39	11.98

　CRSP（シカゴ大学のセンター・フォー・リサーチ・イン・セキュリティー・プライセズ）のデータを用いて算出した、時価総額に応じた十分位のヒストリカルリターンを**表I.1**に示している。

　これら時価総額に応じた十分位で示されるとおり、ほかのカテゴリーを上回るプレミアムをもたらす銘柄群があるとしたら、そのカテゴリーの定義を厳格にすればするほど、プレミアムは大きくなるであろう。より狭い範囲でサイズをグループ分けすると、株式が小さくなるに従い、そのリターンは大きなものとなっている。さらに、カテゴリーの定義を厳格にすればするほど、選択対象となる銘柄が少なくなるので、それをとらえることが難しくなる。つまり、サイズプレミアムを理解しようとすると、「サイズファクターの構造が、ポートフォリオがとらえることのできるプレミアムの量にどのように影響するのか」という疑問に直面するのだ。

　ケネス・フレンチのデータライブラリーで、時価総額に基づいたさまざまな分類に応じたリターンを確認することができる。これらを用いることで、いくつか異なる種類のサイズファクターを構築して、われわれの疑問に答えることができる。最も小型の銘柄50％の加重平均リターンから、最も大型の銘柄50％のそれを差し引くことで定義される標準的なサイズファクターを50/50と呼ぶことにする。そして、最も小さい（大きい）銘柄30％、20％、10％を用いたサイズファクターを算出し、それぞれ30/30、20/20、10/10と呼ぶ。**表I.2**は、これらさまざまな定義に従ったサイズファクターのヒストリカルプレミアムであ

付録I　サイズプレミアムを再評価する

表I.2　ヒストリカルプレミアム（1927〜2015年）

	サイズファクターの構造			
	50/50	**30/30**	**20/20**	**10/10**
年間プレミアム(%)	3.28	5.22	6.15	7.65
T値	2.22	2.34	2.27	2.44

表I.3　4ファクターモデルによるサイズファクターに対する月次イクスポージャー（1998〜2015年）

	サイズファクターの構造			
インデックス	**50/50**	**30/30**	**20/20**	**10/10**
ラッセル2000インデックス	0.77	0.59	0.50	0.42
S&P600スモール・キャップ・インデックス	0.68	0.50	0.41	0.34
ダウ・ジョーンズ・US・スモール・キャップ・インデックス	0.58	0.44	0.37	0.32

る。

　予想どおり、「小型」と「大型」との差異の定義を狭めれば狭めるほど、年間のプレミアムは大きくなる。標準的な50/50のサイズファクターの年間プレミアムが最も小さくなり、とりわけ、30/30で構築したサイズファクターのプレミアムは、バリュープレミアム（4.83％）よりも大きくなった。さらに、すべての年間プレミアムが統計上有意である（T値が2.0以上）。

　ポートフォリオがこのプレミアムのうちどれだけをとらえることができるかを測定するために、マルチファクター戦略を用いる投資家は、ファクターモデルの回帰分析を行うことで、ファクターに対するイク

267

表I.4　4ファクターモデルによるサイズファクターに対する月次イクスポージャー（1998〜2015年）

ファンド	サイズファクターの構造			
	50/50	30/30	20/20	10/10
DFA・US・マイクロ・キャップ	1.01	0.82	0.73	0.64
DFA・US・スモール・キャップ	0.83	0.65	0.56	0.48
バンガード・スモール・キャップ・インデックス	0.73	0.56	0.47	0.40

スポージャーを推定することになる。**表I.3**は、4ファクターモデルにおけるわれわれが定義したさまざまなサイズファクターに対するイクスポージャーの推定値を示している。

　ここでもまた、サイズファクターの定義を狭めれば狭めるほど、プレミアムをとらえることが難しくなることが分かる。各インデックスにおいて、サイズファクターの定義が狭いほど、推定イクスポージャーも小さくなる。**表I.3**に示されているすべての推定値が統計的に有意であることに注意してほしい。実際のファンドで同様の検証を行うことができる。**表I.4**が**表I.3**と同様の結果を示していることに注目してほしい。ただ、ここでは3ファクターモデルを利用している。

　ここでもまた、サイズファクターの定義が狭くなるほど、イクスポージャーの推定値は小さくなる。この場合、サイズファクターの構築方法によって、ファンド間に大きな差異が見られるが、各ファンドとも、サイズファクターの定義を厳格にするに従ってイクスポージャーの推定値が低下していることに注目してほしい。

　サイズファクターの算出方法が、サイズプレミアムの大きさやポートフォリオがそれをとらえる能力に与える影響に関するわれわれの仮

付録I　サイズプレミアムを再評価する

表I.5　とらえられるサイズプレミアムとバリュープレミアム（1998～2015年）

	ターゲットとするプレミアム	イクスポージャー	プレミアム	とらえられるプレミアム
DFA・US・マイクロ・キャップ	サイズ	1.01	3.28	3.31
DFA・ラージ・キャップ・バリュー	バリュー	0.60	4.83	2.89

説が補強されたと言える。**表I.4**のDFA・US・マイクロ・キャップ・ファンドとDFA・ラージ・キャップ・バリュー・ファンドの2つを用いることで、サイズファクターとバリューファクターとの算出方法の違いが、ポートフォリオがとらえることのできるプレミアムの額にどのような影響を与えるかを見ることができる。これは、ファクターに対するポートフォリオのイクスポージャーの推定値に、それぞれの年間プレミアムをかけることで測定される。**表I.5**は2つのファンドで行った計算結果を示している。

　バリュープレミアムはサイズプレミアムよりも大きいにもかかわらず、サイズファクターをターゲットとしたポートフォリオ、つまりDFA・US・マイクロ・キャップ・ファンドはより大きなファクタープレミアムをとらえている。これは、ファクターに対するイクスポージャーがより大きいことによるものであり、前述のとおり、直接的にはサイズファクターの算出方法をより緩やかにしている結果である。

　手短ではあったが、マルチファクター戦略を採る投資家がファクターへの配分を考えるときに検討すべきはファクタープレミアムの大きさだけではないことを以上の例が示している。ここで学ぶべきことは、

269

サイズプレミアムを評価するにあたって検討すべきは、サイズファクターの算出方法であり、それによってポートフォリオがサイズプレミアムをとらえる能力が向上するということである。サイズプレミアムを無視する投資家は、まさに大きなファクタープレミアムを見逃すことになるであろう。

付録 J 　実践——投資信託とETF

　次に、ポートフォリオを構築するにあたり検討すべきファンドの一覧を掲載する（アンドリュー・バーキンが投資信託の運用会社で働いているので、潜在的な利益相反を避けるため、彼はこの付録における選択に加わらなかった。ここでの推奨は、バッキンガム・ストラテジック・ウエルスの投資政策委員会のそれを反映したものである）。受益権の種類が2つ以上ある投資信託については、コストの最も低いものを取り上げている。最低投資額の要件があるので、投資家によっては利用できないファンドもあるかもしれない。AQR、ブリッジウエー、DFAのファンドは、ファイナンシャル・アドバイザーや退職基金、529プランを通じて取得可能である（AQRのファンドに関しては、コストの低いRシェアが一部の投資家には利用可能である）。ファンドがそれぞれのファクターに対してどれだけのイクスポージャーを提供しているか、経費率はどれだけか、またどれだけ分散しているか（つまり、保有する銘柄数）を基準に検討を行った。ETF（株価指数連動型上場投資信託）に関しては、さらに受益権の流動性も検討事項に加えている。つまり、預かり資産が1億ドル以上あり、平均出来高が500万ドル以上となるETFを検討対象としている。

271

シングルスタイル・ファンド

市場ベータ

国内	
ファンド	経費率
フィデリティ・スパルタン・トータル・マーケット・インデックス（FSTVX）	0.05
シュワブ・US・ブロード・マーケット（SCHB）	0.03
バンガード・トータル・ストック・マーケット・インデックス（VTI/VTSAX）	0.05/0.05
アイシェアーズ・コア・S&P・トータル・US・マーケット（ITOT）	0.03

世界の先進国	
ファンド	経費率
フィデリティ・スパルタン・インターナショナル・インデックス（FSIIX）	0.20
バンガード・FTSE・オール・ワールド・EX-US（VEU/VFWAX）	0.13/0.13
バンガード・トータル・インターナショナル・ストック（VXUS/VTIAX）	0.13/0.12
SCHWAB INTERNATIONAL EQUITY(SCHF)	0.08
アイシェアーズ・コア・MSCI・EAFE（IEFA）	0.12

途上国	
ファンド	経費率
DFA・エマージング・マーケッツ（DFEMX）	0.57
シュワブ・エマージング・マーケッツ（SCHE）	0.14
バンガード・FTSE・エマージング・マーケッツ（VWO/VEMAX）	0.15/0.15

サイズ

国内	
ファンド	経費率
ブリッジウエー・ウルトラ・スモール・カンパニー・マーケット（BRSIX）	0.73
DFA・US・マイクロ・キャップ（DFSCX）	0.52
DFA・US・スモール・キャップ（DFSTX）	0.37
DFA・タックス・マネージド・US・スモール・キャップ（DFTSX）	0.52
アイシェアーズ・ラッセル・マイクロキャップ（IWC）	0.60
バンガード・スモール・キャップ・インデックス・ファンド（VB/VSMAX）	0.08/0.08
	0.08
アイシェアーズ・コア・S&P・スモール・キャップ（IJR）	0.12

世界の先進国	
ファンド	経費率
DFA・インターナショナル・スモール・カンパニー（DFISX）	0.54
SPDR・S&P・インターナショナル・スモール・キャップ・ETF（GWX）	0.40
バンガード・FTSE・オール・ワールド・EX-US・スモールキャップ（VSS/VFSVX）	0.17/0.31
シュワブ・インターナショナル・スモールキャップ・エクイティ（SCHC）	0.16

途上国	
ファンド	経費率
DFA・エマージング・マーケッツ・スモール（FEMSX）	0.72
SPDR・S&P・エマージング・マーケッツ・スモール・キャップ（EWX）	0.65

大型株のバリュー

国内	
ファンド	**経費率**
DFA・US・ラージ・キャップ・バリューIII（DFUVX）	0.13
DFA・タックス・マネージド・US・マーケットワイド・バリューII（DFMVX）	0.22
DFA・US・ベクター・エクイティ（DFVEX）	0.32
シュワブ・US・ラージキャップ・バリュー（SCHV）	0.06
バンガード・バリュー・インデックス（VTX/VVIAX）	0.08/0.08

世界の先進国	
ファンド	**経費率**
DFA・インターナショナル・バリューIII（DFVIX）	0.25
DFA・タックス・マネージド・インターナショナル・バリュー（DTMIX）	0.53
DFA・インターナショナル・ベクター・エクイティ（DFVQX）	0.50
アイシェアーズ・MSCI・EAFE・バリュー（EFV）	0.40
シュワブ・ファンダメンタル・インターナショナル・ラージ・カンパニー（FNDF）	0.32

途上国	
ファンド	**経費率**
DFA・エマージング・マーケッツ・バリュー（DFEVX）	0.56
シュワブ・ファンダメンタル・エマージング・マーケッツ・ラージカンパニー（FNDE）	0.48

付録J 実践

サイズのバリュー

国内	
ファンド	経費率
ブリッジウエー・オムニ・スモール・キャップ・バリュー（BOSVX）	0.60
ブリッジウエー・オムニ・タックスマネージド・スモール・キャップ・バリュー（BOTSX）	0.60
DFA・US・スモール・キャップ・バリュー（DFSVX）	0.52
DFA・US・ターゲッティド・バリュー（DFFVX）	0.37
DFA・タックスマネージド・US・ターゲッティド・バリュー（DTMVX）	0.44
アイシェアーズ・S&P・スモールキャップ・600・バリュー（IJS）	0.25
バンガード・スモール・キャップ・バリュー（VBR/VSIAX）	0.08/0.08
シュワブ・ファンダメンタル・US・スモール・カンパニー（FNDA）	0.32

世界の先進国	
ファンド	経費率
DFA・インターナショナル・スモール・キャップ・バリュー（DISVX）	0.69
DFA・ワールド・EX US・ターゲッティド・バリュー（DWUSX）	0.65

モメンタム

国内	
ファンド	経費率
AQR・モメンタム・スタイル（AMOMX）	0.40
アイシェアーズ・MSCI・USA・モメンタム・ファクター（MTUM）	0.15

世界の先進国	
ファンド	経費率
AQR・インターナショナル・モメンタム・スタイル（AIMOX）	0.55

収益性・クオリティ

国内	
ファンド	経費率
アイシェアーズ・MSCI・USA・クオリティ・ファクター・ETF（QUAL）	0.15

世界の先進国	
ファンド	経費率
アイシェアーズ・MSCI・インターナショナル・ディベロップド・クオリティ・ファクター・ETF（IQLT）	0.30

ターム

ファンド	経費率
DFA・ファイブイヤー・グローバル・フィクスト・インカム（DFGBX）	0.27
DFA・ダイバーシファイド・フィクスト・インカム（DFXIX）	0.15
DFA・インターミディエート・ガバメント・フィクストインカム（DFIGX）	0.12
DFA・ワールド・EX US・ガバメント・フィクストインカム（DWFIX）	0.20
DAF・インターミディエートターム・ミュニシパル・ボンド（DFTIX）	0.23
アイシェアーズ・バークレイズ・7−10・イヤー・トレジャリー（IEF）	0.15
バンガード・インターミディエートターム・トレジャリー（VGIT/VFIUX）	0.10/0.10

キャリー

ファンド	経費率
パワーシェアーズ・DB・G10・カレンシー・ハーベスト・ETF（DBV）	0.76

付録J 実践

マルチスタイルファンド

サイズ＋バリュー＋収益性・クオリティ

国内	
ファンド	経費率
DFA・US・コア・エクイティ1（DFEOX）	0.19
DFA・US・コア・エクイティ2（DFQTX）	0.22
DFA・TA・US・コア・エクイティ（DFTCX）	0.24

世界	
ファンド	経費率
DFA・インターナショナル・コア・エクイティ（DFIEX）	0.38
DFA・ワールド・EX US・コア・エクイティ（DFWIX）	0.47
DFA・TA・ワールド・EX US・コア・エクイティ（DFTWX）	0.45

サイズ＋モメンタム

国内	
ファンド	経費率
AQR・スモール・キャップ・モメンタム・スタイル（QSMOX）	0.60

バリュー＋モメンタム＋収益性・クオリティ

国内	
ファンド	経費率
AQR・ラージ・キャップ・マルチスタイル（QCELX）	0.45
AQR・TM・ラージ・キャップ・マルチスタイル（QTLLX）	0.45
ゴールドマン・サックス・アクティブベータ・US・ラージ・キャップ・エクイティ・ETF（GSLC）	0.09

世界	
ファンド	経費率
AQR・インターナショナル・マルチスタイル（QICLX）	0.60
AQR・TM・インターナショナル・マルチスタイル（QIMLX）	0.60

途上国	
ファンド	経費率
AQR・エマージング・マルチスタイル（QEELX）	0.75
AQR・TM・エマージング・マルチスタイル（QTELX）	0.75

サイズ＋バリュー＋モメンタム＋収益性・クオリティ

国内	
ファンド	経費率
AQR・スモール・キャップ・マルチスタイル（QSMLX）	0.65
AQR・TM・スモール・キャップ・マルチスタイル（QSSLX）	0.65

付録J　実践

バリュー＋モメンタム＋クオリティ＋ディフェンシブ
（株式、債券、通貨、コモディティ）

ファンド	経費率
AQR・スタイル・プレミア（QSPIX）	1.50
AQR・スタイル・プレミア・オルタナティブ・LV（QSLIX）	0.85

トレンドフォロー（株式、債券、通貨、コモディティ）

ファンド	経費率
AQR・マネージド・フューチャーズ（AQMIX）	1.25
AQR・マネージド・フューチャーズ・ストラテジー・HV（QMHIX）	1.55

用語集

3ファクターモデル（Three-Factor Model）　分散された株式ポートフォリオのパフォーマンスの差異を、3つのファクターに対するイクスポージャーの度合いによって説明する。つまり、株式市場全体のリスク、企業のサイズ（時価総額）、価格（BMR［簿価時価比率］）である。研究によると、3つのファクターによって、分散されたアメリカ株ファンドのパフォーマンスの差異の90％以上を説明することができる。

4ファクターモデル（Four-Factor Model）　分散された株式ポートフォリオのパフォーマンスの差異を、4つのファクターに対するイクスポージャーの度合いによって説明する。つまり、株式市場全体のリスク、企業のサイズ（時価総額）、価格（BMR）、およびモメンタムである。研究によると、4つのファクターによって、分散されたアメリカ株ファンドのパフォーマンスの差異のおよそ95％を説明することができる。

BMR（Book-to-Market Value）　簿価時価比率。1株当たりの時価に対する1株当たりの簿価の比率、または簿価を時価総額で割った値。

CRSP（The Center for Research in Security Prices）　センター・フォー・リサーチ・イン・セキュリティー・プライセズは、シカゴ大学ビジネススクールの金融調査グループである。CRSP十分位とは、時価総額によってランク付けされたアメリカ株のグループであり、CRSP1が最大、CRSP10が最小となる。

281

EAFEインデックス（EAFE Index） ヨーロッパ、オーストラレーシア、極東地域のインデックスで、先進EAFE諸国の企業の株式から構成される。S&P500と同様に、EAFEインデックスの構成銘柄はその時価総額に応じて加重される。

EMH（Efficient-Market Hypothesis） 「効率的市場仮説」参照。

MPT（Modern Portfolio Theory） 「現代ポートフォリオ理論」参照。

MSCI EAFEインデックス（MSCI EAFE Index） 「EAFEインデックス」参照。

ETF（Exchanged Traded Funds） 株価指数連動型上場投資信託のこと。実務上、これらのファンドは、オープンエンドのノーロード投資信託のような役割を果たす。投資信託と同様に、何らかのインデックスやアセットクラスに連動するよう構築されている。実際には、投資信託ではなく、上場株と、オープンエンドのノーロード投資信託との中間的存在である新たな投資ビークルである。株式と同様に（投資信託とは異なり）、終日株式市場で取引される。

NYSE（New York Stock Exchange） ニューヨーク証券取引所。その原型を1792年にまでさかのぼることができるNYSEは世界最大の株式市場である。上場会社、個人投資家、機関投資家や会員企業など広範な市場参加者がNYSEに参加している。

PER（P/E Ratio） 株価収益率。1株当たり利益に対する株価の比率。PERの高い銘柄はグロース株とされ、PERの低い銘柄はバリュー株と

される。

S&P500インデックス（S&P 500 Index） 時価総額上位500のアメリカ株からなる時価総額加重平均のインデックスであり、広く業界全体をカバーすることを目的としたもの。

SEC（Securities and Exchange Commission） 米証券取引委員会。証券市場を規制し、投資家を保護することを目的に、議会によって設立された政府機関。SECは、ブローカーディーラー、投資顧問、投資信託、ならびに大衆に株式および債券を販売する企業を管轄している。

Tノート（Treasury Note） 満期が1年以上10年未満の米国債。

Tビル（Treasury Bills） 満期が1年以内の米国債。債券は割り引いて発行され、金利は満期までに価格が額面価格まで上昇することで支払われる。

Tボンド（Treasury Bonds） 満期が10年以上の米国債。

T値（T-Stat） 統計上の有意性を示す指標。一般に、その値が2を上回れば、ランダムなノイズではなく有意であるとされ、数値が大きくなるほど、信頼度は高くなる。

アクティブ運用（Active Management） 市場で割安または割高となっている銘柄を見いだそうとすること。または、市場が上昇しているときに投資を増やし、下落しているときに減少させるべく投資判断のタイミングを計ること。

283

アスク・ビッド・スプレッド（Bid-Offer Spread）　ビッドとは買い気配値のことで、有価証券を売却しようとする価格のことであり、アスクとは売り気配値のことで、有価証券を買うに当たり支払わなければならない価格のことである。この2つの価格の差がスプレッドであり、手数料を除いた往復トレード（売りと買い）のコストを意味する。

アセットアロケーション（Asset Allocation）　資産のどれだけを特定のアセットクラスに充当すべきかを決定するプロセス、およびその結果。

アセットクラス（Asset Class）　同様のリスクや期待リターン特性を持つ資産のグループ。現金、債券、不動産、株式などはアセットクラスの一例である。株式などの主要なアセットクラスでは、大型株や小型株、国内株や外国株などさらに細かいクラスがある。

アノマリー（Anomaly）　効率的市場仮説（EMH）によるリスク分析では説明できない有価証券のリターン。

アルファ（Alpha）　対ベンチマーク比で測定したリスク調整済みのパフォーマンス。プラスのアルファはアウトパフォーマンスを意味し、マイナスのアルファはアンダーパフォーマンスを意味する。プラス、マイナスともに、運、ファンドマネジャーの能力、コストさらにはベンチマークの選択の誤りがアルファの要因となる。

アンカリング（Anchoring）　認識バイアスの一種である。人々は特定の価値や特性に過度な重要性を認め、それを基点として行動し、当初の評価を支持するその後のデータを不適切に重視する。例えば、損を出している投資に固執する傾向を示す投資家がいるが、これは当該投

284

資が少なくとも収支トントンとなるのを待っているのであり、投資の現在の価値をかつての価値に結びつけている（アンカリング）のである。

イベントリスク（Event Risk）　有価証券の価値にマイナスの影響を与える、予期しない何か（戦争、政治的混乱、洪水、ハリケーンなど）が発生するリスク。

インデックスファンド（Index Fund）　ウィルシャー5000、S&P500、ラッセル2000など特定のインデックスのパフォーマンスへの連動を目的としたパッシブ運用のファンド。インデックスを構成するすべての銘柄を、そのウエート（時価総額）に応じて買い持ちすることで、パフォーマンスを連動させることができる。また、小型株やトータル・マーケット・インデックス・ファンドで広く用いられていることだが、インデックスのサンプリング（層化抽出）をしたり、インデックス先物やほかのデリバティブを用いたりすることもできる。

ウエート（Weight）　ポートフォリオ全体の価値に対する、組み込まれた有価証券やアセットクラスの値の割合。

エマージング市場（Emerging Market）　1人当たりの収入が高まるなど先進国の特徴を示しはじめた途上国の資本市場のこと。このカテゴリーに分類される国としては、ブラジル、メキシコ、ルーマニア、トルコ、タイなどが典型である。

大型株（Large-Cap）　大型株とは、時価総額を基準に、ほかの企業に比べて大規模だとされる企業の株式である。正確には、何をもって「大企業」とするかはさまざまである。時価総額が20億ドルを超える企業

285

と定義するプロの投資家もいれば、50億ドルを基準とする者もいる。

外国税額控除（FTC、Foreign Tax Credit）　同一の収入に対して２カ国で課税される二重課税を回避または低減させるために用いられる税額控除。

回転（Turnover）　ファンドが有価証券を売却し、新たな有価証券に置き換える投資行動。

確証バイアス（Confirmation Bias）　あらかじめ考えていたことや仮説を支持するような情報を集め、解釈し、支持し、また思い出し、一方で、反証となり得る事柄を不釣り合いなまでに無視する傾向のこと。

カバーなし金利平価（UIP、Uncovered Interest Parity）　２つの異なる通貨建ての、同等の金融資産の期待リターンは等しくなるべきとする理論。金利差は通貨の上昇や下落によって相殺されるので、投資家が手にするリターンは市場が異なっても同じとなるとされる。しかし、経験則はこの理論を支持しないため、UIPパズルが生まれることになる。

空売り（Short Selling）　株式を借り入れ、即座に売却すること。投資家は後日（より低い価格で）当該有価証券を買い戻し、貸し主に返却、利益を確保することを目的にこれを行う。

空売り残（Short Interest）　投資家が空売りしたまま買い戻されていない株式の総量。

為替リスク（Currency Risk）　為替の変化によって投資価値が影響を

受けるリスクのこと。

気質効果（Disposition Effect）　投資家が、利益になっている投資には利益を確定させるために早々に利食いし、損になっている投資には収支トントンとなることを期待して長く持ち続けようとする傾向のこと。

グラマー株（Glamour Stocks）　BMRが低い、またはPERが高い企業の株式。グロース株の別称。

クレジット・デフォルト・スワップ（CDS、Credit Default Swap）　スワップ取引の1つで、CDSの売り手は債務者がデフォルトに陥った場合、またはその他の信用問題が発生した場合に、買い手（たいていは、当該貸付の債権者）に対して補償を行う契約。事実上、CDSの売り手は買い手に対して当該貸し付けのデフォルトに対する保証を行うことになる。CDSの買い手は売り手に対して一連の支払い（CDSの「フィー」または「スプレッド」）を行う見返りに、貸し付けがデフォルトに陥ったら、対価の支払いを受けることになる。

グロース株（Growth Stocks）　PERが比較的高い、またはBMRが比較的低い企業の株式で、市場参加者が市場全体よりも早く利益が成長することを期待するので、バリュー株とは対極である。われわれが株式の利益率に興味を抱くのは、学術研究において、バリュー企業の株式に投資をすることで投資家は利益の獲得を期待できるとされているからである。バリュー企業の株式に対する投資はリスクがより高い（グロース企業の株式に比べて）と考えられているので、投資家はそれらに対する投資に「リスクプレミアム」を求めるのである。

287

経費率（Expense Ratio）　資産総額に対する比率で表現される投資信託の運営費。これらの経費はファンドの投資パフォーマンスから差し引かれ、受益者が手にするリターンの純額を左右することになる。経費率には、ファンドマネジャーの報酬、一般管理費が含まれ、時にはマーケティング費用が加わることもある。

決定係数（R-Squared）　ファンドや有価証券の値動きのうち、ベンチマークとなるインデックスの動きまたはファクターによって説明できる割合を表す統計の値。

現代ポートフォリオ理論（MPT、Modern Portfolio Theory）　4つのコンセプトに基づく学説である。第一に、市場は効率的であるため、トレードを通じて市場全体の利益率を上回る期待リターンを獲得することはできない。それゆえアクティブ運用は非生産的である。第二に、長期にわたり、アセットクラスはそのリスク水準に見合ったリターンをもたらすことが期待できる。小規模企業やバリュー企業などリスクのより高いアセットクラスでは、その高いリスクと引き換えに大きなリターンがもたらされる。第三に、アセットクラスにわたって分散することで、リターンを増大させ、リスクを低減させることができる。一定のリスク水準の下、最も高い期待リターンを生み出すべくポートフォリオを構築することができる。第四に、1つのポートフォリオがすべての投資家にとって最適であることなどない。投資家はそれぞれにアセットアロケーションの判断を下さなければならず、その結果として投資家それぞれの状況に応じた、受容可能なリスク水準のポートフォリオが生まれることになる。

効率的市場仮説（EMH、Efficient Market Hypothesis）　現時点の流動性ある市場においては、株価はすべての情報を完全に反映したもの

であるとする理論。EMHに基づけば、市場は効率的であり、現在の株価はすべての情報を反映しているのであるから、市場をアウトパフォームしようとする試みは、本質的に能力の問題ではなく、運を競うものである、となる。

高利回り債（High-Yield Bond） 「ジャンクボンド」参照。

コール（Call） 保有者に、特定の日（ヨーロピアンコール）や特定の期間内（アメリカンコール）に、あらかじめ決めた価格で有価証券を買う権利（義務ではない）を付与するオプション取引。

小型株（Small-Cap） 小型株とは、時価総額を基準に、ほかの企業に比べて小規模だとされる企業の株式である。正確には、何をもって「小企業」とするかはさまざまである。時価総額が20億ドルを下回る企業と定義するプロの投資家もいれば、50億ドルを基準とする者もいる。われわれが時価総額に着目するのは、投資家はより小型の銘柄に投資することで利益を得ることが期待できるとする学術研究があるからである。小型株への投資は、より大きな企業の株式への投資よりもリスクが高いと考えられているので、投資家はそのような投資に対して「リスクプレミアム」を求めるのである。

コモディティ（Commodity） 画一的な品質で供給される実物財（トウモロコシ、原油、ゴールドなど）。

裁定取引（Arbitrage） 投資家が2つの同種の（または極めて類似している）有価証券を、同時に、1つをより低い価格で買い、もう1つをより高い価格で売ることで（そうすることでリスクを回避し、最小化する）、その価格差を獲得しようとするプロセス。アービトラージャ

一の取引行動によって、やがてこのような価格差は解消される。

システマティックリスク（Systematic Risk）　分散し得ないリスク。市場は、システマティックリスクを負う投資家を報いなければならず、さもなければ投資家はそれを引き受けることはしない。その報いとはリスクプレミアムの形でもたらされるが、これはよりリスクの少ない対象に投資することで獲得できるよりも大きな期待リターンのことである。

時価総額（Market Cap/Market Capitalization）　個別株について言えば、発行済みの普通株式の総数に、現在の1株当たりの株価をかけることで算出される。例えば、1億株の発行済み株式があり、現在の株価が1株当たり30ドルである企業の時価総額は30億ドルとなる。

事後（Ex-Post）　事象が発生したあと。

市場ベータ（Market Beta）　株式市場全体のリターンに対する株式、投資信託、ポートフォリオのリターンの感応度。これがベータの原型なので、単に「ベータ」と呼ぶ者もいる。

事前（Ex-Ante）　事象が発生する前。

資本資産評価モデル（CAPM、Capital Asset Pricing Model）　広く認められた資産評価モデル第1号である。1つのファクター（市場ベータ）を用いて、リスクと期待リターンの関係を説明するものであり、リスクのある有価証券の価格付けに用いられる。

シャープレシオ（Sharpe Ratio）　通常は1カ月物のTビルで代表さ

290

れる無リスク資産の収益率を上回るリターンと、リターンの標準偏差で測られるリスク量との比率。例えば、ある資産の平均リターンが10％であるとする。１カ月物のＴビルの平均リターンが４％。標準偏差が20％であるとすると、シャープレシオは、｛10％－４％（６％）｝÷20％＝0.3となる。

ジャンクボンド（Junk Bond）　投資適格に満たない債券で、高利回り債とも呼ばれる。

十分な信頼と信用（Full Faith and Credit）　必要とあれば、あらゆる課税権および財源を無制限に債務の返済に充当するとする保証。

新規株式公開（IPO、Initial Public Offering）　企業の株式を初めて公開すること。

信託報酬（Management Fee）　ポートフォリオの運用にかかる費用の総額。

スタイルドリフト（Style Drift）　ファンドが対象としている特定のアセットクラス以外の有価証券を取得したり、ポートフォリオ内のさまざまなアセットクラスのパフォーマンスに見られた大きな差異をリバランスしないことなどで、ポートフォリオが当初のアセットアロケーションから逸脱すること。

スプレッド（Spread）　ディーラーが債券に支払おうとする価格（ビッド＝買い気配値）と、それを売却しようとする価格（アスク＝売り気配値）との差。

291

尖度（Kurtosis） 平均を大きく上回る、または下回る異常値が、正規分布（釣鐘型）よりも高い頻度（尖度が高い）または低い頻度（尖度が低い）で発生する度合い。尖度が高いと、分布の端の異常値は「ファットテール」と呼ばれ、尖度が低いと「ティンテール」と呼ばれる状態になる。

単調（Monotonic） 増加することも、減少することもなく変化すること。

ディストレス銘柄（Distressed Stocks） BMRが高い、またはPERが低い銘柄で、バリュー銘柄の別称でもある。

デフォルト（Default） 元本または金利を適時に支払うことができないこと。

データマイニング（Data Mining） 大量のヒストリカルデータのなかからパターンを見いだすことで、現実世界の予測が可能となるモデルを構築しようとする試み。

デュレーション（Duration） 債券利回りの変化による当該債券価格の期待変化率。デュレーションの数値が高ければ高いほど、金利の変化に対する当該債券価格の感応度が高いということになる。

投資適格（Investment Grade） 少なくとも債務の返済がなされるだけの信用度を持った債券。ムーディーズ・インベスターズ・サービスによるレーティングでは、Baa以上が投資適格とされる。スタンダード・アンド・プアーズではBBB以上である。投資適格に満たないレーティングは、その信用度が投機的水準であることを示している。

トラッキングエラー（Tracking Error） ファンドのパフォーマンスが、適切なインデックスやベンチマークから乖離する度合い。より一般的には、ポートフォリオ全体について、そのパフォーマンスがS&P500やウィルシャー5000など広範に受け入れられているベンチマークから乖離する度合いのことである。

ナスダック（NASDAQ） ナショナル・アソシエーション・オブ・セキュリティーズ・ディーラーズ・オートマチック・クオテーション・システム（The National Association of Securities Dealers Automatic Quotation System）。コンピューター上で有価証券の売買が行われる市場で、しばしば「オーバー・ザ・カウンター・マーケット（Over-the-counter market）」と呼ばれる。

ハイブリット証券（Hybrid Security） 株式と債券、双方の特徴を持った有価証券のこと。ハイブリット証券の例として、転換社債、優先株、ジャンクボンドなどがある。

パッシブファンド（Passive Asset Class Funds） 特定の国内や海外のアセットクラスに属する普通株を買い持ちする投資信託。取得する各有価証券の数量は通常、アセットクラスに属するすべての有価証券の時価総額の総計に対する当該有価証券のそれに対応したものとなる。各株式は、そのアセットクラスの定義やガイドラインに合致しなくなるまで保有される。パッシブファンドは、パッシブ運用戦略を実行するために必要となる基礎的な要素を提供する。

バリュー株（Value Stocks） PERが比較的低い、またはBMRが比較的高い企業の株式で、グロース株とは対極である。市場は市場全体よりも利益成長が遅いと期待している。バリュー企業の株式に対する投

293

資はグロース企業の株式に対するそれよりもリスクが高いと考えられているので、投資家は「リスクプレミアム」を求めるのである。

標準偏差（Standard Deviation） ボラティリティやリスクを示す指標。この値が大きくなればなるほど、有価証券やポートフォリオのボラティリティが大きくなる。リターンの標準偏差は、月次、四半期ごと、年次と、さまざまな期間で測定することができる。

ファクター（Factor） 有価証券全般に共通する定量的特徴や、一連の特徴。

プット（Put） 保有者に、特定の日（ヨーロピアンコール）や特定の期間内（アメリカンコール）に、あらかじめ決めた価格で有価証券を売る権利（義務ではない）を付与するオプション取引。

不動産投資信託（REIT、Real Estate Investment Trust） 不動産を所有する、または不動産に資金を投じる法人。REITに代表されるように、不動産は独立のアセットクラスである。REITには独自のリスク・リワード特性があり、株式や債券などほかのアセットクラスと比較的低い相関関係にある。投資家は株式を取得するのと同じようにREITの受益権を取得することができ、またアクティブ運用やパッシブ運用がなされるREITの投資信託に投資することもできる。

プルーデント・インベスター・ルール（Prudent Investor Rule） 他人の資産の運用を預かる者は、当該受益者の財政状況やリスク許容度にふさわしい方法で当該資産を運用しなければならないとするアメリカの法制に盛り込まれた原則。

294

分散（Diversification） ポートフォリオのリスクを最小化するために、異なるリスク・リターン特性を持ったさまざまな投資対象に資金を分割して投じること。

ベーシスポイント（Basis Point） 1％の100分の1、または0.0001。

ベータ（Beta） 株式や投資信託やポートフォリオのファクターに対するイクスポージャー。

ヘッジファンド（Hedge Fund） 一般に、さまざまなアセットクラスに投資ができるファンドである。これらのファンドはリターンを増大させるためにレバレッジを用いることが多い。

ベンチマーク（Benchmark） 投資信託やほかの投資ビークルの判断基準となる適切な指標のこと。国内の大型グロース株ファンドであれば、S&P500グロースインデックスなどの国内の大型グロース株インデックスと比較されるべきであるし、小型株のファンドはラッセル2000インデックスなどの小型株インデックスと比較されるべきである。

簿価（Book Value） 会計原則に基づく企業の価値を示す会計上の概念。1株当たりで表現されることが多い。1株当たりの簿価は自己資産を株式数で割ったものに等しい。

簿価時価比率 「BMR」参照。

ボラティリティ（Volatility） 特定の期間における金融商品の価値の変化の標準偏差。当該期間における金融商品のリスクを定量化するために用いられることが多い。ボラティリティは通常年単位で示される。

295

マイクロキャップ（Micro Cap） CRSPの第9および第10十分位に属する時価総額の最も小さい銘柄。別の定義によれば、時価総額が最も小さい下位5％の銘柄や時価総額が2億ドルに満たない銘柄。

満期（Maturity） 債券の発行者が元本の返済を約した日。

ラッセル2000インデックス（Russell 2000 Index） 上場しているアメリカ株の時価総額が最も大きい3000銘柄のうち、下位2000銘柄からなるインデックス。小型株の一般的なベンチマークである。

リスクプレミアム（Risk Premium） 分散することができない特定のリスクを引き受けることで得られるより高い期待（保証されているわけではない）リターン。

リターンの負の相関（Negative Correlation of Returns） 1つの資産が平均を上回るリターンを上げると、ほかの資産のリターンが平均を下回るものとなる傾向、その逆もまた真である。

リバランス（Rebalancing） ポートフォリオを当初のアセットアロケーションの状態に戻すプロセス。リバランスは、新たに投資ファンドを取得したり、最も高いパフォーマンスを示したアセットクラスの一部を売却し、その売却資金を用いてアンダーパフォームしているアセットクラスを追加取得することで行われる。

流動性（Liquidity） 市場で有価証券を取引することがどれだけ容易かを示す指標。

レバレッジ（Leverage） 取得できる資産（例えば、株を買う）の量

296

を増大させるために借り入れを用いること。レバレッジは、ポートフォリオの期待リターンだけでなく、そのリスクも増大させる。

歪度（Skewness） 分布の対称性を示す指標。平均よりも左側（小さい）値が少ないが、平均よりも右側（大きい）値よりも大きく平均から乖離していると、負の歪度となる。例えば、リターンがマイナス30％、5％、10％、15％となったとすると、平均値は0％となる。0％を下回るリターンの値は1つだけであり、残りの3つはそれよりも大きい。しかし、マイナスとなった値はプラスとなった値よりも大きく0から離れている。正の歪度は平均よりも右側（大きい）値が少ないが、平均より左側（小さい）値よりも大きく平均から乖離しているということである。

参考文献

1. Alberg, John and Michael Seckler, "Misunderstanding Buffett," Advisor Perspectives, August 12, 2014. Available at http://www.advisorperspectives.com/articles/2014/08/12/misunderstanding-buffett

2. Anderson, Keith and Tomasz Zastawniak, "Glamour, Value and Anchoring on the Changing P/E," European Journal of Finance, February 2016, 1–32.

3. AQR Capital Management, "Volatility Targeting," December 2012.

4. Asness, Clifford, "Momentum in Japan: The Exception That Proves the Rule," Journal of Portfolio Management, Summer 2011, 37(4): 67–75.

5. Asness, Clifford S., "The Interaction of Value and Momentum Strategies," Financial Analysts Journal, March/April 1997, 53(2).

6. Asness, Clifford S., Andrea Frazzini, Ronen Israel, and Tobias J. Moskowitz, "Fact, Fiction and Momentum Investing," Journal of Portfolio Management, Fall 2014, 40(5): 75–92.

7. Asness, Clifford S., Andrea Frazzini, Ronen Israel, Tobias J. Moskowitz, and Lasse Heje Pedersen, "Size Matters, If You Control Your Junk," Fama-Miller Working Paper, January 2015. Available at http://papers.ssrn.com/sol3/papers.cfm?abstract_id=2553889.

8. Asness, Clifford S., Robert Krail, and John Liew, "Do Hedge Funds Hedge?" Journal of Portfolio Management, Fall 2001, 28(1): 6–19.

9. Asness, Clifford S., Tobias Moskowitz, and Lasse Pedersen, "Value and Momentum Everywhere," Journal of Finance, June 2013, 68(3): 929–985.

10. Asvanunt, Attakrit and Scott Richardson, "The Credit Risk Premium," June 2016. Available at http://papers.ssrn.com/sol3/papers.cfm?abstract_id=2563482.

11. Atanasov, Victoria and Thomas Nitschka, "Foreign Currency Returns and Systematic Risks," Journal of Financial and Quantitative Analysis, April 2015, 50(1-2), 231–250.

12. Bai, Jennie, Pierre Collin-Dufresne, Robert S. Goldstein, and Jean Helwege, "On Bounding Credit-Event Risk Premia," Review of Financial Studies, March 2015, 28(9): 2608–2042.

13. Baker, Malcolm, Brendan Bradley, and Jeffrey Wurgler, "Benchmarks as Limits to Arbitrage: Understanding the Low-Volatility Anomaly," Financial Analysts Journal, January/February 2011, 67(1): 40–54.

299

14. Baker, Nardin L. and Robert A. Haugen, "Low Risk Stocks Outperform within All Observable Markets of the World," April 2012. Available at http://papers.ssrn.com/sol3/papers.cfm?abstract_id=2055431.

15. Ball, Ray, Joseph Gerakos, Juhani Linnainmaa, and Valeri Nikolaev, University of Chicago working paper "Accruals, Cash Flows, and Operating Profitability in the Cross-Section of Stock Returns," Journal of Financial Economics, July 2016, 121(1): 28–45.

16. Baltas, Akindynos-Nikolaos and Robert Kosowski, "Momentum Strategies in Futures Markets and Trend-Following Funds," January 2013. Available at http://papers.ssrn.com/sol3/papers.cfm?abstract_id=1968996.

17. Baltzer, Markus, Stephan Jank, and Esad Smajlbegovic, "Who Trades on Momentum?" Bundesbank Discussion Paper, January 2015. Available at http://papers.ssrn.com/sol3/papers.cfm?abstract_id=2517462.

18. Bansal, Naresh, Robert A. Connolly, and Chris Stivers, "Equity Volatility as a Determinant of Future Term-Structure Volatility," Journal of Financial Markets, September 2015, 25: 33–51.

19. Banz, Rolf W., "The Relationship Between Return and Market Value of Common Stocks," Journal of Financial Economics, March 1981, 9(1): 3–18.

20. Barberis, Nicholas and Ming Huang, "Mental Accounting, Loss Aversion, and Individual Stock Returns," Journal of Finance, August 2001, 56: 1247–1292.

21. Barberis, Nicholas and Ming Huang, "Stocks as Lotteries: The Implications of Probability Weighting for Security Prices," American Economic Review, December 2008, 98(5): 2066–2100.

22. Barroso, Pedro and Pedro Santa-Clara, "Momentum Has Its Moments," Journal of Financial Economics, April 2015, 116(1): 111–120.

23. Basu, Sanjoy, "The Relationship Between Earnings' Yield, Market Value and Return for NYSE Common Stocks: Further Evidence," Journal of Financial Economics, June 1983, 12(1): 129–156.

24. Berkshire Hathaway Annual Shareholders letter, 2012. Available at http://www.berkshirehathaway.com/letters/2012ltr.pdf.

25. Bhansali, Vineer, Joshua Mark Davis, Matt Dorsten, and Graham Rennison, "Carry and Trend in Lots of Places," Journal of Portfolio Management, Summer 2015, 41(4): 82–90.

26. Black, Angela J., Bin Mao, and David G. McMillan, "The Value Premium and Economic Activity: Long-run Evidence from the United States," Journal of Asset Management, December 2009, (10)5: 305–317.

参考文献

27. Black, Stanley and Philipp Meyer-Brauns, "Dimensions of Equity Returns in Europe," Dimensional Fund Advisors, November 2015. Available at https://my.dimensional.com/csmedia/cms/papers_library/2015/11/dimensio/Dimensions_of_Equity_Returns_in_Europe.pdf.

28. Blitz, David, Eric Falkenstein, and Pim van Vliet, "Explanations for the Volatility Effect: An Overview Based on the CAPM Assumptions," Journal of Portfolio Management, Spring 2014, 40(3): 61–76.

29. Blitz, David, Juan Pang, and Pim van Vliet, "The Volatility Effect in Emerging Markets," Emerging Markets Review, September 2013, 16: 31–45.

30. Blitz, David, Bart van der Grient, and Pim van Vliet, "Interest Rate Risk in Low-Volatility Strategies," June 2014. Available at http://www.robeco.com/images/interest-rate-risk-in-low-volatility-strategies-june%202014.pdf.

31. Blitz, David C. and Pim van Vliet, "The Volatility Effect: Lower Risk without Lower Return," Journal of Portfolio Management, Fall 2007, 34(1): 102–113.

32. Bouchaud, Jean-Philippe, Stefano Ciliberti, Augustin Landier, Guillaume Simon, and David Thesmar, "The Excess Returns of "Quality" Stocks: A Behavioral Anomaly," Journal of Investment Strategies, June 2016, 5(3): 51–61.

33. Boudoukh, Jacob, Roni Michaely, Matthew Richardson, and Michael R. Roberts, "On the Importance of Measuring Payout Yield: Implications for Empirical Asset Pricing," Journal of Finance, April 2007, 62(2): 877–915.

34. The Brandes Institute, "Value vs. Glamour: A Long-Term Worldwide Perspective." Available at https://www.brandes.com/docs/default-source/brandes-institute/value-vs-glamour-worldwide-perspective.

35. Calluzzo, Paul, Fabio Moneta, and Selim Topaloglu, "Anomalies Are Publicized Broadly, Institutions Trade Accordingly, and Returns Decay Correspondingly," December 2015. Available at http://papers.ssrn.com/sol3/papers.cfm?abstract_id=2660413.

36. Carhart, Mark M., "On Persistence in Mutual Fund Performance," Journal of Finance, March 1997, 52(1): 57–82.

37. de Carvalho, Raul Leote, Patrick Dugnolle, Lu Xiao, and Pierre Moulin, "Low-Risk Anomalies in Global Fixed Income: Evidence from Major Broad Markets," Journal of Fixed Income, Spring 2014, 23(4); 51–70.

38. Chaves, Denis B., "Idiosyncratic Momentum: U.S. and International Evidence," Journal of Investing, Summer 2016, 25(2): 64–76.

39. Cheng, Nai-fu and Feng Zhang, "Risk and Return of Value Stocks," Journal of Business, October 1998, 71(4): 501–535.

40. Chordia, Tarun, Avanidhar Subrahmanyam, and Qing Tong, "Have Capital Market Anomalies Attenuated in the Recent Era of High Liquidity and Trading Activity," Journal of Accounting and Economics, June 2014, 58(1): 41–58.

41. Chow, Tzee-man, Jason C. Hsu, Li-lan Kuo, and Feifei Li, "A Study of Low Volatility Portfolio Construction Methods," Journal of Portfolio Management, Summer 2014, 40(4): 89–105.

42. Christiansen, Charlotte, Angelo Ranaldo, and Paul Söderlind, "The Time-Varying Systematic Risk of Carry Trade Strategies," Journal of Financial and Quantitative Analysis, August 2011, 46(4): 1107–1125.

43. Chu, Yongqiang, David A. Hirshleifer, and Liang Ma, "The Causal Effect of Limits to Arbitrage on Asset Pricing Anomalies," July 2016. Available at http://papers.ssrn.com/sol3/papers.cfm?abstract_id=2696672.

44. Clare, Andrew, James Seaton, Peter N. Smith, and Stephen Thomas, "Carry and Trend Following Returns in the Foreign Exchange Market," May 2015. Available at https://editorialexpress.com/cgi-bin/conference/download.cgi?db_name=MMF2015&paper_id=148.

45. Clarke, Roger G., Harindra de Silva, and Steven Thorley, "Fundamentals of Efficient Factor Investing," July 2016. Available at http://papers.ssrn.com/sol3/papers.cfm?abstract_id=2616071.

46. Da, Zhi, Umit G. Gurun, and Mitch Warachka, "Frog in the Pan: Continuous Information and Momentum," Review of Financial Studies, July 2014, 27(7): 2171–2218.

47. Dimson, Elroy, Paul Marsh, and Mike Staunton, "Equity Premiums Around the World," October 2011. Available at https://www.cfainstitute.org/learning/products/publications/rf/Pages/rf.v2011.n4.5.aspx.

48. D'Souza, Ian, Voraphat Srichanachaichok, George Jiaguo Wang, and Chelsea Yaqiong Yao, "The Enduring Effect of Time-Series Momentum on Stock Returns over Nearly 100 Years," January 2016. Available at http://papers.ssrn.com/sol3/papers.cfm?abstract_id=2720600.

49. Elgammal, Mohammed and David G. McMillan, "Value Premium and Default Risk," Journal of Asset Management, February 2014, 15(1): 48–61.

50. Elton, Edwin J., Martin J. Gruber, Deepak Agrawal, and Christopher Mann, "Explaining the Rate Spread on Corporate Bonds," Journal of Finance, February 2001, 56(1): 247–277.

51. Fama, Eugene F. and Kenneth R. French, "The Cross-Section of Expected Stock Returns," Journal of Finance, June 1992, 4(2): 427–465.

52. Fama, Eugene F. and Kenneth R. French, "Incremental Variables and the Investment Opportunity Set," Journal of Financial Economics, April 2015, 117(3): 470–488.

53. Fama, Eugene F. and Kenneth R. French "Profitability, Investment, and Average Returns," Journal of Financial Economics, December 2006, 82(3): 491–518.

54. Fama, Eugene F. and Kenneth R. French, "Size, Value, and Momentum in International Stock Returns," Journal of Financial Economics, September 2012, 105(3): 457–72.

55. Frazzini, Andrea and Lasse Heje Pedersen, "Betting Against Beta," Journal of Financial Economics, January 2014, 111(1): 1–25.

56. Frazzini, Andrea, Ronen Israel, and Tobias J. Moskowitz, "Trading Costs of Asset Pricing Anomalies," Fama-Miller Working Paper, Chicago Booth Research Paper No. 14-05, December 2012. Available at http://ssrn.com/abstract=2294498.

57. Fridson, Martin S., "Do High-Yield Bonds Have an Equity Component?" Financial Management, Summer 1994, 23(2): 82–84.

58. Geczy, Christopher C. and Mikhail Samonov, "215 Years of Global Multi-Asset Momentum: 1800-2014 (Equities, Sectors, Currencies, Bonds, Commodities and Stocks)," May 2015. Available at http://papers.ssrn.com/sol3/papers. cfm?abstract_id=2607730.

59. Gordon, Masha, "The Profitability Premium in EM Markets," December 2013. Available at http://media.pimco.com/Documents/PIMCO_In_Depth_EM_ Profitability_Dec2013.pdf.

60. Goyal, Amit and Ivo Welch, "Predicting the Equity Premium with Dividend Ratios," Management Science, May 2003, 49(5): 639–654.

61. Gray, Wesley R. and Jack Vogel, "Enhancing the Investment Performance of Yield-Based Strategies," Journal of Investing, Summer 2014, 23(2): 44–50.

62. Grobys, Klaus and Jari-Pekka Heinonen, "Is There a Credit Risk Anomaly in FX Markets?" Financial Research Letters, May 2016.

63. Grullon, Gustavo and Roni Michaely, "Dividends, Share Repurchases, and the Substitution Hypothesis," Journal of Finance, August 2002, 57(4): 1649–1684.

64. Harvey, Campbell R., Yan Liu, and Heqing Zhu, "...and the Cross-Section of Expected Returns," February 2015. Available at http://papers.ssrn.com/sol3/ papers.cfm?abstract_id=2249314.

65. Hjalmarsson, Erik, "Portfolio Diversification Across Characteristics," Journal of Investing, Winter 2011, 20(4): 84–88.

66. Hou, Kewei, Chen Xue, and Lu Zhang, "Digesting Anomalies: An Investment Approach," Review of Financial Studies, March 2015, 28(3): 650–705.

67. Hurst, Brian K., Yao Hua Ooi, Lasse H. Pedersen, "A Century of Evidence on Trend-Following Investing," September 2014. Available at https://www.aqr.com/library/aqr-publications/a-century-of-evidence-on-trend-following-investing.

68. Hutchinson, Mark C. and John O'Brien, "Is This Time Different? Trend Following and Financial Crises," Journal of Alternative Investments, Fall 2014, 17(2): 82–102.

69. Ilmanen, Antti and Jared Kizer, "The Death of Diversification Has Been Greatly Exaggerated," Journal of Portfolio Management, Spring 2012, 38(3): 15–27.

70. Israel, Ronen and Tobias J. Moskowitz, "The Role of Shorting, Firm Size, and Time on Market Anomalies," Journal of Financial Economics, May 2013, 108(2): 275–301.

71. Jacobs, Heiko and Sebastian Müller, "Anomalies Across the Globe: Once Public, No Longer Existent?" July 2016. Available at http://papers.ssrn.com/sol3/papers.cfm?abstract_id=2816490.

72. Jegadeesh, Narasimhan and Sheridan Titman, "Returns to Buying Winners and Selling Losers: Implications for Stock Market Efficiency," Journal of Finance, March 1993, 48(1): 65–91.

73. Jensen, Gerald R. and Jeffrey M. Mercer, "Monetary Policy and the Cross-Section of Expected Returns," Journal of Financial Research, Spring 2002, 25(1): 125–139.

74. Jiang, Hao and Zheng Sun, "Equity Duration: A Puzzle on High Dividend Stocks," October 2015. Available at http://papers.ssrn.com/sol3/papers.cfm?abstract_id=2678958.

75. Jordan, Bradford D. and Timothy B. Riley, "The Long and Short of the Vol Anomaly," April 2016. Available at http://papers.ssrn.com/sol3/papers.cfm?abstract_id=2442902.

76. Kim, Moon K. and David A. Burnie, "The Firm Size Effect and the Economic Cycle," Journal of Financial Research, Spring 2002, 25(1): 111–124.

77. Koijen, Ralph S. J., Tobias J. Moskowitz, Lasse Heje Pedersen, and Evert B. Vrugt, "Carry," Fama-Miller Working Paper, August 2015. Available at http://papers.ssrn.com/sol3/papers.cfm?abstract_id=2298565.

78. Kozlov, Max and Antti Petajisto, "Global Return Premiums on Earnings Quality, Value, and Size," January 2013. Available at http://papers.ssrn.com/sol3/papers.cfm?abstract_id=2179247.

79. Lakonishok, Josef, Andrei Shleifer, and Robert W. Vishny, "Contrarian Investment, Extrapolation, and Risk," Journal of Finance, December 1994, 49(5): 1541–1578.

80. Lam, F.Y. Eric C., Shujing Wang, and K.C. John Wei, "The Profitability Premium: Macroeconomic Risks or Expectation Errors?" March 2016. Available at http://papers.ssrn.com/sol3/papers.cfm?abstract_id=2479232.

81. Lettau, Martin, Matteo Maggiori, and Michael Weber, "Conditional Risk Premia in Currency Markets and Other Asset Classes," Journal of Financial Economics, November 2014, 114(2): 197–225.

82. Lev, Baruch and Theodore Sougiannis, "Penetrating the Book-to-Market Black Box," Journal of Business Finance and Accounting, April/May 1999, 26(3-4): 419–449.

83. Levi, Yaron and Ivo Welch, "Long-Term Capital Budgeting," March 2014. Available at http://papers.ssrn.com/sol3/papers.cfm?abstract_id=2327807.

84. Li, Xi, Rodney N. Sullivan, and Luis Garcia-Feijóo, "The Limits to Arbitrage and the Low-Volatility Anomaly," Financial Analysts Journal, January/February 2014, 70(1): 52–63.

85. Liu, Ryan, "Profitability Premium: Risk or Mispricing?" November 2015. Available at http://faculty.haas.berkeley.edu/rliu/Job%20Market%20Paper%20Ryan%20Liu.pdf.

86. Lustig, Hanno, Nikolai Roussanov, and Adrien Verdelhan, "Common Risk Factors in Currency Markets," Review of Financial Studies, November 2011, 24(11): 3731–3777.

87. McLean, R. David and Jeffrey Pontiff, "Does Academic Research Destroy Stock Return Predictability," Journal of Finance, January 2016, 71(1): 5–32.

88. Menkhoff, Lukas, Lucio Sarno, Maik Schmeling, and Andreas Schrimpf, "Carry Trades and Global Foreign Exchange Volatility," Journal of Finance, August 2012, 67(2): 681–718.

89. Miller, Merton H. and Franco Modigliani, "Dividend Policy, Growth, and the Valuation of Shares," Journal of Business, October 1961, 34(4): 411–433.

90. Moskowitz, Tobias J., "Asset Pricing and Sports Betting," July 2015. Available at http://papers.ssrn.com/sol3/papers.cfm?abstract_id=2635517.

91. Moskowitz, Tobias J., "Explanations for the Momentum Premium," AQR Capital Management White Paper, 2010.

92. Novy-Marx, Robert, "The Other Side of Value: The Gross Profitability Premium," Journal of Financial Economics, April 2013, 108(1): 1–28.

93. Novy-Marx, Robert, "Understanding Defensive Equity," March 2016. Available at http://rnm.simon.rochester.edu/research/UDE.pdf.

94. Novy-Marx, Robert and Mihail Velikov, "A Taxonomy of Anomalies and Their Trading Costs," Review of Financial Studies, 2016, 29(1): 104–147.

95. Pedersen, Niels, Sébastien Page, and Fei He, "Asset Allocation: Risk Models for Alternative Investments," Financial Analysts Journal, May/June 2014, 70(3): 34–45.

96. Peterkort, Robert F. and James F. Nielsen, "Is the Book-to-Market Ratio a Measure of Risk?" Journal of Financial Research, Winter 2005, 28(4): 487–502.

97. Petkova, Ralitsa, "Do the Fama-French Factors Proxy for Innovations in Predictive Variables?" Journal of Finance, April 2006, 61(2): 581–612.

98. Piotroski, Joseph D. and Eric C. So, "Identifying Expectation Errors in Value/ Glamour Strategies: A Fundamental Analysis Approach," Review of Financial Studies, September 2012, 25(9): 2841–2875.

99. Rosenberg, Barr, Kenneth Reid, and Ronald Lanstein, "Persuasive Evidence of Market Inefficiency," Journal of Portfolio Management, Spring 1985, 11(3): 9–16.

100. Sarno, Lucio, Paul Schneider, and Christian Wagner, "Properties of Foreign Exchange Risk Premiums," Journal of Financial Economics, August 2012, 105(2): 279–310.

101. Shah, Ronnie R., "Understanding Low Volatility Strategies: Minimum Variance," Dimensional Fund Advisors, August 2011. Available at https://my.dimensional. com/csmedia/cms/papers_library/2011/08/understa/Minimum_Variance.pdf.

102. Shefrin, Hersh M. and Meir Statman, "Explaining Investor Preference for Cash Dividends," Journal of Financial Economics, June 1984, 13(2): 253–282.

103. van Vliet, Pim, "Enhancing a Low-Volatility Strategy is Particularly Helpful When Generic Low Volatility is Expensive," January 2012. Available at https://www. robeco.com/en/professionals/insights/quantitative-investing/low-volatility-investing/enhancing-a-low-volatility-strategy-is-particularly-helpful-when-generic-lowvolatility-is-expensive.jsp.

104. Wang, Huijun and Jianfeng Yu, "Dissecting the Profitability Premium," December 2013. Available at http://papers.ssrn.com/sol3/papers.cfm?abstract _id=1711856.

105. Yogo, Motohiro, "A Consumption-Based Explanation of Expected Returns," Journal of Finance, April 2006, 61(2): 539–580.

106. Zhang, Lu, "The Value Premium," Journal of Finance, February 2005, 60(1): 67–103.

■著者紹介
アンドリュー・L・バーキン（Andrew L. Berkin）
一流の機関投資家やアドバイザー向けに、専門的な投資アドバイスを提供するブリッジウエー・キャピタル・マネジメントの調査部長。テキサス大学で物理学の博士号を、カリフォルニア工科大学で物理学の名誉学士号を修得している。バーキンは、物理学、コンピューターサイエンス、投資に関する数多くの研究論文を著し、ファイナンシャル・アナリスト・ジャーナルの編集委員も務めている。ラリー・E・スウェドローとの共著に『ジ・インクレディブル・シュリンキング・アルファ（The Incredible Shrinking Alfa : And What You Can Do to Escape Its Clutches）』がある。

ラリー・E・スウェドロー（Larry E. Swedroe）
バッキンガム・ストラテジック・ウエルスおよびBAMアライアンスの調査部長。ニューヨーク大学でファイナンスおよび投資のMBA（経営学修士）を、ニューヨーク市立大学バルーク校でファイナンスの学位を修得している。スウェドローは『間違いだらけの投資法選び』（パンローリング）の著者で、『ジ・オンリー・ガイド・トゥ・ア・ウィニング・インベストメント・ストラテジー・ユーウィル・エバー・ニード（The Only Guide to a Winning Investment Strategy You'll Ever Need）』で投資にまつわる科学を平易な言葉でつづった最初の著者の1人である。7冊の著書と7冊の共著があり、アンドリュー・L・バーキンとは『ジ・インクレディブル・シュリンキング・アルファ』を著している。スウェドローはまた著名な著述家であり、ETF.comをはじめとする多国籍のメディアに寄稿してもいる。

■監修者紹介
長尾慎太郎（ながお・しんたろう）
東京大学工学部原子力工学科卒。北陸先端科学技術大学院大学・修士（知識科学）。日米の銀行、投資顧問会社、ヘッジファンドなどを経て、現在は大手運用会社勤務。訳書に『魔術師リンダ・ラリーの短期売買入門』『新マーケットの魔術師』など（いずれもパンローリング、共訳）、監修に『高勝率トレード学のススメ』『ラリー・ウィリアムズの短期売買法【第2版】』『コナーズの短期売買戦略』『続マーケットの魔術師』『続高勝率トレード学のススメ』『ウォール街のモメンタムウォーカー』『システマティックトレード』『株式投資で普通でない利益を得る』『成長株投資の神』『ブラックスワン回避法』『市場ベースの経営』『世界一簡単なアルゴリズムトレードの構築方法』『新装版 私は株で200万ドル儲けた』『リバモアの株式投資術』『ハーバード流ケースメソッドで学ぶバリュー投資』『システムトレード 検証と実践』『ウォール街のモメンタムウォーカー【個別銘柄編】』『マーケットのテクニカル分析』『とびきり良い会社をほどよい価格で買う方法』『インデックス投資は勝者のゲーム』『新訳 バブルの歴史』『株式トレード 基本と原則』『企業に何十億ドルものバリュエーションが付く理由』『ディープバリュー投資入門』など、多数。

■訳者紹介
藤原玄（ふじわら・げん）
1977年生まれ。慶應義塾大学経済学部卒業。情報提供会社、米国の投資顧問会社在日連絡員を経て、現在、独立系投資会社に勤務。業務のかたわら、投資をはじめとするさまざまな分野の翻訳を手掛けている。訳書に『なぜ利益を上げている企業への投資が失敗するのか』『株デビューする前に知っておくべき「魔法の公式」』『ブラックスワン回避法』『ハーバード流ケースメソッドで学ぶバリュー投資』『堕天使バンカー』『ブラックエッジ』『インデックス投資は勝者のゲーム』『企業に何十億ドルものバリュエーションが付く理由』『ディープバリュー投資入門』（パンローリング）などがある。

2018年12月3日　初版第1刷発行

ウィザードブックシリーズ ㉗⓪

ファクター投資入門

著　者　アンドリュー・L・バーキン、ラリー・E・スウェドロー
監修者　長尾慎太郎
訳　者　藤原玄
発行者　後藤康徳
発行所　パンローリング株式会社
　　　　〒160-0023　東京都新宿区西新宿7-9-18　6階
　　　　TEL 03-5386-7391　FAX 03-5386-7393
　　　　http://www.panrolling.com/
　　　　E-mail　info@panrolling.com
編　集　エフ・ジー・アイ（Factory of Gnomic Three Monkeys Investment）合資会社
装　丁　パンローリング装丁室
組　版　パンローリング制作室
印刷・製本　株式会社シナノ

ISBN978-4-7759-7238-0

落丁・乱丁本はお取り替えします。
また、本書の全部、または一部を複写・複製・転訳載、および磁気・光記録媒体に
入力することなどは、著作権法上の例外を除き禁じられています。

本文　©Gen Fujiwara／図表　©Pan Rolling　2018 Printed in Japan

関連書

ウィザードブックシリーズ263
インデックス投資は勝者のゲーム
株式市場から利益を得る常識的方法

ジョン・C・ボーグル【著】

定価 本体1,800円+税　ISBN:9784775972328

**市場に勝つのはインデックスファンドだけ！
勝者への道はインデックスファンドを買い、永遠に持つこと！！**

本書は、市場に関する知恵を伝える一級の手引書である。もはや伝説となった投資信託のパイオニアであるジョン・C・ボーグルが、投資からより多くの果実を得る方法を明らかにしている。

ウィザードブックシリーズ268
ディープバリュー投資入門
平均回帰が割安銘柄を上昇させる

トビアス・E・カーライル【著】

定価 本体2,200円+税　ISBN:9784775972366

**バフェットも魔法の公式も打ち負かす
買収者のマルチプル！**

本書では、バフェットやグリーンブラットの「魔法の公式」のパフォーマンスを上回る「格安な価格の適正企業」（買収者のマルチプル）の見つけ方を平易な言葉で説明していく。ビジネスに関する正規の教育を受けていない者でも、投資におけるバリューアプローチが理解でき、読後、5分後にはそれを利用できるようになるだろう。

ウィザードブックシリーズ266
企業に何十億ドルものバリュエーションが付く理由

アスワス・ダモダラン【著】

定価 本体3,800円+税　ISBN:9784775972359

企業価値評価に欠かせないストーリーと計算！

本書は数字をめぐるストーリーの効果や問題点、そして危険性を明らかにするとともに、どうすればストーリーの妥当性を評価することができるのかを伝えるものである。

ウィザードブックシリーズ 220

バリュー投資アイデアマニュアル
得意分野を見極めるための戦略の宝庫

ジョン・ミハルジェビック【著】

定価 本体2,800円+税　ISBN:9784775971888

「あなたの性格に合ったバリュー投資法」を探せ！プチバフェットになるための金鉱を掘り当てる！

本書は、この素晴らしいニュースレターをすべての投資家が体験できる機会であり、バリュー投資の最高のアイデアを探し、分析し、導入するための実績ある枠組みを提供している。100人以上のトップファンドマネジャーのインタビューに基づいた本書は、知恵の宝庫であり、ウォーレン・バフェット、グレン・グリーンバーグ、ジョエル・グリーンブラットといったスーパーバリュー投資家の思考の過程も垣間見ることができる。

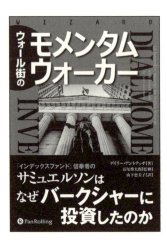

ウィザードブックシリーズ 227

ウォール街のモメンタムウォーカー

ゲイリー・アントナッチ【著】

定価 本体4,800円+税　ISBN:9784775971949

モメンタムは持続する！

効率的市場仮説は経済理論の歴史のなかで最も重大な誤りの1つである。市場状態の変化をとらえ、低リスクで高リターンを上げ続ける戦略。200年以上にわたるさまざまな市場や資産クラスを調べた結果、1つの事実が明らかになった。それは、「モメンタムは常にアウトパフォームする」ということである。しかし、ほとんどの投資家はメリットを見いだし、活用する方法を分かっていない。今まではそうだったが、これからは違う！ 個人投資家だろうが、プロの投資家だろうが、レラティブストレングスと市場トレンドの大きな変化のなかで常に利益を上げ続けることを可能にしてくれるものだ。